»Ach was, ich fand es wunderbar mit den Kindern. Nein, ich habe die Geschichten geschrieben, weil ich es gewohnt war, wie eine Schriftstellerin zu denken; das heißt, ich war es gewohnt zu schreiben, weil es mir beim Denken half…

Ich mag das ›trotz der Kinder‹ nicht. Das Leben ist, was man daraus macht, und man versucht eben so viel wie möglich zu verwirklichen. Ich hätte auf keins von beidem verzichten wollen, weder auf das Schreiben noch auf die Kinder.«

Grace Paley, »Die kleinen Widrigkeiten des Lebens«

Für Moni und Dschonnie und Martin – ohne Euch,
die Ihr die kleinste Familie größer gemacht habt,
könnte ich nicht über deren Glück schreiben.

Inhalt

Einleitung

Es ist Ostersamstag 2014. Ich radele zum Markt und grübele darüber nach, wo ich morgen die Ostereier verstecken werde.

In dem Moment wird mir klar, dass es in den sieben Jahren, die meine Tochter zur Schule geht, noch nie längere Ferien zu Hause gab. Ich habe schon Ostereier vor Schloss Neuschwanstein im Schnee versteckt und beim Osterbrunch in Brooklyn. Im Garten meiner Mutter in Münster und in der Mittelmeermacchia der Felsen bei Marseille. Aber hier, in unsrer süddeutschen Kleinstadt, ist das ein erstes Mal.

Als freiberufliche Reise- und Kulturreporterin und alleinerziehende Mutter hatte ich keine Wahl: Die größeren Arbeitsreisen fanden in den Schulferien statt, was nie erholsam war und manchmal auch an die Grenzen ging. Was aber immer ein Abenteuer war.

Spannendes Kleinstfamilienleben also. Aber war das wirklich alles? Hatte es nicht auch eine »Angst vor Leere« gegeben? Fragte ich mich an diesem Ostersamstag auf dem Fahrrad. Schützte Unterwegssein mich nicht auch davor, mich als »zu wenig« fühlen zu müssen? Denn wir sind zwar Familie – aber sind wir eine »richtige« Familie?

◆

Rund zwei Drittel der ca. 1,6 Millionen Alleinerziehenden in Deutschland haben nur ein Kind. Zwei Millionen Menschen also, die in einer »Ein-Erwachsener-ein-Kind«-Familie leben – der kleinsten Version der Alleinerziehenden-Familie. Hinzu kommen die Ein-Eltern-Familien mit mehr Kindern. In ihrer neuesten Studie beschreibt die Bertelsmann-Stiftung, dass es für 2,3 Millionen Kinder Normalität ist, mit nur einem Elternteil aufzuwachsen; das sind rund 450 000 Kinder mehr als noch Mitte der 90er Jahre.[1]

Ein klarer Trend – und doch: Obwohl sie eine die Gesellschaft immer stärker prägende Gruppe darstellen, werden Alleinerziehende oft als irgendwie »defizitäre« Familie gesehen; als Familie, der »etwas fehlt«. Als bedauerliche Ausnahme, die bestenfalls den Mitleids-Bonus verdient.

Eine Sichtweise, die im Blick auf die Zahlen längst nicht mehr zeitgemäß erscheint – jede fünfte Familie ist alleinerziehend[2] – und die auch völlig an der Lebensrealität vorbeigeht. In meiner eigenen zwölfjährigen Erfahrung – und im Blick auf andere – erlebe ich die Minimal-Familie als kreative, hoch vitale und entgegen allen Zuschreibungen als sehr glücksfähige Gemeinschaft. Nicht immer aber ist es leicht, diesem Erfahrungswert mehr zu trauen als gesellschaftlichen Sichtweisen, die sich nur sehr zögerlich verändern und erweitern.[3]

Über die Jahre hatte ich, meist im Zusammenhang mit meiner Arbeit, etliche andere Kleinstfamilien-Paare in der ganzen Welt kennengelernt und war fasziniert gewesen. »Nicht ganz normal« zu sein, zwingt dazu, einen eigenen Weg zwischen Individualismus und Anpassung zu »erfinden«. Die Spannung, sich aus eigener Kraft tragen und zugleich dauernd offenhalten zu müssen für Angebote der Gemeinschaft, ist so anstrengend wie fruchtbar; eine Provokation, die enorm viel kreative Energie fordert – und freisetzt.

Anders gesagt: Alleinerziehend zu sein, ist eine Lage, von deren erstaunlichem Wachstumspotenzial man noch nichts ahnt, wenn man sich erst einmal, geschwächt von den Strapazen einer Trennung, in ihr vorfindet: Ich erinnere mich noch gut. Obwohl Trennung der einzige Weg war, der aus einer unglücklichen Situation herausführte, fühlte es sich zunächst ganz und gar nicht konstruktiv an.

Zugespitzt ist all das noch, wenn man den Partner oder die Partnerin an den Tod verliert. An einem wundervollen Aprilmorgen 2015 saß ich mit Cornelia Funke im Garten ihres verwunschenen Hauses in Los Angeles. Ich durfte sie zum gerade erschienenen dritten Band ihrer »Reckless«-Bücher interviewen, in denen es um die Sehnsucht des Jungen Jacob nach seinem verschwundenen Vater geht und seine Entschlossenheit, ihm in die vollständig andere Welt »hinter dem Spiegel« zu folgen.

Zehn Jahre lebte Cornelia Funke nun schon in L. A. Ein Jahr, nachdem die Familie nach Los Angeles ausgewandert war, wurde ihr Mann krank und starb: Ihr Sohn war damals elf und ihre Tochter sechzehn, sie selbst siebenundvierzig. Zwei Jahre später fing »Reckless« in ihr an zu entstehen: »Ich war mit meinem Mann zusammen gewesen, seit ich zwanzig war. Jetzt erinnerte ich mich wieder an die, die ich vorher gewesen war. Ich war jung genug, noch ein neues Leben zu beginnen; so stark und selbstständig zu werden, wie ich nie gewesen war.« Die Kinder, sagt Cornelia Funke nachdenklich inmitten des märchenhaft blühenden Gartens, hätten ihr sehr geholfen: »Man hat sie, und sie sind der Sinn des Lebens.« Aber auch ihre Umgebung sei enorm hilfsbereit gewesen, gerade in den Schulen der Kinder, erinnert sie sich an die schwere Zeit vor und nach dem Tod. Inzwischen ist sie gern allein – nein, nicht allein. »Ich fühle mich in einer Art magischem Ring aus vielen Freundschaften geborgen. Jede Freundschaft bringt einen Teil von einem selbst zum Schwingen. Diese Qualität habe ich erst kennengelernt, als ich allein war. Ich glaube, wir Frauen unterschätzen oft, wie viel Aufmerksamkeit Männer verlangen – und wir überschätzen, was uns der Partner geben kann, oder soll.«

Die Gruppe der Alleinerziehenden wird von Jahr zu Jahr größer. Die Hälfte von ihnen lebt acht oder mehr Jahre ohne neuen Partner an ihrer Seite. Hier wird eine neue Form von Familie gelebt – eine, die vielleicht stärker als jeder andere Trend auf eine sich in ihren Tiefenstrukturen verändernde Gesellschaft hinweist.

Lässt sich angesichts dessen das traditionelle Familienmodell denn überhaupt noch als das »normale« oder gar »ideale« halten? Diese Frage beschäftigt mich seit Jahren. Und zunehmend hat mich die nicht nur von Familieneltern, sondern auch von Expert/inn/en – Mediatoren, Beratungsstellen – postulierte »klassische« Position geärgert, Kinder bräuchten beide Eltern, um gesund groß zu werden. Nichts anderes, keine andere Lebens- und Familienform, käme der »vollständigen« Familie gleich. Vielleicht ist ja die aus Vater, Mutter, Kind(ern) bestehende Familie sogar wirklich die »beste aller denkbaren Welten«? Aber machen wir uns, wenn wir das denken, doch auch klar, welches Bild wir dabei vor uns haben.

Wir denken dann an die gute Familie – eine, in der Eltern sich nicht dauernd erbittert streiten oder einander so leid sind, dass sie gar nicht mehr miteinander reden. Eine, in der nicht eine(r) oder beide heimlich fremdgehen. In der über Konflikte hinaus Mann und Frau zu einer Zufriedenheit für sich selbst und mit dem Partner finden. In der Krisen angegangen und nicht geleugnet werden. In der Offenheit erwünscht und Entwicklung willkommen ist. In der alle Beteiligten Stärkung und Schutz erfahren – ohne dass man sich dabei nur auf die »Familienburg« zurückzieht und die übrige Welt außen vor lässt. In der aus Geborgenheit heraus Neugier und Weltoffenheit möglich werden.

So eine Familie ist toll. Nur – so viele davon kenne ich nicht. Ich kenne mehr, von denen ich denke, vielleicht würde die Familienstimmung wieder besser, wenn sich die Eltern endlich trennten. Und Fakt ist ja: Viele tun es auch. Wir leben schon längst nicht mehr in einer Welt, in der Paare traditionell wegen des einmal gegebenen Ja-Worts – oder wegen der Kinder – zusammenbleiben, wenn sie sich denn auf eine Weise entfremdet haben, dass sie sich keine gemeinsame Zukunft mehr geben. In den meisten Ländern, nicht nur der westlichen Welt, sprangen ab den 1990er Jahren die Zahlen von Alleinerziehenden-Familien in die Höhe.

Wieso also gibt es nicht mehr positive Offenheit für die Bandbreite der neuen Familienformen? Wieso wird am Bild der »vollständigen Familie« als Ideal auch dann noch festgehalten, wenn es von der Realität so vielfach überholt ist?

Es ist ein Festhalten auf Kosten der rund vier Millionen Erwachsenen und Kinder, die in Alleinerziehenden-Familien leben und nicht in den Genuss von jenem »Schutz der Familie« kommen, der in der Verfassung verankert ist. Wer nicht davon betroffen ist, weiß oft nicht, dass Alleinerziehende und Alleinverdienende härter versteuert werden als Doppelverdiener und als Verheiratete generell. Als die Steuerberaterin Reina Becker nach dem Tod ihres Mannes plötzlich deutlich mehr Steuern zahlen musste als vorher, ließ ihr diese Ungeheuerlichkeit keine Ruhe. Auch Heiko Haupt aus Leipzig ging es gleich. Seit 2009 klagen beide durch alle Instanzen gegen die finanzielle Benachteiligung der Alleinerziehenden-Familien.[4] Dass eine würdige Altersversorgung eine Seltenheit ist und die Armut unter Alleinerziehenden viermal höher als unter gemeinsam Erziehenden, ist schlicht ein Skandal.[5]

Für die meisten Alleinerziehenden sind die wirtschaftliche Last, die sie stemmen, und die Benachteiligung, die sie in Kauf nehmen müssen, die bei weitem größten Probleme – die die Freude an der kleinsten Familie auch zunichtemachen können. Alleinerziehen ist eine belastete und anstrengende Lebensform. Nur ein Drittel der Alleinerziehenden lebt in wirtschaftlich entspannten Verhältnissen.

Ich selbst gehöre nicht dazu. Trotz langjähriger freiberuflicher Arbeit für einige der besten deutschsprachigen Zeitungen und Radios sind die Ängste und Angstrituale des Lebens im »Prekariat« mein ständiger Begleiter. Die Honorare im Kulturjournalismus – einer Branche, die laufend an Boden verliert und an der ich noch immer mit Leidenschaft hänge – sind nicht gemacht, um davon zu leben; schon gar nicht zu zweit. Ich erhalte Steuerrechnungen, die ich stunden lassen muss, weil ich sie nicht bezahlen kann. Und so bin ich mit meiner spannenden Arbeit privilegiert und benachteiligt zugleich; ein Bewusstsein, das mich immer vor Bitterkeit bewahrt hat. Vor chronischer Überarbeitung natürlich nicht.

Wovon ich erzähle, ist das gute Leben »trotz«.

Aus der spannenden Welt dieser Familien möchte ich erzählen – ohne zu verschweigen, dass der Preis, der persönlich gezahlt wird, mitunter zu hoch ist: Armut, die für die Erwachsenen in Altersarmut übergehen kann. Armut, an die ein Kind sich in einer Weise gewöhnen kann, dass es glaubt, ihm stehe nichts Besseres zu. Wir leben in einer reichen Gesellschaft, deren wachsender Wohlstand nicht einhergeht mit wachsender Verantwortlichkeit und Gemeinschaftssinn, sondern mit steigender Lust an Privatisierung auf allen Ebenen. Ein paar Länder um uns herum sind uns da entschieden voraus. »Ich bewundere alle, die in Deutschland überleben«, schrieb mir Caroline, der es irgendwann gelang, nach Schweden und später Finnland auszuwandern, wo die höhere Geburtenrate untrennbar verbunden ist mit anderer Familienpolitik. »Die deutsche Gesellschaft hat nicht begriffen, dass sie die schützen und fördern muss, die überhaupt noch Kinder bekommen«, bringt es Christina Bylow auf den Punkt.[6]

Alleinerziehen ist keine Lebensform, für die man werben würde. Nur in den seltensten Fällen ist es ja überhaupt eine gewählte Form; eine, in die jemand bewusst und freiwillig ginge. Keine, die man idealisieren sollte. Zwölf-Stunden-Arbeitstage über etliche Jahre, sich einen richtigen Urlaub nicht leisten können, eine toughe Mama und Lebenskünstlerin sein – ein Ideal ist das nicht.

Wenn ich trotzdem mit einer gewissen Begeisterung von Freiheiten und Freiräumen erzähle, von kreativen Lösungen und von glücklichen »kleinsten Familien der Welt«, dann, weil mich das Familienleben derer bewegt, die laut gesellschaftlichem Konsens gar keine »Familie« sind. Weil ich das Thema »Defizit« gerne dahin stellen würde, wohin es gehört: Defizitär sind nicht die Familien, sondern sind Verantwortung und Loyalität unserer Gesellschaft und Familienpolitik. Bewegend ist es, dass aus dieser Situation, die wir gesellschaftlich haben, nicht zu knapp Kinder und Eltern-Kind-Beziehungen hervorgehen, die das Gegenteil von »defizitär« sind: vielfältig, interessant, sehr kompetent.

Alleinerziehenden-Familien sind viel mehr als nur eine Übergangslösung auf dem Weg zum neuen Partner und zur wieder »vollständigen« Familie. Deshalb glaube ich, hier gibt es nicht nur etwas Neues anzuerkennen – sondern überhaupt zu erkennen. Mein Suchscheinwerfer richtet sich auf diese unbekannte Welt.

◆

Die Familien, von denen ich erzähle, einschließlich meiner eigenen, wurden früh zu Alleinerziehenden-Familien – manche schon während der Schwangerschaft; andere in den ersten Lebensjahren des Kindes. Kleinstfamilien also, in denen zwei Menschen sehr unterschiedlichen Alters über einen langen Zeitraum gezwungen sind, ihre existenziellen und emotionalen Bedürfnisse aneinander auszurichten. Die Kinder kennen Familienleben nicht anders als mit jenem – meist jener –, die dann zunächst ihr »Ein und Alles« war. In dieser Hinsicht haben sie es »leichter« als jene, bei denen die Trennung später im Leben der Kinder passierte – und die das vermissen, was sie kennen. In anderer Hinsicht haben (oder hatten) es die von mir portraitierten Familien auch schwerer als andere: Es wohnt kein unterstützender Vater um die Ecke, und meist sind auch keine Großeltern da, die dreimal die Woche zum Mittagessen laden.

Dennoch sind die jeweiligen Beziehungen zum abwesenden Elternteil natürlich so unterschiedlich wie die Trennungsgeschichten selbst. Sie reichen von regelmäßigen Besuchen des Vaters bis hin zu dessen völligem Verschwundensein aus dem Leben des Kindes.

Ich habe meinen Fokus vor allem auf jene Familien gehalten, die gezwungen waren, sich auf dem schmalen Grat des »Eins plus Eins« einzurichten; auf dieser Achse, auf der Erwachsener und Kind einander erst einmal recht mutterseelenallein gegenüberstehen. Zum einen ist das »Eins plus Eins« das, was ich am besten kenne und beurteilen kann. Zum anderen ist es natürlich so, dass es mit einem Kind deutlich leichter ist, das Familienleben zu einem Raum für Freiheit, Kreativität und Flexibilität werden zu lassen, als mit mehreren. Das möchte ich ausdrücklich sagen, um den Alleinerziehenden mit zwei, drei und mehr Kindern nicht Unrecht zu tun. Nicht nur, dass mit jedem weiteren Kind die Anforderungen an die Erziehungsperson wachsen. In der Balance verschiebt sich Entscheidendes – die Leichtigkeit, die eine Zweiergruppe haben kann, ist nicht mehr da. An Caroline, die von Anfang an wusste, dass sie allein mit Kind sein würde – aber nicht wusste, dass sie statt eines zwei Kinder zu Welt bringen würde –, habe ich dies verstärkte Gewicht gesehen. »Mit zwei Kindern ist man noch weiter weggetragen von sich selbst«, sagte sie mir. Wobei sie selbst ein erstaunliches Beispiel für die Beweglichkeit ist, die sogar eine »Eins-plus-Zwei«-Familie aufbringen kann; durch ganz Deutschland bis nach Finnland ist sie Schulen hinterhergezogen, die sie für ihre Kinder als die besten ansah. Sie managte das komplexe System der Dreiergruppe.

Glückliche Zufälle während der Recherche ermöglichten mir, die Bandbreite der vorgestellten Familien am Schluss noch um drei weitere Beispiele zu erweitern: drei, die für die unendliche Zahl an kreativ alleinerziehenden Familien stehen: Christine Finke, von deren erfolgreichem Blog »mama-arbeitet.de« ich erfuhr, als ich ihren Artikel »Alleinerziehend: Seit Papa weg ist, sind wir arm«[7] in einer »Brigitte Mom« sah, – noch bevor mir klar wurde, dass unsere Kinder denselben Kindergarten besucht hatten. Ihre Geschichte steht für die noch mal ganz andere Herausforderung, die eine alleinerziehende Mutter von drei Kindern zu bestehen hat. Während eines Literaturfestivals in der Schweiz durfte ich die Schriftstellerin Hanna Johansen moderieren, die in ihrem Buch »Der Herbst, in dem ich Klavier spielen lernte« von ihrer Mutter erzählt, die sich von dem aus dem Krieg heimkehrenden Vater trennte und ihre einzige Tochter in den 1940er Jahren allein erzog. Hanna Johansens Geschichte ermöglichte es mir, einen Blick auf diese Zeit werfen zu können – aus der Sicht einer alleinerzogenen Tochter, die inzwischen selbst ein Enkelkind hat. Schließlich Cornelia Funke, die mit zwei halbwüchsigen Kindern alleinerziehend wurde, als ihr Mann starb. Sie konnte mir davon erzählen, wie es war, so kurz nach dem großen Familienexperiment der Auswanderung nach Amerika als alleinige Verantwortliche dazustehen.

Es gibt unendlich viel – aber wenig Verallgemeinerbares aus der Welt der Kleinstfamilien zu erzählen. Ob dies der Grund ist, warum es so schwierig war, geistigen Geleitschutz für meine Geschichten in der Fachliteratur zu finden? Es ist ein wenig beackertes Terrain, diese vielfältige Welt der kleinsten Familien.

Als ich sogar bei dem von mir geschätzten, in viele unkonventionelle Richtungen denkenden Familientherapeuten Jesper Juul – dem ich wertvolle Einsichten zur Pubertät verdanke – den definierenden Satz las: »Mit einem (Elternteil) kann man gut überleben, mit zwei kann man wunderbar leben«,[8] wurde mir klar, dass auch in Fachkreisen nicht genug über die sich im großen Stil verändernde Lebensform Familie nachgedacht wird. Denn – soll sich ein Fünftel aller Familien von vornherein damit abfinden, seinen Kindern allenfalls »gutes Überleben«, aber kein »wunderbares Leben« anbieten zu können? Nur »zweitbeste« Wahl zu sein?

Bernadette (re.) und Noemi

Um auch hier ein mögliches Missverständnis gar nicht erst aufkommen zu lassen: Nein, ich will die Bedeutung eines für seine Kinder verfügbaren Elternpaars auf keinen Fall schmälern. Warum sollte ich? Und zweitens auch ganz sicher nicht behaupten, dass der oder die Alleinerziehende »Mama und Papa zugleich« sein und eine zweite Bezugsperson vollumfänglich ersetzen kann. Nein. Was ich aber sehr wohl sagen will: Es entsteht in der Familie mit einem Elternteil eine *andere* Dynamik – eine, die mit »mehr« oder »weniger« nicht zu messen, sondern nur durch eine Beschreibung des »anders« zu erfassen ist. Der Umgang mit Freiheit und Schutz, Selbstverantwortlichkeit und Selbstbewusstsein ist anders. Der Rhythmus, sich immer aufeinander beziehen zu *müssen* und nur aufeinander beziehen zu *können*, schafft besondere Bedingungen – fördert besondere Kräfte, aus denen, mit Glück, Großartiges entstehen kann: etwas, das in keiner Weise hinter der traditionellen Zweieltern-Geschwister-Familie zurückbleibt.

Wie aber machen es, ganz konkret, die »Mini-Familien«, dass aus ihrer Achse ein komplexes System wird? Dass die Straße zwischen Ich und Du sich erweitert zu einem sozialen Netz? Wie entstehen »Wahlfamilien« – und gibt es sie wirklich? Wie gelingt es diesen Müttern – sorry, aber es sind eben meist Mütter –, ihre Kinder nicht zu Lebenspartnern zu machen und ihre erwachsenen Bedürfnisse auch in Zeiten zu leben, in denen sie abends die Wohnung nicht verlassen können?

Wie machen sie ihre potenziell enge kleine Welt weit? Wie feiern sie Weihnachten, das Fest der Familie? Und wie durchleben sie Konflikte, in denen sie nie einen Dritten haben, der mal trösten kann?

Nach diesen und vielen anderen Dingen habe ich »meine« Familien gefragt. Meist habe ich versucht, nach einem gemeinsamen Termin, die Mutter – den Vater – und die älteren Kinder auch einzeln zu treffen. Ich fragte nach Glücksmomenten und Krisen, nach Alltagsritualen und Reisen, nach Vertrauen und Vorbildern, nach Beruf und sozialer Situation, nach Gelingendem und auch nach den größten Schwierigkeiten. Ich fragte die Kinder nach ihre Werten, ihren Träumen – und danach, wie sie sich selbst mal Familie wünschen.

Unter den acht Alleinerziehenden-Familien sind zwei, in denen es ein Geschwisterkind gibt. Diese acht Familien – darunter sieben Mütter und ein Vater; nur elf Prozent der Alleinerziehenden sind männlich – stehen für die enorme Bandbreite an Lebensentwürfen, die es unter Alleinerziehenden-Familien gibt. Mit jeder Familie kamen für mich neue Aspekte ins Bild.

Alle Familien haben mit Deutschland zu tun – aber nicht alle leben noch hier. Caroline ist von der Schweiz nach Deutschland gezogen, dann nach Schweden, und von dort aus weiter nach Finnland. Johanna lebt in Kalifornien. Marion zog ihren in Deutschland geborenen Sohn in Australien auf und lebt nun in England. Annetts Sohn wurde kurz vor dem Ende der DDR geboren und hinein in ein Nach-Wende-Berlin, in dem Alleinerziehen gemeinschaftlicher geschah als vorher und nachher.

Alles in allem – nichts Vollständiges, sondern ein Anreißen vieler brennender Fragen. Ich möchte Auskunft geben über die Vielfalt in Alleinerziehenden-Familien und Türen zu neuen Aspekten aufstoßen.

◆

Schönreden will ich nichts. Ich wäre die Falsche, um die extreme Erschöpfung zu leugnen, aus der man manchmal gar nicht mehr herauszufinden meint. Die einsamen Entscheidungen. Die Sorge, der Verantwortung allein nicht gerecht zu werden – und den Frust, so oft zurückstecken zu müssen. Das grässliche Thema des immer knappen Geldes.

Ich wollte dies Buch schreiben, weil ich trotz dieser und vieler anderer Fallstricke die vergangenen zwölf Jahre, die ich allein mit meiner Tochter lebte, als glückliche Zeit erlebt habe. Als Zeit der Abenteuer und ständigen Lernens. Und weil ich neugierig war, wie leicht oder schwer es sein würde, Kleinstfamilien zu finden, die keineswegs verzweifelt auf der Suche nach dem sie vervollständigenden zweiten Erwachsenen sind, sondern sich unabhängig davon Lebensräume schaffen und sogar Lebensträume verwirklichen.

Es war leichter – und um vieles vielfältiger –, als ich erwartet hatte. Und deshalb möchte ich es wagen, nicht mal nur von »Glücksfähigkeit«, sondern noch weitgehender von einer »Begabung zum Glück« zu sprechen, die diese Familienform trotz allem aufweist.

◆

Ich radelte weiter, an diesem Ostersamstag; kaufte Blumen und Gemüse auf dem Markt; abwechselnd fielen Regentropfen und Blütenblätter von den Apfelbäumen. Zu Hause wartete meine Tochter auf das späte Frühstück – und in mir begann es zu schreiben.

Ein starkes Team:
Alltag in der Kleinstfamilie

Der Novemberhimmel liegt schwer über dem Bodensee; eine undurchdringliche Decke, die jemand zu tief über die Erde gehängt hat. Irgendwo darüber muss der richtige Himmel sein – der, den ich heute nur auf Fotos in meiner Küche sehe. Knallblau auf dem kleinformatigen Poster, das Noëmi vor den Hollywood Hills zeigt. Endlos über dem Wüstenort Tucumcari in New Mexico. Aber wer hat an einem normalen Novembertag schon Zeit, an blauen Himmel zu denken?

Unter den Fotos, am runden Esstisch, sitzt Noëmi, 13, und angelt einen Paprikaschnitz nach dem anderen vom Teller, den ich für sie und die ältere Schülerin hingestellt habe. Zeit zum Essen werden die Mädchen kaum haben; heute ist die Mittagspause für Mathe-Nachhilfe reserviert. »Ich bin gleich zurück«, rufe ich, »stell bitte noch Brot und Käse hin.« Und bin schon draußen. Wieder mal ist alles anders als geplant. Bei Noëmi war Unterricht kurzerhand in die Mittagspause verlegt worden, jetzt muss ich in die Schule fahren und das regeln, während Noëmi hier mit ausgebreiteten Heften auf die uns noch unbekannte Schülerin wartet. Ich flitze auf dem Fahrrad durch die Straßen und hadere mit diesem Morgen: Nach Arzttermin, Markteinkäufen und langen Telefonaten mit Redakteuren hatte ich gerade mit einem Artikel angefangen, da stand das Kind vor der Tür: »Mama, was sollen wir machen? Wir können doch die Nachhilfe jetzt nicht mehr absagen!«

Vielleicht, dass ich nachher, wenn Noëmi bei der Theaterprobe wäre, noch zum Schreiben käme? Vor allem müsste ich mich um eine Anfrage kümmern, ob ich übernächste Woche auf Reportagereise gehen könnte. Morgen würde für nichts Zeit bleiben: Nach zwei Gesprächsterminen am Vormittag würde ich für Noëmis Theaterpremiere Kuchen backen müssen, auch für unseren Freund, der dann bei uns übernachtet, wenn ich in Basel zu einer Lesung sein werde. Noëmi würde am Wochenende drei Aufführungen haben – danach die Freunde zum Essen mitbringen. Am Montag stand die Mathearbeit an. Und ich sollte unbedingt noch Termine beim Radio festmachen. Und an diesem Buch weiterschreiben. Oh Gott, ob ich die Lehrerin noch erwische, bevor es klingelt? Keine Zeit mehr, das Rad abzuschließen.

Mütter – egal in welchen Berufen und mit wie vielen Kindern, werden sich in diesem Szenario wiedererkennen. Und jene Väter natürlich, deren Berufsalltag von Kinderbelangen unterbrochen werden darf. Alltagswahnsinn. Höchste Konzentration auf fünf bis zehn Themen gleichzeitig. Dabei ist ja alles bestens! Niemand ist krank. Niemand verzweifelt. Die Kommunikation mit dem Kind hat funktioniert.

Die große Schriftstellerin Alice Munro hat gesagt: Genau so sei sie dazu gekommen, Short Stories zu schreiben. Kinder großzuziehen bedeute ein paar Jahrzehnte kurztaktigen Lebens; ständig unterbrochen, ständig unvorhersehbar: Was für andere Texte könne sie da schreiben als kurztaktige? Doris Lessing hatte es mir in einem Gespräch 2004 ähnlich beschrieben: »Frauen kümmern sich darum, dass der Kühlschrank gefüllt ist, sie versorgen die Katze und gehen zur Tür, wenn die Post kommt. Frauen haben keine regelmäßigen Leben. Ich habe nie eine Schriftstellerin kennengelernt, die regelmäßige Arbeitszeiten hätte ...«

Diese beiden bedeutenden Frauen haben mich immer gestärkt. Dass sie dann beide den Literaturnobelpreis erhielten, war großartig. Was für eine Ermutigung – nicht nur für Schriftstellerinnen mit Kindern, sondern viel umfassender für Menschen, die mehr wollen und brauchen und können als nur in einer einzigen, genau definierten Rolle aufzugehen.

Schreibberufe sind spezielle Berufe. In jeder meiner Funktionen – Reisereporterin, Kritikerin, Buchautorin – ist das Verhältnis von künstlerischer Freiheit und Anpassung an die Bedingungen einer Zeitung, einer Sendung anders. Aber jeder Artikel – von Büchern ganz zu schweigen – ist ein kleiner oder größerer Aufbruch in unbekanntes Land mit den Mitteln meiner Sprache. Dass ich für diese Artikel und Bücher oft »in echt« aufbrechen darf, meine Koffer packen und in den Zug steigen, betrachte ich als eines der Geschenke in meinem Leben. Nicht immer leicht vereinbar mit dem größten Geschenk, meinem Kind. Aber dank Noëmis Neugier und Weltoffenheit, dank ihrer und meiner Gesundheit, dank guter Freundinnen und Freunde, eben doch vereinbar.

Alleinerziehen mit einem Kind ist auch speziell. In vielem den anderen Familienformen verwandt, unterscheidet es sich von ihnen durch die Zweisamkeit. Ein großer und ein kleiner Mensch, die völlig aufeinander verwiesen sind. Alles Alltags- und Krisenmanagement lag lange nur bei mir – und findet, je älter Noëmi wird, nun mehr und mehr zwischen uns beiden statt. Es gibt keine anderen Schultern, die mittragen; sei dies nun schlimm oder gut. (Wieso gut? Weil es auch keine Schultern gibt, auf die man sich – möglicherweise vergeblich – verlässt.) Man schultert einfach. Und ist auch ein bisschen stolz auf sich und das Kind: Was für ein gutes Team wir sind.

Ein bisschen atemlos komme ich nach Hause. »Du sollst nachher bei deiner Lehrerin vorbeigehen. Andere Schüler hatten die Mittagspause auch schon verplant, sie erklärt den verpassten Stoff dann euch allen zusammen.« Ich begrüße die nette Schülerin, das Wurzelziehen und Quadrieren ist bereits in vollem Gange, und starre, während ich einen Kaffee koche, noch einmal auf den blauen Foto-Himmel über dem amerikanischen Mittleren Westen.

Ein gutes Team sein, heißt nicht, dass die Dinge immer rundlaufen, sinne ich vor mich hin. Ein Team muss mehr sein als nur »zusammen funktionieren«. Es muss auch jede für sich persönlich etwas gewinnen – auch wenn sich das nicht immer gleich zeigt.

◆

Der Bus saust durch die Nacht, leise, schnell wie der Wind. Noëmi weint. Vorhin im Halbschlaf hat sie vor sich hin geschimpft. »Immer dies Reisen! Warum schleppst du mich überallhin mit?«

Sommer 2014. Noëmi ist nicht mehr klein genug, um sich auf dem engen unbequemen Sitzplatz mit der kaum verstellbaren Rückenlehne zusammenzufalten. Sie ist gerade dreizehn geworden und bräuchte ein Bett. Am Nachmittag waren wir durchs glühend heiße St. Louis gestreift und hatten uns auf einer großen Wiese am Ufer des Mississippi hingelegt, viel zu erhitzt und aufgeregt, um zu schlafen. So cool die Aussicht auf eine Nacht im Greyhound am Tag gewesen war – jetzt sind da nur noch heulendes Elend und Wut. Muss ihre Mutter wirklich auch noch nachts für die Arbeit unterwegs sein? Nein, Noëmi ist nicht bereit, sich trösten zu lassen. Draußen fliegen Schilder vorbei, »Buffalo Wild Wings«, Route 66. Schwarze Nacht. Drinnen teilen sich mindestens fünfzig Reisende die Atemluft. Ich versuche, trotzdem klare Gedanken zu fassen, Sätze für meinen Artikel im Kopf zu formulieren, mit denen ich das nächtliche Reisen im Greyhound beschreiben kann. Erinnere mich an die fröhlich bunte Schlange der Reisenden, die sich vorhin vor dem Bus aufbaute; Kinder mit unzähligen schwarzen Rastazöpfchen auf dem Kopf, die sich schon im Warteraum in ihre Kissen warfen. Verhutzelte Leute mit halb geschlossenen Augen, die schon Stunden vor Abreise im Schlafmodus schienen. Jetzt schlummern sie alle, verkrochen in Kapuzenpullis die einen, die Gesichter unter Basecaps verborgen die anderen. Still ist's, nur meine Tochter schimpft. Irgendwo zwischen Halbschlaf und Traum festhängend, hadert sie mit ihrem Schicksal. Oh, wie gut ist es, dass hier im Mittleren Westen Amerikas so wenig Deutsch verstanden wird. Und wie schwer, das auszuhalten: ihr Unglück, ihr Stören, und die Aussicht, dass das vielleicht noch Stunden so weitergeht. Ein echter Probelauf für mich, und das, was ich ihr immer gesagt habe: Weine nur, wenn dir nach Weinen ist! So lang, bis alle Tränen raus sind und was anderes Platz hat.

Auch das ist Alltag. Alltag unterwegs. Eines der vielen Gesichter unseres wechselvollen Alltags, der wenig Routinen hat – aber mich, und auch Noëmi, inzwischen gut geübt sein lässt darin, vom einen Alltag möglichst bruchlos in den anderen hinüberzugehen. Von einer aufregenden Reise zurück nach Hause zu kommen. Oder umgekehrt, von den ruhigen, fast unbewegten Tagen, an denen ich von morgens bis nachts am Computer sitze, in den schnellen Rhythmus einer oft sehr kurzfristig geplanten Reise zu wechseln.

Irgendwann müssen wir doch beide eingeschlafen sein. Und dann aufgewacht, als sich draußen leuchtend blauer Himmel über das weite Farmland Oklahomas breitet. Die erste Busetappe ist geschafft. Für einen Tag und eine Nacht würden wir unsere Reise in Elk City unterbrechen, einem kleinen Ort im Mittleren Westen. Die Reiseführerin am Ort ist von überwältigender Herzlichkeit. Sie begleitet uns durch den alten Teil der Stadt, in dem noch die neonglänzende Vergangenheit von Elk City nachvollziehbar ist, als vor vierzig Jahren die vielen auf der Route 66 Reisenden hier ihren Trip unterbrachen. Sie fährt mit uns herum, sodass wir eine Ahnung von den Ausmaßen der Ranches in den endlosen Weiten Oklahomas bekommen. Bald wird hier wieder die Rodeosaison beginnen. Abends streifen wir – endlich zu Fuß – durch den größten der sieben Parks am Ort, wo ein altmodisches Karussell mit hoch und runter schwebenden Pferdchen sich zu blecherner

Musik dreht und eine Miniatureisenbahn durch richtige Tunnel fährt, als wäre man in Lummerland. Der reizende Parkwärter besteht darauf, dass wir auch die Minigolfbahn noch probieren müssen. Es ist zehn Uhr abends und immer noch hell, mittlerweile ist seine Teenager-Tochter dazugestoßen und kämpft mit Noëmi um den Sieg. Als es dunkel wird, zaubert das beleuchtete Karussell einen Lichtertanz auf den nächtlichen Himmel, kaum zu trennen von den Lichtern der Öltürme dahinter. »Mama, das ist so schön hier … ich möchte unbedingt wiederkommen, ja?«

◆

Das war im letzten Sommer. Die Fotos hängen in meiner Küche. Das neonfunkelnde Diner an der Route 66, die endlosen Himmel von Missouri und Oklahoma, sie erinnern an beides: die Härten und die Schönheiten des Reisens.

Seltsamerweise begann nicht nur der anstrengendste, sondern auch der anspruchsvollste und erfolgreichste Abschnitt meines Berufslebens erst dann, als ich alleinerziehend war. Aber vielleicht ist das nicht seltsam, sondern nur in jener Weise paradox, wie das Leben eben oft paradox ist. Wer aus irgendeinem Grund viel Energie in etwas hineingibt, bekommt möglicherweise noch mehr Energie obendrauf geschenkt.

Kinder – so berichteten es mir auch andere – verbinden einen mit bestimmten inneren Schaltstellen, auf die man vorher keinen Zugriff hatte. Mit einer bestimmten Kraft. Nie zuvor war ich so entschlossen gewesen, um das »Wichtige« zu kämpfen. Möglicherweise war mir auch nie zuvor so klar gewesen, was das Wichtige war. Wichtig und unwichtig hatten sich neu sortiert.

Alice Munro sagt in ihrer Geschichte »Japan erreichen« über einen jungen Mann, der sich auf einer Zugfahrt viele Stunden lang voller Hingabe mit zwei ihm fremden Kindern beschäftigt: »Er ist einfach ganz da... er spart sich nicht auf.«[9] Für mich, die ich nicht mehr sehr jung war, als ich Mutter wurde, löste erst Noëmi das aus: mich definitiv nicht aufzusparen, sondern auszugeben, in vollen Zügen.

Was ich viel weniger romantisch meine, als es sich anhört: Für eine Frau ist, Gleichberechtigung hin oder her, ihr Glück im Beruf meist bedroht, wenn ein Kind kommt. Wem ist schon mit absoluter Sicherheit garantiert, die gleiche gute Stelle danach wiederzubekommen? Garantiert ist meist gar nichts: weder, dass man an der Arbeitsstelle danach genauso willkommen, noch dass man genauso fit ist mit Kind wie vorher. Ganz zu schweigen von der Unsicherheit, ob das Kind gesund sein wird und wer einem wie hilfreich zur Seite stehen wird. Garantiert ist einzig, dass man auf lange Zeit hinaus nicht mehr in der altbekannten Weise verfügbar ist.

Ein Kind – und dies gilt natürlich für alle Eltern und Familienformen – ändert alles. Es spitzt die Verhältnisse zu. Es klärt Prioritäten. Es ist eine echte Nagelprobe. Und so kann es auch sein, dass sich – wie bei mir – die Dringlichkeit, mit der man seine Arbeit mag und braucht und mit ihr vielleicht sogar identifiziert ist, in verschärft deutlichem Licht zeigt: »Wenn du mich willst, dann musst du dich jetzt auf die Hinterbeine stellen« – rief mir meine Arbeit zu, als das Kind kam; und dann noch einmal lauter, als sich knapp zwei Jahre später unsere Familie allmählich auflöste.

Erika ging das – in ihrer gänzlich anderen Lebenssituation – ähnlich wie mir.

♦

Der Laden liegt mitten in der mittelalterlichen Häuserzeile der kleinen Stadt in Süddeutschland. Die Decke ist niedrig, der Blick geht hinaus auf eine enge Gasse. Von einem der Drehstühle aus sehe ich, wie draußen Erikas Tochter Lucinda angeradelt kommt und ihr Rad abschließt. Sie lächelt durchs Schaufenster herein, durch Dekoketten aus glänzenden Papierbuchstaben hindurch: »20 Jahre Medusa«. Dann betritt sie den Laden. Lucinda ist fünfzehn, groß und schmal, mit langem rotblonden Haar. Den Geruch nach Haarspray kennt sie, seit sie

Erika (re.) und Lucinda

ganz klein ist. »Ich mag das«, sagt sie und lächelt, noch ein bisschen verlegen. »Immer, wenn ich hier reingekommen bin, hat es so gerochen.«

Erikas Friseursalon »Medusa Hairstyling« hat ein bisschen etwas von einer Zauberwelt – als hätten Feen und Hexen hier

33

ein Wörtchen mitgeredet und selbst die Kelle in die Hand genommen, um unterhalb der drei großen Spiegel eine Art Grottenlandschaft zu mauern. An dem Platz, an dem eine Friseurin ihre Kasse und das große Terminbuch liegen hat, ragt ein unregelmäßig geformter felsblockähnlicher Arbeitstisch auf. Halloween-Kürbisse grinsen von den Fensterbänken, und Sonnenblumenketten hängen in den Fenstern des mittelalterlichen Hauses, das auf eine Gasse im ältesten Teil der Stadt hinausgeht.

Eine ganz und gar eigene Welt ist es, in die von morgens neun Uhr an Erikas Kundinnen durch die Glastür kommen und eine Stunde später, verschönert, wieder gehen.

Wer wollte da nicht von Zauber sprechen? Von einer speziellen Macht, die in Haaren steckt? Feminine Power geht von ihnen beiden, Mutter und Tochter, aus. Sehr lang und dunkelrot fallen Erikas Haare in Wellen bis zu ihrer Taille. »Haare, ja, das ist schon das Wichtigste«, lacht die Einundfünfzigjährige auf ihre knappe, uneitle, freundlich spröde Art und erzählt, wie dieser rote Faden sich durch ihr Leben gezogen hat. Als Zweitälteste von sieben Kindern, irgendwo auf dem Dorf, hat sie den Geschwistern die Haare geschnitten, seit sie denken kann. Es wäre doch praktisch, wenn sie daraus ihren Beruf machte, fand die Mutter, und so kam es. »Meine Geschwister waren meine ersten Modelle. Seit ich sechzehn bin, schneide ich meiner ganzen Verwandtschaft die Haare.« Früher Onkel und Tanten, heute Schwager, Nichten und Neffen. »Die wollen ja alle schön aussehen, oder?« Die beiden Frauen lachen. Alle sechs bis acht Wochen fahren sie rüber in das kleine Dorf, wo drei Geschwister mit Familien leben, ein weiterer Bruder im

Nachbarort. Erika ging damals zur Meisterschule und suchte ihre erste Stelle hier in der Stadt: eine Autostunde vom Elternhaus entfernt, weit genug weg, um ihr eigenes Leben zu führen, und nah genug für die Tuchfühlung mit der Großfamilie.

»Ich hab es geliebt, Kind in einer Großfamilie zu sein«, erzählt Erika. »Ich wollte selbst auch mehrere Kinder. Aber die Partnerschaft mit Lucindas Vater wurde schwieriger und ging auseinander, als sie fünf war. Da war ich dann knapp vierzig.« Es war in kleinen Schritten auf die Trennung zugegangen. Zwei Jahre zuvor hatte ihr Vater eine Stelle in Stuttgart angenommen und war zum Wochenend-Papa geworden. »Ich hab gar keine Erinnerung daran, dass es mal anders war als jetzt«, sagt Lucinda, »ich fand das auch nie schlimm.« Durch ihre Kindheit hindurch kam der Papa jeden zweiten Samstag und unternahm tagsüber etwas mit ihr. Heute besucht sie ihn in unregelmäßigen Abständen. »Wochenenden für mich, nein, das hatte ich nie«, sagt Erika lapidar, »aber ich kannte das ja, hatte immer schon Verantwortung für Jüngere gehabt. Für meine kleinen Brüder war ich eine Art Mama gewesen.«

Gleich neben dem Eingang des Salons stehen ein winziges Tischchen und zwei ebensolche Bänke – Miniaturbauernmöbel, darauf Malstifte und Papier. Erikas Großvater hat die Kindermöbel gezimmert. »Schon meine Mutter saß daran, später dann ich und meine Geschwister, und vor dreizehn, vierzehn Jahren Lucinda.« Ja, sie liegt spürbar in der Luft: jene Großfamilie, die da war – auch wenn sie nicht da war. »Meinen Alltag hat das nicht entlastet, dazu waren sie alle zu weit weg … aber in den Sommerferien war Lucinda immer dort, sie ist mit den Cousinen und Cousins aufgewachsen.«

Hier geht es um Zugehörigkeit zu einem größeren Ganzen; vielleicht aber auch um noch etwas anderes. Jene pragmatische und sehr realistische Haltung, die Erika aus der Großfamilie mitnehmen konnte – dass »ein Kind mitläuft«, ohne ständige Extra-Aufmerksamkeit, aber dafür ganz nah dran an der elterlichen Lebenswelt –, war auch das, was sie für den Aufbau ihrer Kleinstfamilie brauchte. »Ich konnte mich so wenig um Lucinda kümmern wie meine Mutter sich um mich – aber das musste klappen!« Es bedeutete für Erika, dass sie das Baby mit in den Salon nahm. »Wie man das halt so macht«, lacht sie – und man glaubt ihr das in ihren Augen Selbstverständlichste der Welt sofort.

Seit knapp fünf Jahren hatte sie damals ein eigenes Geschäft, anfangs mit einer Kollegin zusammen, dann bekam diese ein Kind. »In dem Jahr, als ich allein war, merkte ich: Ich schaffe es auch allein. Als ich dann schwanger war, fragte mein Mann: Wie willst du das jetzt machen? Er glaubte nicht, dass ich die Selbstständigkeit aufrechterhalten könnte – aber für mich war das gar keine Frage.« Im hinteren, privaten Teil des Salons stand damals der Kinderwagen. Dort schlief Lucinda und wurde zwischendurch von ihrer Mutter gestillt – eineinhalb Jahre lang. »Meine Kunden waren immer verständnisvoll«, erinnert sich Erika, »viele haben mit ihr geredet – in so einem kleinen Salon ist die Atmosphäre sowieso irgendwie familiär.« Lucinda lacht: »Einige sagen heute noch zu mir, ich kenne dich schon, seit du im Bauch warst.« Bald lag das Baby dann in der Babywippe vorn im Salon, und kurz darauf war der große Korb mit den vielen Fläschchen und Proben ihre erste Spielzeugumgebung. »Es gab immer was zu sehen für sie, sie war unter Menschen. Und ganz toll war es natürlich, wenn Kinder kamen.«

Mit jeder Etappe der Selbstständigkeit wurde Lucindas Abstand zum Salon größer: »Als sie zwei war und in eine Kindergruppe ging, hatte ich sie nur noch nachmittags hier; ab vier war sie dann ganztägig in der Kita, und durch die Grundschulzeit hindurch hat sie am Nachmittag hier ihre Hausaufgaben gemacht.« Lucinda ergänzt: »Und an dem Übungskopf durfte ich Haareschneiden üben.« In der Ecke steht sie noch, die Plastikbüste mit ziemlich zerschnippelter Frisur. Die winzigen Bauernmöbel hingegen sind noch ständig in Benutzung: »Die Kundinnen dürfen ja immer ihre Kinder mitbringen, das ist schön«, sagt Erika, und Lucinda ergänzt: »Dann hockt Mama sich hin. Sie kann Haare schneiden, auch wenn sich die Kinder bewegen.« Lucindas Stolz auf ihre Mutter leuchtet aus hellbraunen Augen.

Beide sind hineingewachsen ins Familien-Team – das einen Alltag inzwischen gemeinsam bewältigt. »Natürlich musste sie auch irgendwie hart im Nehmen sein. Sie krank, ich krank – das durfte eigentlich nicht passieren, und es ist auch nicht passiert. Sie hat sich auf mich eingestellt. In der Kita wussten sie, dass ich allein im Laden bin. Wenn sie dann mal kränkelte, haben sie sie dort aufs Sofa gelegt.« Ein einziges Mal, erinnert sich Erika, gab es keine andere Möglichkeit, als abzuschließen und Lucinda zu holen.

»Ich finde es heute noch toll, den Laden allein zu machen.« Vormittags ist eine Angestellte mit im Laden, den Rest – einschließlich Buchhaltung – stemmt Erika allein. Lucinda erzählt von den Klassenkameradinnen, die sich aufregen, wenn ihre Mama nach der Schule noch nicht gekocht hat. »Diese Erwartung kenne ich gar nicht…«, sagt sie. »Uns ist dafür halt der Montag heilig«, bringt Erika ihren freien Arbeitstag ins Spiel. »Lieblingstag…«, bestätigt Lucinda. Erika ergänzt: »… und wehe, das klappt nicht.« Lucinda: »Montags komme ich von der Schule, dann ist Mama da, wir essen zusammen, danach machen wir den Haushalt, gehen miteinander einkaufen… An einem Montag würde ich mich nie mit Freundinnen verabreden.« Erika: »Ich schaue, dass ich zu Hause bin, wenn sie kommt. Den Nachmittag verbringen wir zusammen.«

Montag ist der Endpunkt des gemeinsam verbrachten Wochenendes, das am Samstagmittag beginnt, wenn Erika gegen drei vom Laden nach Hause kommt. Dann überlegen die beiden, was sie am Abend kochen. »Wir machen Arbeitsteilung – Mama macht den Salat, ich brate etwas Fleisch oder Fisch an.« – »Ja, jede hat ihren Part«, bestätigt Erika. – »Ich räume zum Beispiel die Spülmaschine immer aus. Mama stört es nicht, sie einzuräumen, mich schon.«

Zu Hause, das merkt man an dieser aus zwei Mündern erzählten Geschichte, ist wirklich zu Hause. Ein Familienort, an dem sie beide gemeinsam viel Zeit verbringen – vor allem im Wohnzimmer. »Na ja, wir sind Fernsehmenschen. Abends sitzen wir zusammen vor dem Fernseher und sehen Filme oder Quizsendungen, und wenn Lucinda was anderes gucken will, sitzt sie mit Kopfhörern und iPad neben mir auf dem Sofa.« Manchmal würden ihr Kundinnen erzählen, dass deren Kinder sich immer gleich in ihre Zimmer zurückzögen. »Das kommt mir immer ganz komisch vor.«

Lucinda ist einerseits selbstständiger als andere Mädchen ihres Alters – zugleich aber auch näher an ihrer Mutter; enger mit ihr verbunden als andere. »Ich bin ein Mutterkind«, sagt Lucinda, das klingt klar und selbstbewusst. Ihre Mutter macht ja auch coole Sachen mit ihr. Shoppingtouren in andere Städte sind das Lieblingsritual der beiden. Kürzlich waren sie in Straßburg: einen ganzen Tag durch die fremde Stadt streifen, neue Läden finden, stöbern. In den Tagen zwischen Weihnachten und Silvester werden sie für ein paar Tage nach Köln reisen. »Oft komme ich im Gespräch mit meinen Kundinnen auf neue Ideen«, erzählt Erika, »sie bringen mir dann Reiseführer und Restauranttipps mit, und dann starte ich richtig gut vorbereitet.« Diese Kurztrips sind auch ein kleiner Ausgleich dafür, dass sie immer nur eine Woche pro Jahr in Urlaub gehen. »Länger kann ich aus dem Laden nicht weg«, sagt Erika. »Das ist schon in Ordnung so, ich mache die Arbeit ja gern.« Sie lacht. »Teils ist das wie Kaffeeklatsch, mit den Kundinnen, die ich lang kenne. Ich rede gern, ich höre auch gern zu, und nicht nur oberflächlich.« – »Mama weiß alles«, sagt Lucinda und dreht ihre langen Haare zwischen den Fingern. »Der ganze Friseurberuf lebt ja von Kommunikation«, sagt Erika. »Aber ohne Kind wäre das alles nichts. Seit sie da ist, will ich auch Zeit für sie und mit ihr haben, mein Laden muss nicht wachsen, der ist genau richtig, wie er ist.«

Ich muss an das Buch »One and Only« der amerikanischen Journalistin Lauren Sandler denken, in dem sie etliche Studien, Erfahrungsberichte versammelt und auswertet und in alle Richtungen die Erfahrungen reflektiert, die sie selbst als Einzelkind wie auch als Mutter eines Einzelkindes gesammelt hat. Auch zu Einzelkindern sind ja reichlich Mythen vorhanden: dass sie selbstsüchtiger und selbstbezogener seien, weil sie nie hätten lernen müssen zu teilen. Zugleich seien sie auch »arme Kinder«: »only rhymes with lonely«[10], zitiert Sandler einen geläufigen Spruch, »einzig reimt sich auf einsam«. Aber wie so oft sieht dann, wenn man genauer hinschaut, die Realität ganz anders aus als der Mythos: nämlich so, dass überdurchschnittlich viele Einzelkinder früh selbstständig und verantwortlich sind und ein gutes Selbstbewustsein haben. Und dass sie, so schreibt es Sandler, aus ihrer natürlich vorhandenen Sehnsucht nach Gemeinschaft heraus sogar ausgesprochen viel in Gemeinschaft investieren. Und natürlich haben sie – fürsorgliche Erwachsene vorausgesetzt – gute Chancen, Experten für reiche und erfüllte Allein-Zeit zu werden und eine tiefe Beziehung zu sich selbst entwickelt zu haben.

Draußen wird es dunkel, Zeit zu gehen. Leute schauen von außen ins Schaufenster und winken herein. Außerdem ist Samstagnachmittag: für Erika endlich Zeit, ins Wochenende zu gehen.

»Ich bin nicht so für Veränderungen«, sagt Erika.« Das Leben ist Veränderung, nichts bleibt, wie es ist – wieso soll ich selbst dann noch dauernd etwas verändern? Wenn mir manche Kundinnen erzählen, dass sie so voller Wünsche sind und Dinge ganz anders haben möchten, muss ich sagen: Ich kenne das nicht, diese Unzufriedenheit. Ich glaube einfach, ich bin angekommen.«

◆

Und wie bin ich selbst hineingewachsen in die Zweisamkeit mit Kind? Als Noëmi zur Welt kam, lebte ich mit ihrem Vater in Italien. Ich wickelte sie mit Stoffwindeln und stillte sie zwei volle Jahre. Wir wohnten abenteuerlich, in einer Berglandschaft und einem Haus, dessen unasphaltierte Zufahrtsstraße manchmal, wenn ein rauschendes Bächlein zu einem Fluss wurde, wochenlang nicht zugänglich war. Dann mussten wir die Einkäufe zu Fuß vom Auto, das woanders geparkt war, über einen schmalen Pfad zehn Minuten zum Haus bringen. Ich weiß noch genau, wie sich das angefühlt hat: das Baby im Tragetuch vor dem Bauch, rechts und links Tüten oder Taschen; der steinige Pfad, Sonne und Wind auf der Haut, und das Gefühl, dass für mein Kind dieser Ausblick in die wilde Natur und das warme Bauch-an-Rücken genauso gut war wie für mich.

Wenn ich dann die Einkäufe verräumt hatte, war wieder eine Hand frei für ein Buch. Weiterarbeiten war möglich und nötig. Wer freiberuflich tätig ist, kann Kontakte nicht einfach sausen lassen. Und das war, dem Internet sei Dank, 2001 und 2002 auch von einem einsam außerhalb des Dorfes gelegenen Haus in den italienischen Bergen aus möglich. Mama mit Stift und Buch, Mama am Computer, Mama mit Wasserschlauch oder Wäschekorb in der einen und Buch in der anderen Hand – solche Bilder dürften sich Noëmi als frühester Inbegriff ihrer Mutter eingeprägt haben.

So ist das: Kinder wachsen in die Berufsrealitäten ihrer Eltern hinein, und wer wie ich – oder wie Erika – das Glück hat, die Kinder beim Arbeiten in Reichweite haben zu können, vermittelt ihnen die eigene Berufsrealität natürlich gleichsam im Intensivkurs. Intensiv auf der ganzen Linie – vor allem, wenn dann die Beziehung zum Vater des Kindes in die Brüche geht und Neuorientierung ansteht.

Noëmi war noch keine zwei, als ich mit ihr 2003 nach Konstanz zurückkehrte – auf 45 Quadratmeter für 290 Euro – ein Mietpreis, der das Ankommen entschieden erleichterte. Freundinnen halfen. Ich fand für zwei Nachmittage und zwei Morgen eine Kindergruppe. Gewöhnte mir an, bis spät in die Nacht am Computer zu arbeiten, während Noëmi nebenan schlief. Probierte aus, sie zu kleineren Rechercheaufträgen mitzunehmen. Eine Radtour im Allgäu an der Iller entlang: Da konnte ich sie hinten im Fahrradsitz mitnehmen, während der Pausen Notizen machen und abends im Gasthof, während sie schlief, den Artikel zu schreiben anfangen. Dann kamen die Reisen mit Buggy: Als ob Noëmi alle entbehrten Stunden im Kinderwagen doppelt und dreifach nachholen wollte, wurde der Buggy ein über alles geliebter Aufenthaltsort.

Highlights unter den Bildern im Kopf: Noëmi kurz vor der Einschulung. Ich war für eine Reportage zu Astrid Lindgrens 100. Geburtstag nach Vimmerby in Schweden geschickt worden. Ich sehe Noëmi noch vor mir; rennen, atemlos, auf dem riesigen Gelände von »Astrid Lindgrens Welt«, von Pippis Villa zu Emils Katthult, dann nach Bullerbü, und ausflippen vor Begeisterung, als sie in den dumpfen Trommeln aus dem Wald Hinweise auf die Burg der Mattisräuber erkannte. Wir flogen am Morgen ihres sechsten Geburtstages von Kopenhagen zurück, und ich sehe noch das strahlende kleine Gesicht vor mir, auf dem Kopf die Pippi-Langstrumpf-Regenkappe, im Arm eine Pippi und in der Hand einen Muffin mit einer brennenden Geburtstagskerze.

Und: Ja, es gab die anderen Momente. Nächte, in denen ich verzweifelt war, weil ich neben der Trauer um die verlorene Beziehung kein bisschen Kraft für ein weinendes und brüllendes Kind übrig hatte. Dann habe ich zurückgebrüllt. Ich hatte verzweifelte Sehnsucht nach Zeit für mich allein. Die wenigen Stunden, wenn sie in der Kindergruppe war, erschienen mir paradiesisch, ebenso wie jene vier Wochen pro Jahr, die sie zwischen dem vierten und neunten Lebensjahr bei ihrem Vater in Italien verbrachte: geballte Zeit zum Reisen und Arbeiten.

Ich habe nicht, wie Erika, den Großfamilien-Spirit in mir. Keine Vorbilder oder Konzepte. Aber ich hatte immer Freundinnen, die so waren, wie ich mir Schwestern vorstelle. Und ab und zu dies erstaunliche Gefühl, dass mich meine kleine Tochter ebenso an die Hand nahm wie ich sie.

Gute Geister unterschiedlichster Art waren es, die mich irgendwie doch guten Mutes in den neuen Lebensabschnitt des Alleinerziehens gehen ließen. Einer von ihnen war die bereits erwähnte große Doris Lessing. Als ich sie im Februar 2004 zum ersten Mal in ihrem Londoner Wohnzimmer traf, sprachen wir auch über ihre Kindheit. Lessings nach Südrhodesien ausgewanderte englische Eltern waren mit ihren beiden kleinen Kindern mehrfach zwischen Persien, Russland, England und Afrika unterwegs; in den 1920er Jahren bedeutete dies wochenlange Reisen mit Schiff, Zügen, Autos: »Ich machte diese Reisen noch vor meinem sechsten Lebensjahr. Oft denke ich, dass vor allem dies Unterwegssein jene Fantasie in mir geweckt hat, die ein Leben lang nicht versiegt ist.« Fantasie für ein literarisches Werk von mehr als fünfzig Büchern. Diesen Satz nahm ich damals als kostbares Geschenk mit in mein Leben als reisende, schreibende Mutter.

»Und was gewinnst du bei dem Ganzen, Noëmi?«, fragte ich meine Tochter kürzlich. »Zeit mit dir«, sagt sie sofort. »Ich kann in deiner Nähe sein.« Sie überlegt. »Und irgendwie ist es dann auch mein Job. Du erzählst mir über deine Recherche, wir teilen das. Und dann – diese ganzen neuen Menschen. Es ist toll, auf der ganzen Welt Freunde zu haben.«

♦

Heute Nachmittag treffe ich Lucinda allein. Ich warte im Café »Stadtkind« auf sie. Dann sehe ich ihre große, schlanke Figur; den scheuen, etwas spitzbübischen Blick unter langen, schwarz getuschten Wimpern. Wie ihre Mutter hat sie auch etwas Stilles an sich – fast ist man überrascht, wie klar und deutlich ihre Stimme ist.

Nachher wird sie sich zusammen mit einer Freundin ein Sozialgymnasium in der Nähe anschauen. Nach dem Realschulabschluss wird sie noch drei Jahre bis zum Abi zur Schule gehen. »Ich möchte später in den Medien arbeiten«, sagt sie. »Recherchieren, Interviews führen, Neues erleben, Menschen was übermitteln.«

Würde sie auch so leben wollen wie ihre Mutter mit ihr – das Kind immer bei der Arbeit dabei? »Das geht ja nicht bei allen Berufen. Ich fand es super, dass meine Mutter Vollzeit gearbeitet hat und nicht als Hausfrau daheim war. Ich fand es immer gut, wie wir leben – aber das liegt eben auch daran, dass ich mich an nichts anderes erinnere. Meine beste Freundin lebt auch allein mit ihrer Mutter, ihre Eltern haben sich allerdings viel später getrennt – und meine Freundin hat schlimm darunter gelitten.« Hat sie selbst denn Geschwister vermisst? »Ich frage mich oft, wie es wäre, wenn unsere Familie größer wäre. Wäre dann alles anders?« Eine andere Freundin habe gemeint, mit Geschwistern lerne man besser, sich durchzusetzen.

Morgen wird ihr Vater sie besuchen kommen, dann gehen sie zusammen in die Stadt. Er wird ihr helfen, was Neues aufs Handy zu laden. »Zu erzählen gibt's nicht so viel … er kennt ja meine Freundinnen nicht und meine Lehrer. Wenn man sich dann am Telefon nur sagen kann, mir geht's gut, und wie geht's dir? – das finde ich total blöd.« Schöner sei es schon, wenn er zu Besuch käme und man gemeinsam etwas unternehmen könne.

Und nächstes Wochenende geht es zu den Verwandten aufs Dorf. Lucinda ist Älteste der zehn Kinder ihrer Generation. »Meine Cousins und Cousinen hängen dann immer wie Kletten an mir. Eine rennt mir hinterher bis zum Klo, aber das stört mich nicht.« Lucinda strahlt. »Ich bin das gewohnt, bin da so eine Art Chef. Na ja, sie sind alle sehr lustig. Wir lachen so viel. Ich hänge sehr an ihnen allen.« Doch, sagt Lucinda, es sei wirklich harmonisch. Auch mit ihrer Mutter streitet sie eigentlich nie. »Vielleicht, weil wir uns so ähnlich sind? Wir mögen es beide gemütlich. Am Sonntag lange schlafen, einkaufen gehen … Ich fordere, glaub ich, auch nicht so viel.« Und wenn sie sich etwas sehr stark wünsche – wie im letzten Sommer, mal an einen Strand zu gehen und im Meer zu baden –, dann macht Erika das auch möglich. Die kostbare eine Ferienwoche hatten sie in Nizza verbracht. »Meine Mutter ist halt 'ne coole Mutter, und ich bin ein liebes Kind«, sagt sie mit wirklich sehr liebem Lächeln, und verabschiedet sich.

Eltern-Kind-Harmonien sind nicht nur so unterschiedlich, wie ihre Persönlichkeiten unterschiedlich sind – sondern auch so stabil oder instabil, wie der Boden ist, auf dem sie stehen. In den Gesprächen mit Erika und Lucinda erscheint ihre Großfamilie als eine positive Kraft im Hintergrund – aber es ist Erika selbst, die klug diese Balance zwischen Unabhängigkeit und Bezogenheit geschaffen hat und pflegt. Später finde ich in Hanna Johansens autobiografischem Roman »Der Herbst, in dem ich Klavier spielen lernte« eine Stelle über Einzelkinder, zu der mir Lucinda und Erika einfallen. »Einzelkinder, habe ich heute wieder gehört, hätten immer Probleme, wenn es darum ginge, Freundschaften zu schließen. Man hört das oft. Beim ersten Mal klang es einleuchtend. Aber ich hatte ein Problem mit diesem Problem, denn ich hatte es nicht. Oder doch? Möglicherweise habe ich Freundschaften anders geschlossen, als es Menschen täten, die Geschwister hatten. Und warum auch nicht, wichtig ist, dass ich Freundinnen und Freunde hatte. Ich bin gern allein, zugleich schien mir immer, ich sei ein ausgesprochener Gruppenmensch. Wie habe ich das lernen können, in meinen ersten Jahren? Mir ist, als hätte ich es gar nicht gelernt, sondern einfach von meiner Mutter übernommen, die mit ihren Brüdern und der Schwester und vielen anderen Kindern das Leben gelernt hat.«[11]

♦

46

Fünf Tage sind vergangen, und morgen ist die Mathearbeit. Heute ist Sonntag. Und da wir seit Noëmis Grundschulzeit etwas haben, das ich die »Sonntagabend-Krise« nenne, ist diese Krise heute leider besonders ausgeprägt. Die kleine Noëmi hatte immer Bauchschmerzen. Die manchmal mit einer sanften Bauchmassage und mit dem Anhören der Sorgen zu beseitigen waren – und oft auch nicht. Bei der größeren Noëmi besteht eine gewisse Wahrscheinlichkeit, dass alle Ängste und Sorgen, die sie im Blick aufs Leben überhaupt hat, sich an genau diesem Abend verknoten zu einem nicht mehr entwirrbaren Knäuel. Dann will sie mich am liebsten in ein nachtfüllendes Gespräch verwickeln. Auch kindlich-jugendliche Verzweiflung hat eine Verführungskraft. Man setzt sich ans Bett und versucht zu verstehen.

Bis ich merkte, dass mir diese Krisen ein bisschen zu regelmäßig auf den Sonntagabend fielen. Es ist der Schritt in die Schule selbst, den Noëmi noch nie leicht gegangen ist und der jeden Montag wieder neu schwerfällt. Wir probierten es einen Winter lang mit Sonntagabend-Besuchen im Thermalbad. Das war gar nicht schlecht. Müde und erfüllt nach Hause kommen, etwas essen und ins Bett fallen – und sich auf keine Grundsatzdiskussion mehr einlassen.

Aber eigentlich hatten wir heute auch ohne Thermalbad einen erfüllten Sonntag: Freunde waren zum Frühstück hier, Noëmi hat mit der siebenjährigen Tochter draußen getobt, wir haben unsere Freunde zum Bahnhof gebracht, nachher noch zusammen die Küche aufgeräumt – und doch. Pünktlich am Abend baut sich groß und bedrohlich der Mathe-Alb über uns auf:

Tränen. Schluchzen. »Mama, die Nachhilfelehrerin hat es nicht gut erklärt – ich hab es überhaupt nicht verstanden. Es hat mich immer weiter verwirrt.«

Alltag mit einem Kind hat für mich immer auch bedeutet: ein paar Schritte voraus sein zu müssen. Wo es beim kleinen Kind darum geht, genug Windeln und Bananen und Bilderbücher für die Länge der Zugreise dabeizuhaben, muss ich der dreizehnjährigen Noëmi helfen, die Mathearbeit nicht aus dem Blick zu verlieren, während sie noch fürs Theater lernt – und sie daran erinnern, dass sie zwei Tage später Spanisch schreibt.

Zwei Schritte voraus sein. Den Überblick behalten. Sie informieren über das, was ansteht. Schon als sie sehr klein war, realisierte ich, dass »rechtzeitig Bescheid wissen« für sie ein Aspekt von Sicherheit war. Am Tag vorher wissen, dass Gäste zum Abendessen kommen. Dass ich bald zur Buchmesse fahren und sie für zwei Nächte bei der Tagesmutter sein würde. Dass wir nächste Woche einen Arzttermin hätten, bei dem sie eine Spritze bekommen sollte. Wie wichtig diese Ankündigungen waren, merkte ich dann, wenn ich sie mal vergaß und dann kurzfristig etwas Unerwartetes auf sie einstürzte. Das nahm sie schwer, und das ist so geblieben. Wissen wollen, was kommt – und inzwischen dann auch darüber diskutieren können, wie ihr Platz bei dem Ganzen aussieht, ist überaus wichtig geblieben. Man ist – auch in ganz alltäglicher Hinsicht – einander eben Ein und Alles.

Und was ist dann, wenn man ein paar Schritte voraus sein sollte, es aber beim besten Willen einfach nicht ist – wie jetzt?

Zwei Stimmen debattieren heftig in mir: Bin ich jetzt wirklich noch zuständig? Hab ich mit der Organisation einer Nachhilfelehrerin nicht meine Pflicht erfüllt? Wann fängt eigentlich mein Abend mal an? Das Kind sitzt auf dem Sofa und weint. Komm schon, sagt die andere Stimme, spring über deinen Schatten. Sie hatte wirklich viel zu tun in diesen Tagen. Lass dich auf dies vermaledeite Wurzelziehen ein, vielleicht verstehst du es ja zumindest so weit, um ihr den kleinen Schubs zu geben, dass sie sich wieder erinnert an das, was sie kann.

Und so kommt es tatsächlich. Ein überschaubarer Teil der Wurzelzieher-Welt erschließt sich mir und es gelingt mir, dies zu vermitteln. »Mama, ich habe Mathe noch nie so gut verstanden. Ich will das jetzt immer mit dir machen.« Oh, ganz sicher nicht, antworten meine inneren Stimmen. Mathe werde ich auch weiter delegieren. Noëmi muss vergessen haben, dass ich sehr schlecht in Mathe bin und Mathe-Lernen zwischen uns überhaupt nie geklappt hat. Heute war eine seltsame Ausnahme. Aber es gibt diese Momente. In denen man irgendetwas probieren muss, damit das Rad des Alltags sich weiter drehen kann.

Dann noch kurz an ihrem Bett sitzen. »Dein Kopf braucht Pause.« Die Gedanken rausfließen lassen. Sie auf den Nachttisch legen, von wo du sie morgen früh wieder aufnehmen kannst. Dort steht – so haben wir das in unseren Harry-Potter-Zeiten mal entdeckt – Professor Dumbledores Denkarium, und es bewahrt die Gedanken des Tages auf. »In der Nacht braucht der Kopf Platz für Träume. Dein Körper wird schwer. Der will sich erholen.« Ich lasse meine Hand auf ihrem warmen Rücken und merke, wie der Atem ruhiger wird. Das Kind schläft ein.

Dann gehe ich in die Küche, setze mich an den Küchentisch und starre ins Leere. Wie immer ist noch so viel Arbeit zu tun. So viel liegen geblieben, dass ich sofort zurück ins Wohnzimmer gehen und den Computer wieder anstellen müsste. Die Stärke meiner Arbeitssituation ist auch ihre Schwäche: So tief, wie meine Arbeit in mein persönliches Leben hineinreicht, so gründlich frisst sie auch die persönliche Zeit. Heute schaffe ich den Weg zum Computer nicht. Höchstens noch ein bisschen lesen. Ein halbes Glas Wein trinken. Ins Leere starren. Manchmal geht das ziemlich lang, bis ich keinen Nachhall eines anstrengenden Tages mehr in der Luft verspüre.

◆

Und dann ist wieder das Ende einer Arbeitswoche da. Ich klingele am frühen Abend bei Erika und Lucinda. Erika öffnet, das lockige rote Haar unverändert schön und weich um ihr Gesicht, man sieht ihr die Anstrengung nicht an. »Na ja, ich mache am Abend auch nicht mehr viel«, sagt sie und führt mich ins größte Zimmer der Wohnung, wo sich links der Tür ein großer Wohnraum öffnet: Sofalandschaft vor dem Fernseher, ringsum Blumen auf Regalen, Bücher, Zeitschriften; nach rechts, hinter einem hüfthohen Mäuerchen, die Küche mit anschließendem Esstisch. Ein Raum, in dem gelebt wird – und auch wer hier lebt, daran kann kein Zweifel bestehen: Die Mauer bis hin zur Wand ist bedeckt mit großformatigen Fotos, die Erika von Lucinda gemacht hat. Lucinda mit Löckchen, mit Schleifen, mit Pony, mit Spangen im Haar, mit langem gewelltem, mit etwas kürzerem, stufig geschnittenem Haar – vom Babyalter bis hin zur jungen Erwachsenen, die sie heute ist.

»Wenn sie jetzt gleich von ihrem Termin kommt, überlegen wir, was wir kochen. Beim Essen erzählen wir uns, was wir erlebt haben – von der Schule, von den Freundinnen, vom Geschäft; wir sind beide mitteilungsbedürftig. Und nach dem Essen machen wir es uns auf dem Sofa gemütlich und lassen uns berieseln … Dann ist die Zeit, in der ich nichts mehr machen muss.« Wichtig ist es, beieinander zu sein. »Durch diese langen Arbeitstage hat man ja Abstand genug voneinander. Die Zeit, die wir uns sehen, genießen wir.« Die Abende auf dem Sofa reichen zur Erholung. »Ich hab das Kind nie als anstrengend empfunden, auch nicht, als sie kleiner war.«

Die beiden sind vor zehn Jahren in diese Wohnung gezogen: »… als meine Ehe zu Ende war. Da wollte ich einen Neuanfang, einen Ort, der nur für uns beide ist. Lucinda freute sich damals aufs Umziehen, und als sie fragte: Wo wohnt der Papa?, konnte ich ihr sagen, dass er ja schon seit zwei Jahren eine Wohnung in Stuttgart hat. So war das ein ganz sanfter Übergang.« Erika erinnert sich noch an diese Zeit, die man auch, wie sie sagt, länger hätte hinziehen können – eine Ehe, die nicht mehr gut war: »Aber ich fand es dann besser, das zu beenden. Ich hatte keine Angst, dass ich es finanziell oder kräftemäßig nicht schaffe, ich habe mich immer gut gefühlt.«

Sie habe es nie in den vergangenen zehn Jahren vermisst, nicht mehr Zeit für sich zu haben. »Ich bin so viel weggegangen, als ich jünger war. Vielleicht ist das der Vorteil, wenn man spät Kinder kriegt. Ich brauchte das nicht mehr.«

Der »Plan«, mehr Kinder zu haben, ging nicht auf. Nun wird es wieder ein anderes Leben geben, wenn Lucinda aus dem Haus ist. Dann wünscht sich Erika wieder einen Partner. »In diesen Jahren mit Lucinda hat sich nie etwas ergeben – und ich habe es auch nicht gesucht. Für meinen Alltag, mein Leben, habe ich keinen Mann gebraucht. Irgendwo hätte ich ja dann Zeit wegnehmen müssen, und das kann ich gar nicht, will ich auch nicht. Aber ich habe auch nie darunter gelitten.«

Der Alltag von Erika und Lucinda lebt – im Gegensatz zu dem von Noëmi und mir – von der Regelmäßigkeit eines gut geordneten Lebens und von Ritualen, in denen die beiden Nähe und Austausch genießen.

Und er lebt natürlich auch von dem starken Band zur Großfamilie auf dem Dorf. Am nächsten Wochenende wird Erikas jüngster Bruder vierzig werden. »Das Nesthäkchen... ja, da sind wir dann fünfzig Leute, alle Kinder, alle Enkel, alle Nachbarn, es gibt Sketche und Gedichte.« Zum 80. des Vaters hatte Erika, die traditionell für die Programmgestaltung dieser Feste zuständig ist, einen Stammbaum gebastelt, an dem hingen Fotos aller Kinder und auf der Rückseite deren Babyfotos. Eine Bilderbuchfamilie? Was hatten ihre Eltern denn für ein »Glücksrezept« – dass alle sieben Kinder samt Familie heute immer noch kommen, wenn es etwas zu feiern gibt? Oder auch nur, wenn die beiden »Mädels aus der Stadt«, Erika und Lucinda, übers Wochenende zu Besuch sind?

»Vielleicht die Einfachheit, in der wir groß geworden sind?

Es gab nicht viel Materielles. Wir haben immer uns gehabt – und die Eltern waren da. Das Bescheidene, das Geerdete. So würde ich das sagen.«

Bevor ich mich verabschiede, darf ich noch einen Blick in Lucindas Zimmer werfen. Es ist winzig und entzückend: Die Breite des Raums wird eingenommen vom großen Bett, ein Spiegeltisch und ein Kleiderschrank passen gerade noch hinein – eine kuschlige Höhle. Duftkerzen und Lichterketten beleuchten Fotos und Lucindas Gesicht, die mit dem Laptop auf dem Bett liegt. Ein schnelles Lächeln zum Abschied – dann schließe ich die Tür, verabschiede mich von Erika. Jetzt werden die beiden Frauen kochen, reden, zusammen fernsehen; Lucinda wird um zehn ins Bett gehen, und Erika wird, während der Fernseher läuft, am Programm für die Feier ihres Bruders arbeiten, vielleicht auch noch Wäsche aufhängen oder Fotos im Computer bearbeiten.

Im Hinausgehen bemerke ich noch den Spruch, der auf einer alten Blechtafel auf Lucindas Zimmertür steht: »It is hard to be a Woman/You must think like a Man/Act like a Lady/ Look like a Young Girl/ And work like a Horse.«

Leerstellen. Vater und Mutter in einer Person

Noëmi war sieben und liebte ihre Maus. Zwar waren viele warme, weiche Kuscheltiere in ihrem Besitz, aber durchaus wenige, von denen ich – als anteilnehmende Beobachterin – sagen würde: Hier ist Liebe im Spiel. Dazu gehörte Maus, etwa dreißig Zentimeter hoch, mit hellbrauner Frotteehaut, Herzapplikation auf der Brust und irgendeiner Markenfamilie zugehörig, die eigentlich und anständigerweise (laut Noëmi) vervollständigt gehörte.

Sie war für zwei Wochen bei ihrem Vater in Italien zu Besuch. Wir telefonierten. Sie beschrieb mir ausführlich, wen und was sie alles dringend entbehrt (Puppe, Wolfi, dich Mama), doch mir fiel sofort ein, wer ja bei ihr ist, und ich fragte: »Was macht denn Maus?« Noëmi antwortete: »Sie war vorhin die Frau von Gott.«

Dazu muss man wissen, dass Noëmi ihre Geschöpfe gern in stundenlange, lebhafte Rollenspiele verwickelte. So waren in der Weihnachtszeit alle Krippenfiguren auf lange anstrengende Reisen gegangen, sie hatten in unterschiedlichen Kombinationen geheiratet und immer neu das Jesuskind bekommen. Weihnachten ist zwar jetzt bereits schon wieder eine Weile vorbei, aber dass Maus eingeheiratet hat in die Gottesfamilie, war neu.

»Wer war denn Gott?«, fragte ich, und Noëmi sagte: »Löwe.«

Ich grübelte nach dem Telefonat ein bisschen über die Verteilung der Rollen und der Macht nach. Aber auch das konnte meine Begeisterung über diese revolutionäre Ehe zwischen Maus und Gott nicht wirklich stören. Noëmi hatte in ihrem Spiel das Meistgeliebte und das Mächtigste vereint. Die Frage, wie Liebe und Macht zusammengehen, beschäftigte sie anscheinend enorm in diesem Jahr – und wie überhaupt alles an Verarbeitung zwischen zwei und elf Jahren über Rollenspiele lief, so auch das.

Wenigstens im Spiel das zusammenführen, was man gern vereint haben möchte. Wenn man es schon in der Wirklichkeit nicht kann. Leerstellen füllen. Als ihr Vater und ich uns trennten, noch vor Noëmis zweitem Geburtstag, fand das für sie noch im vorsprachlichen Universum statt. Was es gab, war das unmittelbare, körperliche Ausdrücken von Gefühlen – und das Spiel.

Es gab damals eine Phase, in der sie biss und kratzte. Auf den Spielplatz zu gehen, konnte für andere Kinder unangenehm werden. Ich hatte zwar die klare Vermutung, dass es ihr hilfloser Schmerz und hilflose Wut waren, die hinter diesem »Ausagieren« steckten – aber in den konkreten Situationen, wenn sie auf ein anderes Kind losging, fiel mir dennoch nichts anderes ein, als sie schimpfend wegzuziehen. Die Hilflosigkeit war, auf dem Umweg übers Kind, wieder bei mir gelandet – und mahnte mich daran, dass ich Hilfe brauchte.

Leerstelle Vater, Leerstelle Geschwister. Es war die Zeit, als die Dringlichkeit, ein tragfähiges soziales Netz aufzubauen, für mich tagtäglich mit Händen zu greifen war. Nach einem Jahr mit stundenweiser Betreuung in zwei Spielgruppen – in einer davon häufig getadelt für die Aggressivität meines Kindes – kam Noëmi in einen Kindergarten mit so liebevollen wie entschlossenen Erzieherinnen. Es gelang ihnen, der Dreijährigen zu vermitteln, dass sie keine Freundinnen finden würde, wenn die anderen Kinder Angst vor ihr hätten – und ich glaube, es gelang ihnen dank einer Professionalität, die Entschiedenheit mit liebevoller Freundlichkeit verband.

Es waren Jahre, in denen wir beide – auf ganz unterschiedliche Art – heftig an der Leerstelle litten, die klaffte, wo vorher ihr Vater gewesen war. Eine Freundin, die sah, dass ich ab und zu außerhalb der Mutter-Kind-Welt Luft schnappen musste, ermöglichte es mir, einmal wöchentlich einen Tango-Kurs zu besuchen. In dieser Nacht schlief Noëmi bei ihr – und das Gefühl, die Verantwortung für einen Abend und eine Nacht abgeben zu dürfen, gab mir Luft für die nächsten Tage.

Es war aber auch – wie Maus und Löwe zeigen – die Zeit, in der ich staunend zusah, wie Noëmi etwas entwickelte, was vielleicht das Allerbeste war, was ein Mensch tun konnte, um mit einer Leerstelle umzugehen: Sie spielte. Spielte exzessiv das ganze Repertoire an Menschen und an Verlusten durch, das ihr junges Leben kannte. Sie spielte von morgens bis abends. Wenn Spielen das ist, womit Kinder die Kompetenzen späteren Arbeitslebens vorbereiten, dann war sie eine Schwerarbeiterin. Kaum aus dem Kindergarten zu Hause, wurde schon wieder der nächste Stuhlkreis aufgebaut und mit Puppen besetzt; eine flächendeckende Playmobil-Reiterhof-Welt durchs ganze Wohnzimmer gebaut oder auch Patchworkfamilie mit den Barbies gespielt. Nach und während des Aufbauens redete sie unaufhörlich. Die Beziehungen zueinander wurden diskutiert. Zu wem ein Kind gehörte. Wer mit wem Streit hatte. Wer wen ausgrenzte. Dann wurde in atemberaubendem Tempo alles abgebaut und neu kombiniert.

In Lauren Sandlers Buch über Einzelkinder, »One and Only. The Freedom of Having an Only Child and the Joy of Being One«, fand ich dies mir sehr Bekannte thematisiert: das leidenschaftliche Spielen allein, das alles andere als egozentrisch ist, sondern sich alle Lebensthemen und -fragen vorknöpft, die irgendwie in der Fühl- und Reichweite des Kindes liegen. Einzelkinder entwickelten die stärkste primäre Beziehung mit sich selbst, beschreibt Sandler – wobei sich das Selbst dann spielend als vielfach vernetztes Beziehungswesen erlebt.

Auf einer späteren Reise ging Maus verloren – und es gab keine Möglichkeit, sie wieder aufzufinden. Auf immer aufgehoben ist sie für Noëmi und mich aber in der Geschichte von ihrer Ehe mit Gott.

♦

Es ist nicht mehr lange bis Weihnachten. Ein kalter, grauer Tag am Bodensee. Viel kann man momentan draußen nicht machen. Aber Kinder müssen an die frische Luft, und so habe ich für die erste Begegnung mit Joshua, 7, und seinem Vater Patrick, 45, einen Spaziergang im Wald verabredet. Ich warte, wie abgemacht, in der Nähe der Fahrradständer am Schwimmbad, als ich sie kommen sehe: Patrick, mit Pudelmütze auf dem Kopf und breitem »Tote Hosen«-Schriftzug auf dem Mützenrand. Darunter sehe ich ein paar Ohrringe blitzen. Er fährt in jenem typisch langsamen Elterntempo, das man hat, wenn man neben einem Rollerkind herfährt: Da ist Joshua, ein schmaler Junge mit auffallend schönen grün-blauen Augen. Patrick hat das Rad abgestellt und macht sich ans Abschließen. »Soll der Roller rein?«, fragt er seinen Sohn, »dann aber zack, zack.« Patrick hat einen festen Händedruck und einen geraden Blick.

Heute war Joshua nur kurz in der Kernzeitbetreuung. »Wir machen gerade Bommel«, sagt Joshua. Solche für obendran an die Pudelmütze, praktisch als Weihnachtsgeschenk. Wie immer hat sein Vater ihn abgeholt. Zweimal die Woche arbeitet Patrick länger, um auf die 70 Prozent zu kommen, mit denen er im Ingenieursbüro angestellt ist. »Na, dann gibt es oft noch Hausaufgaben zu erledigen, und Einkäufe… Joshua muss viel von dem mitmachen, was ich zu tun habe. Das Leben ist für ihn kein Wunschkonzert.« Das klingt nüchtern. Nicht un-

Patrick (li.) und Joshua

freundlich, eher direkt und ehrlich. »Ich kann mich nicht immer nach ihm richten. Es ist ja nicht so, dass wir permanent zusammenglucken.«

Vatersprache. Mir kommt das vor wie die etwas robustere, ungeschminkte Weise, auszudrücken, was alle Eltern erleben, die rund um die Uhr allein für ihr Kind zu sorgen haben: Nein, das Leben ist kein Wunschkonzert, für keinen von beiden. Und trotzdem hören wir den einen oder anderen ziemlich schönen Song zusammen.

Joshua läuft schon mal vor in den Wald hinein. Mal gucken, was der zu bieten hat. Noch ist der Schnee nicht da; der Boden ein dicker weicher brauner Blätterteppich. Er sammelt weiche und bröselige Äste und hält sie seinem Vater hin: »Halt mal«, meint er, dann er haut er sie in der Mitte durch. Rechts fällt ein kleines Stück Hang steil ab. »Oh Papa, weißt du noch, da bin ich im Schnee oft runtergerutscht!« – »Ja, aber jetzt nicht, du hast ja keine Matschhose an.« Patrick brummt vor sich hin: »Bis zum welchem Alter gibt es überhaupt Matschhosen?«

Vollzeitig wolle er gar nicht arbeiten, sagt Patrick, auch wenn er könne. »Wozu setze ich denn ein Kind in die Welt, wenn ich seine Kindheit nicht miterlebe? Ich verstehe die Väter nicht, die permanent am Arbeiten sind. Um dreimal im Jahr in Urlaub gehen zu können? Die Welt kann er ja später noch sehen, so viel er will. Jetzt ist die Zeit, in der wir hier was zusammen erleben können.« Immer wieder dreht Joshua sich nach dem Papa um. Läuft vor und zurück, macht immer ungefähr doppelt so viel Strecke wie die Erwachsenen, sucht nach irgendwas Spannendem. Wenn er seinen Vater anschaut, hat er diesen besonderen Blick, den manche Kinder, die nicht mehr ganz klein, aber auch noch nicht groß sind, für ihre Eltern haben. Bedingungsloses Vertrauen. Respekt. Verehrung.

Grenzenlose Liebe. »Mir tut es ja auch gut, wenn wir zusammen sind. Vermutlich brauche ich ihn ja viel mehr als andere Eltern ihr Kind.«

Patrick hat seine Frau Christine verloren, als Joshua dreieinhalb war. Sie starb an Krebs.

»Dreizehn Monate hat sie gekämpft«, sagt Patrick kopfschüttelnd. »Bis zum letzten Tag. Andere hätten viel eher aufgegeben.« Da ist er wieder, der Respekt, nun in Patricks Stimme, aus der man sofort Nähe und Verbundenheit mit seiner Frau heraushört. »Sie hatte so viel Kampfgeist und Lebenswillen.« Mit Magenkrebs fing es an. Die erste Chemo, berichtet Patrick, während Joshua weiter um uns herumspringt, habe sie bestens vertragen. »Wir waren guter Dinge. Der Magenkrebs war am Schluss auch weg.« Aber dann ging es an anderer Stelle los. Patrick pflegte seine Frau zu Hause, bis er nicht mehr konnte. »Na ja, deshalb haben Joshua und ich sicher eine andere, eventuell intensivere Bindung zueinander«, sagt Patrick.

Während wir durch den kahlen Winterwald laufen, versuche ich die besondere Offenheit zu erfassen, die diesen Mann auszeichnet. Es wird um nichts drum herumgeredet, sondern geht direkt zur Sache. Ganz sicher hat das viel damit zu tun, was er erlebt hat und immer noch bewältigt. Aber mir scheint es auch zu seiner Persönlichkeit zu gehören: eine relativ große Unabhängigkeit davon, anderen zu gefallen.

Ihnen dreien ist diese Krankheit zugestoßen – aus heiterem Himmel, mitten in eine im Wachsen und Entstehen begriffene Familie hinein. Patrick und Christine hatten fünf Jahre miteinander, mehr nicht. Es höre sich vielleicht an, als würde er etwas im Rückblick verschönern, meint Patrick – »aber es war tatsächlich so. Die Zeit, die wir zusammen hatten, das waren nur gute Jahre. Wir haben immer unheimlich viel miteinander geredet. Es konnte sich gar nichts anstauen, über das wir dann hätten streiten müssen. Wir waren immer im Gespräch.« Er lächelt etwas, als er sagt: »Für jeden Topf gibt es einen Deckel, der hundertprozentig passt … Ich gehe davon aus, dass es für mich nie mehr so passen wird.« Patrick hat das Gespräch nicht abreißen lassen. Er ist jeden Tag am Grab seiner Frau und spricht mit ihr.

Joshua bemüht sich redlich, dem feuchten Winterwald ein paar aufregende Geheimnisse zu entlocken. Aber irgendwann ist er die Stöckchen leid, sein Hüpfen wird ungeduldig. Er schleppt Dinge an und zeigt sie seinem Vater: »Toll, Spatz«, sagt Patrick. Ein Blick von Vater zu Sohn, einmal durch die Haare gewuschelt. Ich entdecke bei mir eine Beklommenheit – als könnte ich die große Offenheit, mit der Patrick über seine Frau, ihr Sterben und sein Vermissen spricht, gar nicht mit der Gegenwart eines Kindes zusammenbringen. Das Wort »Schonverhalten« fällt mir ein – doch wie absurd ist es, ein Kind schonen zu wollen, das vom Schicksal selbst nicht verschont wurde? Wo sollte ausgerechnet für Joshua, für den der frühe Tod seiner Mutter zu den Grundbausteinen seines Lebens gehört, beim Sprechen über den Tod das Problem liegen?

Das Problem liegt wohl eher bei mir selbst. Ich bin es nicht gewohnt – nicht nur, dass jemand so frei und offen von seinem verstorbenen liebsten Menschen spricht wie Patrick, sondern dass das Gespräch über den Tod etwas so Vitales haben kann.

So wie es Patrick jetzt selbst sagt: »Es wird Zeit, das Kapitel abzuschließen. Das Kapitel Leiden und Sterben. Den Menschen
vergessen werde ich nie. Im Gegenteil. Immer wieder versuche
ich im Gespräch mit Freunden, die sie auch gekannt haben,
versuche ich, das Schöne wieder herzuholen, das wir zusammen erlebt haben.« Genau dies ist, so scheint mir, der erstaunliche Raum, in dem Joshua groß wird: ein Raum, in dem Offenheit und Klarheit herrschen; in den die Krankheit und der
Tod, die ihnen beiden zugestoßen sind, mit großer Selbstverständlichkeit gehören. Darüber »schonungslos« zu sprechen,
ist eine kluge Weise, sich Wege ins Weiterleben zu bahnen.

Dieser Vater, denke ich, ist nüchtern und zärtlich zugleich.
Seine Offenheit ist keine Masche, sondern seine Weise, da zu
sein – so scheint er es mit seiner Frau gelebt zu haben, so lebt
er es jetzt mit seinem Sohn. »Komm, Papa, zurückgehen!«,
bettelt Joshua. »Ist gut, Joshua, noch bis da vorne. Dann drehen wir um.«

»Christine und ich, wir haben ja immer geredet«, sagt er,
»und kurz vor ihrem Tod wurden die Gespräche zu zweit
dann ganz, ganz wichtig. Sie hat mir Dinge mit auf meinen
Weg gegeben, die mich dann nicht einfach so hängen ließen
nach ihrem Tod. Sondern mit denen ich weitergehen konnte.
Sie hat sich bei mir auch dafür bedankt, dass ich die Krankheit hindurch für sie da war, obwohl das für mich völlig normal war.«

Jetzt hängt Joshua an seinem Vater dran. Es wird Zeit, zu-
rückzukommen zum Fahrrad. »Ich schaue schon, dass er
abends um sieben im Bett ist. Regelmäßigkeit ist wichtig. Nee,
weggehen tu ich abends nicht groß. Jetzt ist was anderes dran.«

Er schaut, dass Joshuas Mütze richtig sitzt, die Handschuhe angezogen sind. »Stimmt schon, ich bin beides für ihn – Vater *und* Mutter.«

◆

Durch die Begegnung mit Patrick wird mir etwas klar, was vorher zwar als Gedanke da war, das ich aber in der konkreten Begegnung nun regelrecht verspüre: dass es eine besondere, unerbittliche Form von Alleinsein – und, in der Folge, Alleinerziehen – ist, die Patrick erlebt. Wie andere, die, gerade in jüngeren Jahren, ihren Partner, ihre Partnerin verlieren, hat er ein »Wissen, das niemand haben möchte«. So drückt es die Autorin Ulla Engelhardt aus, deren Mann an ALS, einer degenerativen Erkrankung des motorischen Nervensystems, starb und die danach begann, sich eingehend mit dem Thema des »jung Verwitwetseins« zu beschäftigen. »Ich habe die Distanz verloren – die Möglichkeit, den Tod nur von außen zu betrachten und wegzuschieben. Ich brauche mir nicht mehr vorzustellen, wie es sich anfühlen könnte, einen Menschen zu verlieren. Ich weiß es. Dieses Wissen verbindet mich mit allen, die den Tod eines solchen Menschen selbst erlebt haben. Gleichzeitig trennt es mich aber von vielen Menschen in meinem Umfeld und einem großen Teil der Gesellschaft.«[12]

Klar verbunden, deutlich getrennt: Diese Worte scheinen mir gut auf Patrick zuzutreffen, der wie jemand mit sehr klaren Umrissen wirkt, als ich ihn dreieinhalb Jahre nach dem Tod seiner Frau kennenlerne. Ich kann nur vermuten, dass dieser »anstrengende Weg zurück ins Leben« auch eine große Reifung bedeutet hat.

Bevor ich Patrick und Joshua zum ersten Mal zu Hause besuche, beschäftigt mich die Frage, wo das Foto seiner Frau hängen wird. Und was für ein Foto, was für Fotos werden das sein? Wie stark prägen sie den Wohnraum der beiden? In der Art, wie Patrick von seiner Frau spricht, ist eine so selbstverständliche und tiefe Nähe, dass man einfach weiß: Sie wird sichtbar sein, an einer schönen Stelle.

Ein Mehrfamilienhaus mit Garten davor. Ein kleiner Flur, dann der große Wohn-Essraum der beiden, aus dem eine Wendeltreppe hinauf in den ersten Stock führt. Genau hier, zwischen Tür und Treppe, sehr markant, hängt in einem kleinen Posterformat eine Portraitaufnahme von Christine. Hochgesteckte brünette Haare, lange Ohrringe, feine Züge, in denen ich die Ähnlichkeit mit ihrem Sohn sehe. Ein nachdenklicher Blick, ein vages Lächeln: kein strahlendes Bild – eher ein nach innen gekehrtes. Ein intimer Moment. »Das war unser Hochzeitstag«, sagt Patrick auf meine Frage, »auf dem Standesamt.«

Er folgt meinem Blick. »Da war einfach nichts Negatives in ihr. Das macht es so schwer zu verstehen. Warum werden bösartige Menschen alt? Warum wird ein guter Mensch so früh aus dem Leben gerissen?«

Die Familie ist in diese Wohnung eingezogen, als Christine schon krank war. »Sie wollte immer dringend aus der alten Wohnung raus – aber viel hat sie von dieser nicht mehr gehabt.« Als sie bettlägerig wurde, hat Patrick ihr Krankenlager hier unten im großen, hellen Wohnraum aufgeschlagen, wo sie blieb, so lange es ging. »Bis sie Morphium brauchte.« Man spürt das: In dieser Wohnung ist ein Leben, und eine Form von Familienleben, zu Ende gegangen. Und danach hat eine andere begonnen. Auch davon erzählt der Raum. Als ich mich weiter umschaue, sehe ich oberhalb der Treppe noch andere Poster – jetzt in Schwarz-Weiß: Fröhlich und schick angezogen posieren Patrick und Joshua, beide lachend. Sie zeigen, was sie sind: eine Familie, die aus zwei Menschen besteht. »Das war beim Fotografen. Macht man ja nicht alle Tage, solche Bilder. Aber einmal haben wir's eben gemacht.«

Jetzt kommt Joshua mit seinem Freund die Treppe runter, zögerlich, die Augen auf den Papa gerichtet. »Papa ...« – »Nein, Joshua. Keine Playstation jetzt. Das hab ich dir gesagt. Ihr sollt was anderes spielen.« Joshua verzieht den Mund. »Papa, bitte ...« – »Komm, Joshua, Schatz. Ihr schafft das auch so, eine gute Zeit zu haben.« Joshua merkt, wo der Hase läuft: Im Moment hat er keine Chance. Er stapft wieder hoch.

Alleinerziehende sind auch Alleinentscheidende. Sie sind – je kleiner das Kind ist, umso mehr, – die Allesentscheider. Für die Erwachsenen macht das die Verantwortung lastender und die Tragweite ihrer Verantwortung größer. Aber es hat auch für die Kinder eine enorme Konsequenz, wie mir beim Blick auf Joshuas geradezu anrührende Ernsthaftigkeit bewusst wird: immer einem einzigen Menschen ausgesetzt zu sein. Weit und breit keinen anderen zu sehen, bei dem man auch mal betteln oder sich beklagen könnte.

Die Leerstelle des zweiten Partners klafft eben auch hier – wo es um Entscheidungen geht, und um jene Entschiedenheit, die es ja unbedingt braucht, um ein Kind großzuziehen. »Nur ich bin als engste Bezugsperson übrig, soll jetzt Versorger, Verantwortlicher, Unterstützer, Erzieher und, was unmöglich ist,

Mutter und Vater in einer Person sein«, schreibt Ulla Engelhardt. »Mit dem Tod des Partners wird klar, die alte Normalität wird es nie mehr geben. Deshalb kann es nicht nur um Behelfs- oder Übergangslösungen gehen, ich brauche Abläufe, die auf Dauer funktionieren, und die so auf mich und die Kinder abgestimmt sein müssen, dass sich irgendwann wieder etwas Ruhe und Sicherheit entwickeln und eine neue Normalität einkehren kann.«[13]

Der großzügige Raum ist weihnachtlich geschmückt. Noch zwei Wochen bis Weihnachten. Deko-Ketten und Weihnachtskugeln hängen an der Wand. Wir sitzen am Esstisch, an dem neben Nüssen und Mandarinen ein paar Nikoläuse mit dem BVB-Logo aufgereiht stehen, Schokofußbälle liegen davor. Patrick – offenbar kälteimmun – trägt ein schwarzes kurzärmeliges T-Shirt, ein Kettchen um den Hals und noch mehr Ohrringe, als ich unter der Pudelmütze gesehen hatte. Eine Biografie von den »Toten Hosen« liegt auf dem Tisch. Zwei Adventskalender lehnen an der Wand, ein paar Türchen sind geöffnet: lauter Fußballspieler. Dass Patrick ehemaliger Fußballer und vor allem Fußballfan ist, wusste ich, seit ich ihn das erste Mal angerufen und gefragt hatte, ob ich störe: »Nur beim Fußballschauen«, hatte er gesagt, »aber das ist normal.«

Erst jetzt im Gespräch wird mir das Ausmaß der Leidenschaft klar: Als Patrick einunddreißig war, zog er seiner Mannschaft hinterher nach Norddeutschland. Das Stadion ist ein zentraler, fast scheint es, magischer Ort seines Lebens. Die Clique, mit der er ins Stadion ging und als Jugendlicher auf Konzerte der »Toten Hosen«, hält bis heute. »Das zieht sich durchs Leben.« Einmal im Jahr kamen sie ihn oben besuchen, dann wurde gefeiert: »Fußballer sind schon ein eigenes Völkchen«, grinst Patrick, »kann man nicht vergleichen mit Tennis oder so.« Nach sechs Jahren im Norden hatte er sich so gut eingelebt, dass er dort geblieben wäre. »Kann ich jedem nur empfehlen, mal weggehen und auf sich selbst gestellt sein. Mal ein Jahr verschwinden.« Und so wäre er auch dort geblieben, hätte er sich nicht in Christine verliebt, die er von früher kannte und die wie er aus derselben kleinen Stadt in Süddeutschland kam.

»Dann ging alles schnell.« Die Dinge waren klar: dass man zusammenbleiben wollte. Eine Familie gründen. Und das dann doch gern in der Nähe von Eltern und Geschwistern.

Zögerliche Schritte auf der Treppe. Joshua hat beschlossen, es noch einmal in Sachen Playstation zu versuchen. »Bitte, Papa!«, sagt er eindringlich. »Nein«, sagt Patrick entschieden, »ihr habt euch getroffen, um zusammen zu spielen, oder? Nicht um euch bespielen zu lassen. Jetzt habt ihr die Burg doch schon mal aufgebaut. Und sonst könnt ihr kickern.« Leises Murren. Schwere Schritte auf der Treppe zurück nach oben. Vorher werden unten noch ein paar Schokofußbälle eingesammelt.

Während die beiden verhandeln, schaue ich mich weiter im Raum um. Über dem Esstisch hängen zwei Kinderzeichnungen. Die eine zeigt einen Jungen und seinen Vater unter dem Regenbogen. Über ihnen fliegt ein Flugzeug. »Alles Gute zum Geburtstag, mein lieber Papa.«

Immer mal wieder würden sie neu nach Dingen suchen, mit denen sich Joshua allein beschäftigen könne, sagt Patrick, als die beiden wieder oben sind. »Im Winter, wenn es so kalt ist wie heute, darf er im Zimmer kicken.« Ab und zu hat ein

Buch Joshua gefesselt. Und jetzt zu Weihnachten wird er seinen ersten Baukasten bekommen: »Chemie. Dann kann er Kristalle züchten.«

Manchmal brauche er selbst ja auch mal Luft, räumt Patrick ein. Zweimal die Woche gehe er laufen, wenn die Schwester oder die Schwiegereltern nach Joshua schauten. »Wenn er dann mal im zweistelligen Alter ist, kann ich ihn vielleicht auch mal kurz allein lassen. Na ja, das ist Zukunftsmusik«, sagt Patrick lapidar. Noch ist Joshua in einem Alter, in dem er jemanden in der Nähe braucht. Da gibt es für Patrick keine Diskussion. »Ich mach mein Ding, auch in der Hinsicht. Und lass mir nicht groß reinreden.« Konkret: Auf Einladungen kann er nur bis zu Joshuas Bettgehzeit bleiben. Woanders als zu Hause schläft Joshua nicht, also bleibt auch Patrick daheim. »Er muss nicht woanders als zu Hause schlafen, wenn er nicht will. Er muss überhaupt gar nichts. Außer lernen.«

Nachmittags sitzen sie meist zusammen an den Hausaufgaben. Patrick selbst war auf dem Gymnasium – »aber bei mir hat sich niemand dahintergeklemmt, dass ich lerne …« Und so ging er mit der mittleren Reife von der Schule ab. »Wenn man sich mit mir mehr hingesetzt hätte, vielleicht hätte ich dann auch studiert?« Nicht, dass es ihm heute etwas ausmache. »Aber ich möchte Joshua das Gefühl vermitteln, dass er alles erreichen kann, wenn er es will. Und dass er dafür arbeiten muss.«

Sie sind ein eingespieltes Team, diese zwei. Ein anderer Erwachsener fehlt ihm nicht? Irgendwann, meint Patrick, werde es auch wieder jemanden an seiner Seite geben. Aber er lässt sich Zeit – die Zeit, die es braucht. Bei mir ist längst das klare

Gefühl entstanden, dass in seiner Ehe die beiden sehr stark einander gemeint haben – nicht einfach einen mehr oder weniger »passenden« Partner, sondern ganz konkret, einander als unverwechselbare und unersetzliche Menschen. Seine Frau in ihrer Einzigartigkeit ist weiterhin wichtiger für ihn als der unpersönliche Wunsch, jemanden an seiner Seite zu haben. Und so war bisher eine neue Partnerschaft noch kein Thema. »Seit kurzer Zeit denke ich, es wäre schön, wenn noch jemand da wäre. Aber das kann ich nicht beeinflussen. Das steht nicht in meiner Macht.«

Lange Abende allein: Die Leerstelle, die der fehlende Partner hinterlässt, stellt den alleinerziehenden Elternteil, gerade wenn das Kind oder die Kinder noch klein sind, auch vor die Aufgabe, Alleinsein aushalten zu müssen. Mehr als aushalten: Allein mit sich zurechtkommen zu müssen. »Ich hab ja einen großen Bekanntenkreis … daran fehlt es nicht. Und auch nicht an Möglichkeiten zum Weggehen. Es gab schon Leute, die haben gesagt: Wenn du da und dort nicht hingehst, verpasst du was. Nee, ich verpass gar nix mehr. Ich war unterwegs, seit ich vierzehn war. Da verpasst man nichts mehr. Ich hatte noch keinen verlorenen Abend, wenn ich nicht weg war.«

Mir fallen Bekannte ein, die sich nach dem Ende einer Beziehung sehr schnell wieder in einer neuen Partnerschaft eingerichtet haben. Nein, Patrick hat es nicht eilig, Christines Platz zu besetzen. Wobei es darum sowieso nicht geht. Ihr Platz wird nicht besetzt werden. »Damit wird die nächste Partnerin umgehen müssen.« Irgendwann wird es das wieder geben, eine Frau an seiner Seite. »Es noch einmal gut haben in einer Beziehung, doch, das ist schon ein Wunsch.«

Bis das so weit ist, sind Joshua und Patrick eine Familie – eine, die gar nicht unvollständig erscheint. »Ein Vater, der alleinerziehend ist, muss kuscheln können … eine Frau, die alleinerziehend ist, muss umgekehrt vermutlich härter sein, als sie das normalerweise draufhat. Das ist ein Lernprozess. Es ist nicht das, was man im Körper hat. Ich musste das erst lernen.«

Ich kann sie mir gut vorstellen, aneinandergekuschelt in der Sofalandschaft vor dem Flachbildschirm, die Aufmerksamkeit völlig gefesselt von einem Fußballspiel. Auch ins Stadion hat er Joshua schon mitgenommen. »Na ja, das ist mein Hobby, also werde ich ihm das zeigen. Ich hab zu ihm gesagt: Denk dran, meine Hand unter gar keinen Umständen loszulassen! Und dann hat es ihm gefallen … kann schon sein, dass er Blut geleckt hat.« Patrick grinst. Dass Joshua dem Stadion etwas abgewinnen kann, doch, das freut ihn.

Tapp, tapp, Schritte auf der Treppe. Joshua zum Dritten. Der Blick flehentlich und ein kleines bisschen vorwurfsvoll. »BITTE, Papa! Wir wollen sooo gern. Und wir wissen nicht mehr, was wir tun sollen!« Patrick seufzt. »Also. Bis Punkt sechs. Klar? Das ist eine halbe Stunde. Ihr stellt euch den Wecker.« Joshua strahlt. Papa hat's erlaubt. »Bis sechs, ey!« Joshua und sein Freund rennen die Treppe hoch. Jetzt nur keine Minute verlieren.

»Es ist so, dass ich mit Joshua noch eine Menge unternehmen und erleben möchte«, setzt Patrick das Gespräch fort. »Da habe ich Träume und bin froh, dass mit fünfundvierzig noch längst nicht alle erfüllt sind! Stadien besuchen, mal in den Europapark, vier Tage freimachen und in die Berge gehen …« Wenn Joshua dann größer ist, mal mit dem Rad über einen Alpenpass fahren. »Mit ihm zusammen sich ein Ziel setzen und es erreichen. Oder ihn mal nach Australien oder Neuseeland mitnehmen?« Träume. Höhepunkte. Vor allem aber geht es für Patrick darum, den Alltag gut zu gestalten. Jeden Tag zu leben. »So eine Wohnung wie diese will ich mir leisten können … nicht am Essen sparen, so was.« Und dann, wenn der Junge groß ist, ihm sagen können: »Geh und such dir ein Ziel! Vielleicht können wir drauf sparen, dass du dir das erfüllen kannst.«

Sechs Uhr, der Wecker klingelt. Tapptapptapp, schlurfen die Jungs die Treppe runter. »Hat Spaß gemacht«, murmelt Joshua. Gleich wird sein Freund von seinem Vater abgeholt. Vorher noch ein bisschen Schokolade reinstopfen. Joshua lehnt sich an seinen Vater, und mir fällt ein Satz von vorhin ein: »Ich glaube nicht, dass für Joshua jetzt eine Leerstelle da ist. Er kennt es nicht anders. Und er weiß, er kann jederzeit zu mir kommen. Im Grunde denke ich, für Kinder ist es nicht schlecht, von klein auf nur eine Bezugsperson zu haben. Besser jedenfalls, als bei Eltern, die sich nicht verstehen, immer deren Streit mitzukriegen. Ich finde nichts Negatives an diesem zu zweit Sein. Man ist einander halt mehr ausgesetzt. Kann nicht weglaufen. Ein Nein ist ein Nein, ein Kompromiss ein Kompromiss.«

Es klingelt an der Tür, der andere Vater ist da, auch ich mache mich langsam auf die Socken.

Wenn Patrick an etwas schwer trägt, dann an der Leerstelle, die seine Frau hinterlassen hat. Die doppelte Verantwortung übernimmt er, so wirkt es, mit Freude. »Ja, ich mache das gern. Ich hab mit der großen Nähe kein Problem. Und ich glaube, wenn ich es richtig gut mache, wird ihm auch später nichts fehlen.« Für mich klingt das überzeugend. Und es ist nur auf einer sehr oberflächlichen Ebene ein Widerspruch dazu, dass der andere Elternteil natürlich nicht zu ersetzen ist – wie niemand besser weiß als Patrick. Er hat mir erzählt, dass sie abends zusammen beten und in das Gebet Joshuas Mama immer einbezogen ist.

Von sich selbst schreibt Ulla Engelhardt: »Es ist eine harte und schmerzhafte Erkenntnis, dass es mir nicht möglich sein wird, meinen Kindern den fehlenden Elternteil zu ersetzen. Ich kann aber versuchen, sein Bild zu vermitteln, meinen Kindern von ihm zu erzählen und ihnen so das sichere Gefühl geben, dass sie sehr wohl einen Vater und eine Mutter haben.«[14]

Ich begreife durch die Bekanntschaft mit Patrick und Joshua ein bisschen besser, wie es aussehen kann, wenn ein verstorbener Mensch noch einen festen Platz im Leben seiner Familie hat – als ob dadurch den beiden, die sie verloren haben, eine Kraft und Klarheit zur Verfügung stehen, die sie nicht hätten, wenn sie ihre Abwesenheit verdrängen würden.

♦

Wie viel Vater – respektive Mutter – braucht ein Kind? Wie kann die Leerstelle des abwesenden Elternteils gefüllt werden, damit es dennoch mit dem aufwächst, was es zum Leben braucht?

Eine Frage, die brennend ist und jede allgemeine Antwort verbietet. Eine Freundin von mir, selbst Mutter von vier Kindern, sagte einmal: »Ein Kind braucht einen Erwachsenen. Einen Einzigen, der bleibt.« Andererseits, finde ich, stimmt der nur scheinbar gegensätzliche Satz »Um ein Kind großzuziehen, braucht es ein Dorf« eben auch.

Als die Schriftstellerin Paula Fox 1923 von ihren leiblichen Eltern in ein Waisenhaus gegeben wurde und von dort aus in eine Pflegefamilie kam, nahm sich ein Gemeindepfarrer des fünf Monate alten Kindes an und holte es zu sich. Es folgten die sechs glücklichsten Jahre ihrer Kindheit, im Haus des Pfarrers, in dem noch seine alte Mutter lebte. Jahre, so sagte sie zu mir, die ihr etwas wie »Loyalität mit sich selbst« ermöglicht hätten. Der Pfarrer sei in diesen Jahren »Vater und Mutter zugleich« für sie gewesen.

Immer mal wieder habe ich mich das gefragt: Muss ich das können: in unserem Alltag für Noëmi nicht nur Mutter, sondern auch Vater sein? Und kann ich es überhaupt können? Inzwischen denke ich, dass ich es weder kann noch will – noch muss.

Zwischen dem vierten und neunten Lebensjahr verbrachte sie jeweils vier Wochen im Sommer bei ihrem Vater in Italien. Danach besuchte sie ihn in unterschiedlichen Abständen. Ihre Auseinandersetzung mit ihm hörte und hört nie auf – aber sie hat wenig mit ihrem Lebensalltag zu tun.

Im Alltag gibt es Moni und Dschonnie – sehr nahe Freunde, die in unserer Stadt leben. Aus meiner Freundschaft mit Moni ist über die Jahre eine Freundschaft zu viert gewachsen. Sie kennen Noëmi, seit sie zwei ist, und begleiten sie mit fürsorglicher Liebe. Ich sehe das Foto vor mir: Noëmi, sechs Jahre alt, es ist Heiligabend. Dschonnie schraubt eine selbst gebaute und bunt bemalte Kindergarderobe bei uns an die Wand. Während er hockt und montiert und eines der bunten Bretter in den Händen hält, greift Noëmi seinen Kopf und drückt ihm einen dicken Kuss auf die grauen Haare. Das war unser drittes Weihnachten zusammen – und bei Weitem nicht das erste und das letzte Mal, das er etwas an- oder umbaute.

Jahre später, Noëmi ist elf. Für drei oder vier Tage wohnt sie bei Moni und Dschonnie, zehn Minuten von uns entfernt, während ich auf Reportagereise bin. Die drei sind sich gegenseitig vertraut. Ich weiß, es geht ihr gut, und kann deshalb mit meiner ganzen Aufmerksamkeit bei meiner Arbeit sein. In diesem Fall beim geplanten Nationalpark im Nordschwarzwald, dessen Gelände mir gerade ein Ranger zeigte. »Vielleicht, wenn wir Glück haben, sehen wir einen balzenden Auerhahn«, hatte der Mann mit leuchtenden Augen zu mir gesagt. Nach einer Weile machte er ein Zeichen: Tatsächlich – dort hinten in zehn Metern Entfernung bewegte sich ein erstaunlich mächtiges Tier mit feuerrotem Kamm im Gebüsch und gab seltsame Schreie von sich. »Pscht, vorsichtig, nicht bewegen«, wurde mir signalisiert – und genau in diesem Moment klingelte mein Handy. Laut und fröhlich rief Noëmi ins Telefon: »Mama, ist es okay, wenn Dschonnie mir ein Fahrrad kauft?«

Dschonnie war es, der Noëmi ihr erstes Erwachsenenfahrrad kaufte – ein tolles, das sie zusammen aussuchten. In dem Moment – und in etlichen anderen – tat er etwas im allerschönsten Sinne »Väterliches« für sie, etwas Fürsorgliches. Er machte das auf eine so selbstverständliche Art, dass ich mich nie »arm« oder in seiner Schuld fühlen musste. Er machte es, weil er, wie Moni auch, Noëmi liebt und weil er es – wie ich langsam verstand – irgendwie »normal« findet, hie und da unsere »kleinste Familie« ein paar Meter mitzutragen.

Nicht nur die Hilfe selbst und die Selbstverständlichkeit, mit der sie gegeben wurde, empfand ich immer als besonders: sondern auch, dass es ihm niemals in den Sinn gekommen wäre, die Vaterstelle einnehmen zu wollen. Irgendwie zu konkurrieren. Seinen Platz in Noëmis Herzen größer machen zu wollen, als er ohnehin war.

Diese Klarheiten sind wichtig: Ihr Vater ist ihr Vater, und die Auseinandersetzung mit ihm kann niemand ersetzen. Weder das, was er gibt – noch das, was er vorenthält. Aber es geht vermutlich auch nicht um »ersetzen«. Sondern darum, ob jemand – Verwandtschaft hin oder her – die Beziehung zu einem Kind als verbindlich begreift. Sich erreichbar macht für das Kind – bereit, einen wie auch immer gearteten Platz in seinem Alltag einzunehmen.

◆

Dann ist da Martin. Normalerweise, wenn ich montags gegen 23 Uhr vom Chor komme, ist er schon weg. Manchmal aber – wie neulich – höre ich noch leises Gemurmel aus Noëmis Zimmer. Dann liest er ihr vor – manchmal bis tief in ihren Schlaf hinein.

»Gleich«, flüstert er mir zu, und so setze ich mich in die Küche. Zwischen Noëmis siebtem und zehntem Lebensjahr waren wir ein Paar. Nach unserer Trennung gab es eine kurze Funkstille, bevor wir in eine neue Art von Freundschaft eintraten. Dass es so gekommen ist, hat auch viel mit Noëmi zu tun. Die beiden hatten sich immer gut verstanden, und als er und ich dann nicht mehr zusammen waren, schien es trotzdem normal und sehr wichtig, dass dies nicht gleichbedeutend mit einem Ende ihrer Freundschaft sein würde.

Ich erinnere mich noch gut an das Jahr, als bald nach unserer Trennung Noëmi zehn Jahre alt wurde. Martin hatte sich zuständig erklärt, ihr den lang ersehnten iPod zu schenken – auszusuchen und auch zu bezahlen. Wir waren zu dritt im Laden gewesen, und als wir dann bei unserem Haus vorbeifuhren und er zu sich fuhr, statt mit reinzukommen, heulten wir alle drei.

Aber wir fanden neue Wege, das alte Vertrauen zu pflegen. Erleichtert wird das durch den Umstand, dass unsere Wohnungen nah beieinander liegen. Als ich ein paar Monate nach der Trennung beschloss, in einen Chor zu gehen – gleichsam als ersten Schritt in ein Leben, in dem man abends auch mal wieder weggeht –, war es Martin, der das ermöglichte. Fast jeden Montag kommt er seitdem zum Abendessen und passt auf Noëmi auf. Die beiden spielen, sie malen, manchmal hilft er ihr bei den Hausaufgaben. Oft reden sie, und ich weiß nicht, über was. Sie haben eine eigenständige Beziehung.

»Ich habe mir früher immer einen Vater im Alltag gewünscht«, sagt Noëmi, als ich sie danach frage. »Vielleicht bin ich ein kitschiger Mensch, ich wollte immer Familie, Papa, Geschwister, Hund, Haus, und dass alles gut ist … man streitet sich schon, aber das kommt ja in den besten Familien vor.« Sie lacht.

»Erst jetzt merke ich, wie sehr Martin damals mein Alltagsvater geworden ist.« Sie überlegt. »Er hat mir einfach so Dinge geschenkt. Als wir nach Amerika gingen, hat er mir Geld mitgegeben. Wir haben Ausflüge zusammen gemacht. Und dann ist er irgendwann nicht mehr abends zum Essen gekommen.« Pause. »Damals hatte er mich nie abends ins Bett gebracht. Das kam erst später. Ich brauche diese Montage … wir machen immer was zusammen, und er nimmt sich diese Zeit nur für mich. Er kommt, weil er mich sehen will. Aber er macht es auch, weil er es selbst will. Früher habe ich gefunden, du solltest mir einen Papa geben und Geschwister – und jetzt ist mir aufgefallen, dass Martin ein Papa ist, an diesen Montagen … ein kitschiger Papa, der Filme mit mir schaut und mir Zeichnen beibringt. Der mir mal Geheimnisse oder Geschichten erzählt, der nicht so gern reist, der mich lieb hat. Er ist megatoll, und es ist einfach normal, dass er da ist. Bei ihm muss ich nie nervös sein, sondern kann mich immer ruhig und sicher fühlen. Ich kann mich ihm anvertrauen.«

Als ich Martin neulich in seiner Wohnung besuchte, sah ich, dass die Fotos von Noëmi und ihm aus der Zeit, als wir zu dritt gereist sind, immer noch dastehen: die neunjährige Noëmi, die mit Martin eine Sanddüne auf Rügen herunterrutscht. Ein Jahr später mit hochgekrempelten Hosen in einem Flussbett im Onsernone-Tal in der Schweiz.

Ich frage auch ihn danach, was die Beziehung zu Noëmi für ihn bedeutet. »Ich habe mich nie als Vater-Vertreter gesehen«, sagt er, »mein Gefühl ist ein freundschaftliches – vielleicht ist auch etwas Väterliches dabei. Ich fühle mich nicht in einem

Erziehungsauftrag, aber ich möchte ihr gern eine Stütze sein, ihr Dinge ermöglichen, mit Geschenken dabei sein. Ich glaube nicht, dass die Leerstelle bei ihr eine Lücke hinterlassen hat – eher, dass sie eine andere Erfahrung macht als andere Kinder.« Nachdenklich fährt er fort: »Als sich nach unserer Trennung Möglichkeit um Möglichkeit ergab, den Kontakt zu ihr weiter zu pflegen, merkte ich, dass mir auch sehr daran lag. Mal gibt es montagabends ein Gespräch, dann ein Ballspiel, manchmal machen wir auch gar nichts. Das will jedes Mal neu erarbeitet sein. Es ist vertraut, über Jahre gewachsen, und trotzdem fordert es einen, es läuft nicht von selbst, sondern man muss sich investieren. Ich komme durch Noëmi in Kontakt mit Gefühlen wie Sorge und Fürsorge, von angstvoll bis schön. Noëmis Feedback ist oft für mich etwas sehr Motivierendes – wenn sie mir sagt, wie sie Dinge sieht und was sie über mich denkt.« Eine Episode ist ihm besonders im Gedächtnis geblieben. »Einmal, als wir zusammen Inliner gefahren sind, merkte sie irgendwie, dass es mir nicht gut ging. Sie setzte sich neben mich auf die Stufen und versuchte mich zu trösten. Wie dieser kleine Mensch da neben mir saß und sich um mich kümmerte, das hat mich unglaublich gerührt.«

♦

Vor Kurzem sah ich Patrick, es war Samstag, die Stadt hektisch und voll, und vor dem Media Markt kurvten die Autos. Er radelte, und ich rief seinen Namen. Er hielt an, und wir schüttelten uns die Hand, ein kräftiger Händedruck, ein freundlicher, fröhlicher Blick: »Muss gleich weiter – mein Kleiner ist allein zu Hause!« Und schon war er wieder weg.

Durch die Bekanntschaft und Gespräche mit Patrick und Joshua habe ich ihre Form des Alleinerziehens besser verstanden. Der Tod hat eine glückliche Partnerschaft beendet. Das ist ein anderer Schmerz, eine andere Endgültigkeit, als wenn sich die Wege zweier Menschen trennen, die nicht mehr glücklich miteinander waren, und wo die Trennung auch einen erleichternden Aspekt hat. Natürlich erleben auch viele Partner/innen eine Scheidung oder Trennung als »unfreiwillig« – und doch ist es eine andere, viel härtere, unvergleichliche Unfreiwilligkeit, die mit dem Tod zustößt. Wird eine glückliche Partnerschaft durch den Tod getrennt, gibt es noch ganz anderes zu bewältigen – eine Macht des Schicksals, der man selbst nichts entgegensetzen kann. Der Tod des Partners, meint Ulla Engelhardt, stelle oft einen »Wendepunkt« dar. »Das Erleben der tiefen und heftigen Gefühle, das oft erzwungene Überschreiten persönlicher Grenzen und das Wissen um die Abgründe …« verändere den Menschen und öffne oft den Zugang in eine »andere Gefühls- und Erlebniswelt, deren Tür von nun an offen steht. Sie kann gar nicht wieder geschlossen werden.«[15]

Als ich Patrick hinterherschaue, habe ich das innere Bild, wie er später mit seinem Sohn über die Pässe radeln wird, schon direkt vor mir. Stetig bergauf. Diese beiden werden sehr viel miteinander erleben, denke ich – das kann gar nicht anders sein. So viel, wie sie schon miteinander erlebt und bestanden haben.

Wohin an Weihnachten? Familie ist dort, wo Menschen für Kinder da sind

»Hallo, Weihnachtsfamilie«, hatte Moni gerufen, als sie und Dschonnie an der Tür klingelten, um unser Gepäck abzuholen – in bester Laune und Vorfreude auf die Weihnachtsferien. Das Wort taucht dies Jahr zum ersten Mal auf – obwohl wir vor knapp zehn Jahren begonnen haben, das Fest miteinander zu feiern. Unsere Freunde packen also auch noch unseren Kram – Klamotten, Weihnachtsgeschenke, Langlaufski, Deko für den Weihnachtsbaum – mit in ihr Auto, bevor sie in die vier Stunden entfernte Ferienwohnung im Kleinwalsertal aufbrechen, die Monis Familie gehört. Währenddessen setzen Noëmi und ich uns in den Zug Richtung Oberstdorf.

Dann ist es einen Tag später – der 23. Dezember, und wir haben uns eingerichtet. Im großen Wohnraum können zwei Betten ausgeklappt werden. Im kleinen zweiten Schlafzimmer wohnen Noëmi und ich. Im Keller gibt es Schwimmbad und Sauna, die sich die Hausbewohner teilen. Auf dem Adventskranz, der auf dem Esstisch steht, brennen alle vier Kerzen. Dschonnie hat die Schürze umgebunden und gerade den Spüljob für heute beendet. Auf den beiden ausgeklappten Schrankbetten liegen Noëmi und Moni aneinandergekuschelt, Moni liest Zeitung.

Angekommen. Als wir gestern Abend auspackten, alle am Ende ihrer für das Arbeitsjahr zur Verfügung stehenden Kräfte, sprangen die Heizungen sehr verlangsamt an, wir saßen schlotternd am Tisch; Noëmi und ich versuchten, Stress und Reise im Hallenbad abzuwaschen, um festzustellen, dass auch hier die Heizung weitgehend versagte. Niemand brachte mehr die Kraft auf, vernünftig zu kochen; Betten beziehen ging grade noch, und dann mit der Wärmflasche einschlafen.

Aber jetzt sind wir vierundzwanzig Stunden weiter und in einer anderen Zeitrechnung. Durch die beiden großen Fenster scheint Wintersonne. Hinter dem Kirchturm des Bergdorfes erheben sich, nur mit Schnee bestäubt, die Kanzelwand und das Widderhorn. Noëmi und Moni kitzeln sich und kichern. »Noëmi, du weißt schon, dass vom Kitzeln die Haut austrocknet und rissig wird?« – »Jaja, Dschonnie, vergiss es«, lacht meine Tochter. Dschonnies Witze werden in dem Maße besser, wie seine Lebensgeister zurückkehren. Moni hat Suppe gekocht und ich Bratkartoffeln mit Salat, wir haben unseren ersten langen Spaziergang hinter uns, Noëmi durfte fernsehen, solange sie wollte, und fläzt glücklich vorweihnachtlich auf dem Bett. Erste Ferienpläne zeichnen sich ab. »Ey, Leute, können wir morgen nach der Bescherung einen Film schauen und Activity spielen?«, fragt Noëmi. Denn es gibt ja nicht nur die Vorfreude auf Weihnachten. Es gibt auch Vorängste. So startet sie dies Jahr den Versuch, sich zu wappnen gegen einen schon bekannten Störenfried an Weihnachten: die Enttäuschung der hoch gespannten Erwartungen. Ob das klappt?

◆

An Weihnachten 2003 war Noëmi zweieinhalb, und Moni und Dschonnie waren erst seit etwas mehr als einem Jahr ein Paar. Auch Moni und ich waren noch nicht lange Freundinnen – wir wohnten zwei Straßen voneinander entfernt und besuchten uns öfter. Einmal, Noëmi war noch klein, kam Moni in der kleinen Wohnung vorbei, in die ich aus Italien zurückgekehrt war. Sie hielt Noëmi, die lange weinte, auf dem Arm, bis sie einschlief. So lernten die beiden sich kennen.

An das erste gemeinsame Weihnachtsfest habe ich die Erinnerung, dass Moni und ich in ein langes Gespräch versunken waren, während die Kerzen am Weihnachtsbaum herunterbrannten und Dschonnie auf dem Sofa im Sitzen einschlief, die kleine Noëmi an ihn gelehnt.

Während wir uns damals als »kleinste Familie« in unserer Stadt neu verankerten, bauten die beiden ihr Leben zu zweit auf. Auch ihr Weihnachten hatte noch keine Form. Vielleicht war dieser offene Raum unsere Chance.

Wie hätten wir sonst Weihnachten in der neuen Familienform verbracht? Was hätte sich entwickelt? Ich habe keine Ahnung. Was ich mit ziemlicher Sicherheit sagen kann: dass ich versucht hätte, an Weihnachten nicht nur zu zweit zu sein. Religion hin, Tradition her: Egal, wie man dazu steht, drängt sich Weihnachten auf als Inbegriff der Aufforderung, als Familie zusammen zu sein und zu irgendeiner Form von Gemeinschaft zu gehören. Fast so, als würde sich daran, ob man einen Platz an Weihnachten hat oder nicht, die Position überhaupt ablesen lassen, die man in der Gemeinschaft einnimmt. Wehe, du bist allein! Wehe, dich liebt keiner genug, um mit dir Weihnachten feiern zu wollen.

So sind die Suggestionen, die mit Weihnachten verbunden sind – diesem letzten verbliebenen Moment, an dem ein kollektives Unterbrechen der Arbeit stattfindet, versehen mit dem Segen der Leistungsgesellschaft.

Das »Heiligste« an Weihnachten ist die Familie – von daher wohl die tief sitzende Tradition, an Weihnachten auch dann zu Eltern zu fahren, wenn man sie sonst kaum sieht oder kaum eine Verbindung hat. Umso erhellender kann es ein, sich an das zu erinnern, was die Psychologen Ochs/Orban in ihrem Buch »*Familie geht auch anders*« den »Treppenwitz der Geschichte« nennen: dass ja ausgerechnet die heilige Familie selbst eine Patchwork-Familie ist, mit Josef als Stiefvater, der der werdenden Mutter beisteht.

Familie, so könnte man also unmittelbar von der Weihnachtsgeschichte lernen, ist das, was als Familie erlebt und erfahren wird – nichts, was fix definiert, sondern etwas, das immer neu zu finden ist.

Auf diese Weise hat sich auch unsere »Weihnachtsfamilie« gefunden: durch gelebten und oftmals geteilten Alltag. Moni und Dschonnie haben jeder für sich eine eigene Beziehung zu Noëmi entwickelt, und Noëmi zu ihnen. Sobald sie in die Schule ging und es nicht immer möglich war, sie auf Recherchereisen mitzunehmen, durfte ich sie oft für drei, vier Tage zu ihnen bringen. Ihre Wohnung wurde für Noëmi ein zweites Zuhause.

◆

Noëmi, worauf freust du dich an Weihnachten?, frage ich meine Tochter. »Dass Moni und du euch wieder vor Lachen nicht einkriegt, wenn ihr Rotwein getrunken habt. Das Schwimmen mit dir. Den Kartoffelsalat. Die Geschenke.«

Heiligabend. Morgens waren Moni und ich noch nach Sonthofen gefahren, die Weißwürste zum Kartoffelsalat besorgen und Tesafilm, um die letzten Geschenke einzupacken. Ob die beiden in der Zwischenzeit den Weihnachtsbaum aufstellen würden? Nix da. Als wir zwei Stunden später wieder da sind, liegt Dschonnie mit seinem Roman auf und Noëmi mit iPod im Bett. Wie jedes Jahr muss ich mich mit dem Salat beeilen. Wie jedes Jahr bettelt Noëmi um eine möglichst frühe Bescherung. Wie jedes Jahr sage ich: Es kommt, wie es kommt.

Lachen gehört dazu. Im Moment lacht Moni sich kaputt über die Weihnachtslieder mit Sopranblockflöte. »Ist das dein Ernst, dass wir uns das anhören sollen?« Das Entspannte gehört dazu. Später verschwinden wir in einige der Schlupfwinkel, die das Apartmenthaus bietet – Moni verzieht sich in den Aufenthaltsraum im Keller, um Geschenke zu verpacken und Weihnachtsanrufe zu machen. Noëmi und ich schicken einander abwechselnd aus dem Zimmer. Der Baum wird geschmückt. Darunter häufen sich die Geschenke. Wir singen ein paar Lieder, dann zieht Noëmi ein Päckchen nach dem anderen heraus und gibt es einem von uns vieren. Die Superfreude ist dieses Mal jener Freizeitanzug, den sie mir in einem Laden gezeigt hatte und den es nicht in ihrer Größe gab, den ich aber später noch fand. Stunden später sitzt sie zwischen Moni und Dschonnie gekuschelt auf dem Sofa, wir haben zusammen den Film »The King's Speech« gesehen und davor die Weihnachtsansprache des Bundespräsidenten; seine erstaunlichen Worte vom »Wärmestrom« und die nachdrückliche Erinnerung an das weihnachtliche »Fürchtet euch nicht!« Sie fände das gut, sagt Noëmi. »Dass das einmal im Jahr gesagt wird. Oder?«

Es ist nach Mitternacht, als wir uns zum Activity hinsetzen, das sich Noëmi noch gewünscht hatte. Aber es ist zu viel für diesen Abend. Ein Streit bahnt sich an. Bevor die Stimmung kippt, verlässt Noëmi den Raum. Später erzählt sie mir stolz, dass sie sich auf den Balkon gesetzt und den heißen Kopf in der Winterluft gekühlt habe. Sie hatte es geschafft, aus einer Dynamik auszusteigen, die sie schon kennt: dass der aufregende Tag nur mit einer Art kleinem Zusammenbruch beendet werden kann, weil sie nicht weiß, wohin mit der Anspannung. Diesmal hatte sie es ganz allein anders gemacht.

◆

Als wir am Neujahrstag mit dem Zug nach Berlin fahren, sitzen im Großraumwagen zwei Frauen mit drei Kindern und zwei andere mit einem Kind. Das kleine Mädchen mit den Kulleraugen, vielleicht dreijährig, ist müde, während Mama und ihre Freundin die Ausgaben der letzten Tage zusammenrechnen. »Wir sind gleich in Berlin«, beruhigt die Mutter die Kleine. »Ich will aber nicht zum Papa«, sagt das Mädchen klar und deutlich. »Das gibt's doch nicht, Holly«, sagt die Freundin, »du wolltest doch den ganzen Tag zu ihm, weißt du das nicht mehr?« – »Ich hab aber meine Flügel nicht bei Papa.« –

»Aber bei Papa ist doch das reine Spielparadies, da findest du ja ganz viel andere Sachen…« Die kleine Strumpfhosenprinzessin turnt weiter auf den Polstern rum. »Ich will aber nicht! Nein.« Jetzt ist jetzt. Die Mama guckt nervös.

Wir sind in bester Gesellschaft. Der Großraumwagen scheint fast nur aus Müttern und Kindern zu bestehen. Zufall? Nicht ganz. In Berlin leben prozentual die meisten Alleinerziehenden in Deutschland: Jede dritte Familie hat nur einen Erwachsenen.

Am nächsten Morgen ist das Wetter nieselregnerisch und der Himmel über Berlin grau. Ich laufe zehn Minuten zu Fuß von der U-Bahn-Haltestelle im Nordosten der Stadt durch die Straßen mit den breiten Bürgersteigen und den hohen fünfstöckigen Gründerzeithäusern. An einem von ihnen klingele ich nun und laufe die Treppe in den ersten Stock. Martina, 48, öffnet die Tür; neben ihr steht János, 15. Beide haben dunkelbraunes, fast schwarzes Haar und Brillen mit dunklem Rand. Aber János sieht ganz anders aus als seine Mutter. Er hat auffallend schöne, sehr dunkle Augen. Wie ich später erfahren werde, ist sein in Berlin aufgewachsener Vater spanisch-türkischer Herkunft: »Ein Latino, der berlinert«, bringt es Martina knapp und lapidar auf den Punkt.

Martina und János

Seine Familie war Anfang der 6oer Jahre nach Deutschland gekommen.

Wir setzen uns ins erste Zimmer, das vom Flur abgeht: »Mein Zimmer«, sagt Martina. In warmem Gelborange gestrichen, gemütlich, bescheiden eingerichtet. Auf der anderen Seite des Flurs liegt die Küche mit Esstisch, der lange schmale Gang führt am Bad vorbei, zu János' Zimmer. »Auf dem Hochbett schläft inzwischen die Katze«, grinst János. Er selbst liegt lieber auf dem Sofa und zockt.

Minimaler Platz für zwei (fast) erwachsene Leute, scheint mir – »nein«, sagt Martina entschieden, »das ist prima so.« Der Gedanke an mehr Wohnraum scheint abwegig in einer Zeit, da Berlin im Zeichen von Spekulation und Luxussanierung steht. »Wenn ich aus dieser Wohnung rausmüsste, hätte ich keine Chance mehr, hier in der Gegend zu bleiben.« Dass der Prenzlauer Berg, dieser Lieblings-Kiez der Medien, sich mehrfach neu erfunden hat in jenen achtzehn Jahren, seit Martina hier lebt, weiß man. Aber wie fühlt es sich an, wenn man selbst davon betroffen ist? »Zu DDR-Zeiten lag diese Straße im Sperrbezirk«, erzählt Martina. So nah an der Grenze, dass die Ostberliner, die hier wohnten, Besuch immer offiziell anmelden mussten. Das ist lang her und war vor Martinas Zeit.

1997 ist sie hergekommen. Mit 30, als studierte Politikwissenschaftlerin. Die Mauer war vor ein paar Jahren gefallen. Der »Spirit« dieser Gegend aber war noch jener der Nachwende-Jahre. »Mit Pioniergeist passte man damals gut hierher«, erinnert sich Martina. »Geld hatte ich keines. Ich kam her mit einem Auftrag, sollte bei einem Gleisbauer als Assistentin die Messe ausrichten. Dann habe ich mich hier verliebt – und bin geblieben.« Dass man in ziemlich heruntergekommenen Häusern wohnte, störte sie nicht. Seither sind Jahre vergangen, in denen sie im Kiez ein Kind großgezogen und die Umgebung sich komplett verändert hat. »Es ist ein echtes Glück, dass wir noch hier sind«, sagt Martina.

Martina und János sind gerade zurück vom Familienweihnachten in Mannheim, wo Martinas Eltern leben. Martinas Mutter – damals selbst alleinerziehend – hatte einen Witwer mit zwei Kindern geheiratet, als Martina vier war. Dass sie Weihnachten wieder in Mannheim feiern, ist noch nicht lange so. Früher blieb Martina über Heiligabend im Kiez. Lange Zeit haben sie mit Michel gefeiert, einem Freund, der damals kein Besuchsrecht für sein eigenes Kind hatte. »Das hat gepasst.« Erst nach Weihnachten ging es traditionell mit dem Zug Richtung Mannheim. »Es war immer billiger, wenn man nicht mit dem Hauptstrom gefahren ist.« Martina erinnert sich an schräg-schöne Weihnachten, mit Kirchenbesuch in der Gethsemanekirche in Prenzlauer Berg, »ein ganz buntes Weihnachtspublikum gab es da, mit Punks und so. Ein Kind wollte offensichtlich nur in einem Skelett-T-Shirt mitkommen, und meines schoss auf das Christkind.«

Die Zeiten mit Michel sind vorbei, aber trotzdem: »Ich dachte: Machen wir's uns doch mal zu zweit nett ... mir selbst würde es auch reichen, am 26. zur Familie zu fahren. Aber János wollte unbedingt an Heiligabend in Mannheim sein.« Während Martina erzählt, wie schön ihre Schwägerin es an

Weihnachten immer macht, den Baum, den Festschmuck, hält János den Blick gesenkt – als ob er die letzten Tage noch einmal innerlich vorbeilaufen ließe. »In gewissem Sinne«, sagt Martina, »sind wir eine Bilderbuchfamilie. János hat vier liebevolle Großeltern.« Sie weist auf ein vergrößerte Fotografie an der Wand: Zwei Menschen von hinten, die am Wasser sitzen: ein großer breiter Männerrücken, graues Haar, daneben, winzig, ein Kinderkörper, pechschwarzes Wuschelhaar. »Das ist unten am Rhein, da waren wir oft«, erklärt János. »Das Bild drückt ganz viel aus«, sagt Martina mit Nachdruck. »Mein Vater und János, das ist eine große Liebe. Er hat ihm ganz viel gegeben, was sein Vater ihm nicht geben konnte.« János sitzt daneben und hört aufmerksam zu. Der Opa hat mit ihm Fußball gespielt, ist mit ihm in den Luisenpark gegangen – langweilig waren die Ferien nie. Was Geschenke betrifft, überschlügen sich die beiden Großelternpaare immer gegenseitig, fügt Martina hinzu.

Vom diesjährigen Weihnachten gebe es sogar coole Fotos: János und sein Cousin, »wie die kleinen Rebellen, die Jungs mit rollenden Augen vor dem Weihnachtsbaum.«

Einzelkinder, so ist bei Lauren Sandler in »One and Only« nachzulesen, sind oft besonders gemeinschaftsbezogen. Sandler erzählt, wie sie selbst, einer spontanen Eingebung folgend, mit einer Freundin zusammen ein Haus kaufte, das sie dann gemeinsam mit den Männern und dem Kind bezogen und in dem bald ein Freundeskreis aus und ein ging, gemeinsam lebte, kochte, das Kind mit versorgte. Eine Gemeinschaft entstand, die sogar die Trennung der Freunde überstand. Sandler berichtet, wie eines Abends, als sie mit mehreren Freunden

und Ex-Bewohnern beim Essen sitzen, das Kind in die Runde
fragt: »Sind wir eine Familie?«

Für János ist Opa Alfred – eigentlich ja sein Stiefopa – ein ganz
wichtiger Teil dessen, was Martina »Bilderbuchfamilie« nennt.
»Patchwork ist super«, war Martinas Erfahrung. »Jemanden
zu finden, mit dem es so gut geht, ist natürlich ein Glücksfall.
Aber ich selbst bin nicht so der Typ für eine Patchwork-Familie. Ich bin die mit dem anderen Modell.« Ein großes Thema –
und eines, mit dem Martina sich eingehend beschäftigt hat.
Natürlich hätte János, wie andere Kinder auch, gern Geschwister gehabt: »In den Alleinerziehenden-Foren im Internet ist
das ja ein Hauptthema: Sollen wir uns nicht zusammentun?
Aber wer sich bewusst fürs Alleinerziehen entscheidet, ist
nicht so ganz einfach kompatibel.« Sie lacht. »Vielleicht fehlt
mir ein Stück Bereitschaft zu notwendigen Kompromissen? Es
gibt einfach bestimmte Preise, die ich nicht zahle. Die sind gesellschaftlich bestimmt.«

Womit man wieder beim Prenzlauer Berg wäre – bei dem, was
er damals war und was er für Martina bedeutet hat. »Es war
eine Oase hier. Man saß auf dem Spielplatz und hat mit anderen Eltern überlegt, bei wem heute gekocht wird. Ich wohnte
im Vorderhaus und fühlte mich als Teil eines Ganzen. Wenn
du Hilfe brauchst, sag Bescheid. Viel Gemeinschaftssinn und
Spontaneität.« Dazugehören ist ein Wort, das immer wieder
fällt. Es markiert etwas, das damals höher im Kurs stand als
heute. »Und das natürlich mit einem anderen Familienbegriff
zu tun hatte!«, wie Martina mit Nachdruck sagt. »Ich kam aus
Baden-Württemberg und hatte ein Raster dessen im Kopf, was

eine ›richtige Familie‹ ist. Und dann machte ich hier in Berlin meine Erfahrungen. Damals war die Hälfte der Leute auf dem Prenzlauer Berg alleinerziehend. Die Leute waren experimentierfreudig. Familie war viel weniger fixiert als heute. Es gab genug Väter und Mütter, die nicht zusammenlebten, aber sich trotzdem beide um die Kinder kümmerten. Als Alleinerziehende war man nicht allein.« Dass in diesen Jahren in Berlin der Wohnraum noch verfügbar und billig war, erleichterte ein Leben in weniger starren Rastern. »So gegen 2005 begann sich das zu ändern«, sagt Martina im Rückblick. »Da wurde der Prenzlauer Berg von den Investoren entdeckt. Die Leute sind weggegangen, nach Pankow, nach Weißensee, und die, die geblieben sind, haben darum gekämpft, sich nicht wegsanieren zu lassen. Jetzt sind wir hier umgeben von vermögendem Mittelstand.«

Aber für nostalgische Wehmut ist Martina nicht der Typ. Sie ist froh, noch im Kiez sein zu können. Wo sollten wir sonst hin? Köpenick? Wedding? »Es ist ja nicht so, dass ich mir nichts anderes vorstellen könnte.«

»Mannheim!! Da ist das Zentrum viel grüner. Und die Wege viel kürzer als in Berlin.« János verdreht beim Gedanken an seine langen Berliner Wege, zur Schule, zum Sport, zum Klavierunterricht, die Augen. »Das nervt.« Ihn zieht es in die Stadt seiner glücklichen Kindheitsferien. Wobei: Der andere Teil seiner »Bilderbuchfamilie« ist ja hier in Berlin. Die anderen Großeltern, jene von Vaterseite, leben in Spandau und haben sich immer zuständig gefühlt. Der spanische Opa, die türkische Oma, die sagten: »Ein Kind braucht gute Schuhe. Die Schuhe bekommt er von uns.« Und so sind sie immer mit ihm einkaufen gegangen. Die Oma ist mit Essen förmlich hinter ihm hergerannt.« János grinst. »Morgens schon krieg ich da ein richtig großes Sandwich.« Ihm gefällt es am Spandauer Forst, schön grün sei es da, erzählt János. Und wenn er die Großeltern verlässt, dann immer mit »drei Tüten Süßigkeiten« im Gepäck.

Familie also auf verschiedene Standorte verteilt. Viele Möglichkeiten, Weihnachten zu verbringen, die Martina aber in den meisten Jahren nicht genutzt hat. »Ich wollte auch irgendwie mit meiner kleinen Familie ein eigenes Weihnachten haben.« – »Na ja, wenn man Mutter und Kind Familie nennen kann«, wirft János zweifelnd ein. »Natürlich sind wir eine Familie!«, hält Martina dagegen. János zuckt mit den Achseln. »Mutter-Kind« ist für ihn vollkommen okay. Aber soll man das Familie nennen? Hier scheiden sich die Geister von Mutter und Sohn. Für Martina ist es nicht nur eine Erfahrung, sondern auch ein Politikum, die »Ein-Eltern-Familie« als Familie zu sehen. Für János geht es um anderes: »Familie wäre mit Vater. Aber ich weiß doch gar nicht, wie das wäre!«

♦

»Richtige« Familie, was ist das überhaupt? Ist unsere »Weihnachtsfamilie« eine richtige Familie? Sind Noëmi und ich eine richtige Familie? Und wenn nicht – sind dann alle, die nicht dem Vater/Mutter/Kind/er-Modell angehören, »falsche« Familien? Sind jene »weniger fixierten Familienkonzepte«, die Martina in den 1990er Jahren erlebte, »falsche« Konzepte?

Es so auszudrücken, hört sich schräg an, aber macht vielleicht etwas deutlich. Denn schwingt nicht »falsch« als Gegenteil von »richtig« mindestens unbewusst mit in der Skepsis gegenüber all dem, was nicht der Tradition, dem Standard entspricht? Und wer möchte schon »falsch« leben? Wie setzt man dem, was Mehrheit und Denkgewohnheiten vorgeben, ein eigenes kraftvolles Bild entgegen?

János' Vater sah seinen Sohn zum ersten Mal, als der sieben Wochen alt war. »Er hat Versuche gemacht. Es gab zwei- oder drei Mal Phasen, wo er sich ins Zeug gelegt hat, um kontinuierlichen Kontakt zu halten. Aber lange hat das nie angehalten.« Große Pausen, manchmal jahrelang, bestimmten das Verhältnis. Auch jetzt ist es wieder Monate her, dass János seinen Vater getroffen hat: Zuletzt haben sie sich bei den Großeltern gesehen. »Die machen ihrem Sohn einen Riesenvorwurf, dass er sich so wenig um János kümmert«, sagt Martina. »Aber seine Mama vergöttert ihren Sohn – und verwöhnt ihn, als wäre er noch ein Kind. Er faxt ihnen eine Einkaufsliste, und sie stellen ihm die vollen Tüten vor die Tür.« Martina sagt das nicht abwertend, sondern bedauernd. Sie konstatiert ein Abhängigkeitsschema zwischen dem erwachsenen Sohn und seinen Eltern, gegen das man nicht ankommt.

Kinder verstehen relativ früh, wer wirklich verlässlich für sie ist – und wer, umgekehrt, sie verlässt. Oder verlassen hat. Abwesende Eltern unterschätzen manchmal, dass die Zeit nicht nur läuft, sondern auch abläuft. Kindheitszeit, in der man zum wichtigen Begleiter seines Kindes werden kann – oder auch nicht. In einem ZEIT-Magazin (Juni 2015) schreibt eine junge Frau über das Nicht-Verhältnis zu ihrem Vater, der in ihrem ganzen Leben nicht vorgekommen war und sie aber noch als junge Erwachsene via Anwalt zu einem DNA-Test aufforderte, um sich vor Unterhaltszahlungen drücken zu können. Als er drei Jahre später versucht, über Twitter mit ihr Kontakt aufzunehmen, und einmal ein PS anhängt: »Stolz auf deine Arbeit«, wird ihr klar, dass sie keine weiteren »Buchstaben an ihn verschwenden« will. Schön schreibt sie im Artikel: »Ich bin dankbar, sagen zu können, dass es in meinem Leben Menschen gibt, die stolz auf mich waren, als ich Fünfen in Mathe hatte. Stolz, als mindestens 32 Pickel in meinem Gesicht wucherten. Stolz, als ich im Lokalteil, Seite vier links unten, über den neuen Abwasserkanal eines Dorfes berichtete. Diese Menschen mussten den Stolz auf mich nicht erst mit der Lupe suchen, nachdem ich einen Job bei einer großen Zeitung bekommen hatte ... Ein Vater, der nie einer war, wird nicht zu einem, indem er sich über soziale Medien an sein Kind heranpirscht. Seit den vier Tweets im Spätherbst bin ich mir zum ersten Mal in meinem Leben sicher, dass ich nichts versäumt habe. Jede Lücke war besser als dieser Vater.«[16]

Die zu verabschieden, die man lange vermisst hat, gehört zum Allerschwersten. Denn bekanntermaßen ist ja die Hoffnung das, was zuletzt stirbt. So war es auch für diese junge Frau – erst die Begegnung mit der »jämmerlichen« Realität; erst der »Realitätsschock« half ihr, sich vollends abzulösen. Nicht nur vom Vater – sondern vor allem von der Sehnsucht nach ihm. Sie hat dies auf beeindruckende Weise durchlebt und erzählt, wie sie es als junge Erwachsene noch einmal herausfinden musste, wo für sie »richtig« und wo »falsch« lag in Sachen Familie. Denn an ihrer Sehnsucht nach dem Vater war ja nichts verkehrt gewesen. Nur kann Sehnsucht gefährlich sein, wenn sie einen dazu bringt, sich mit zu wenig zufriedenzugeben. Mit »Krümeln« statt mit nährendem »Futter«. Die junge Frau kam durch jenen inneren Aufruhr, den die Tweets des Vaters auslösten, dazu, ihre »richtige« Familie dort zu sehen, wo es sich »richtig« für sie anfühlte: bei Menschen wie ihrer Mutter oder heute ihrem Freund, die über lange Strecken verlässlich zu ihr standen. Was sich so »falsch« anfühlte wie die Kurzmessages eines Mannes, der noch drei Jahre zuvor gern einen Beweis gehabt hätte, dass sie gar nicht seine »richtige« Tochter ist – das muss »falsche Familie« sein; auch wenn der DNA-Test scheinbar das Gegenteil sagt.

János hat es an diesem Punkt schwer: Die Lage ist verzwickt. Sein Vater ist da und doch nicht da. Er verabredet sich mit seinem Sohn und kommt eine Stunde zu spät. Oder zwei. Vor einer Weile passierte es mal, dass er zu einer Verabredung gar nicht auftauchte. János hat momentan die Nase voll von dieser Unzuverlässigkeit. Er schüttelt heftig den Kopf: Alles an ihm sagt: Nein. »Da ist richtig was schiefgegangen«, erzählt Martina. »Er sagte dann zu mir, sorry, er habe es verpasst, und wollte was Neues mit János abmachen, und ich musste dann zu ihm sagen, hör zu, dein Sohn will dich grad gar nicht sehen. Er kapiert nicht, dass Dinge Konsequenzen haben.« Was müsste sein Vater tun, frage ich ihn. János zuckt mit den Achseln. »Er müsste sich was einfallen lassen«, sagt er trocken.

Aber richtig was einfallen lassen, denke ich. Er müsste eine Schnellreifung durchmachen, um eine Chance zu haben, sich auch einmal erwachsener als sein Sohn zu erweisen. Denn bis jetzt sieht es andersrum aus: Da ist es János, der sich »erwachsen« verhält – zu Verabredungen kommt und auch noch mal kommt, und irgendwann sagt, Schluss, ich will nicht mehr. Ich lass mich doch nicht verschaukeln. János tut ja etwas Wichtiges, wenn er sagt: »Ich will dich momentan nicht sehen«: Er nimmt sich selbst ernst. Er kämpft für seine Würde. Er folgt seinem Gefühl – und den Fakten: Auf seinen Vater ist kein Verlass.

Immer wieder während meiner Recherchen für dies Buch konnte ich feststellen, dass der Mythos Familie für viele Menschen machtvoller ist als die erlebte Wirklichkeit. Wie gut, denke ich, dass Martina sich nicht am Mythos, sondern an der Wirklichkeit orientiert. »Familie ist dort, wo Leute für Kinder da sind.«

♦

Ein paar Tage später gehen Noëmi und ich noch einmal bei Martina und János vorbei. Sie sind im Freizeitdress: Jogginghosen, Sweatshirt – »Heute haben wir gegammelt«, sagt Martina. »Gechillt«, sagt János. Reden. Rumhängen. Mit der Katze Finchen auf dem Sofa liegen. Kuscheln. »Unser Alltag ist so getaktet, da bleibt kaum Extrazeit, um auch mal einfach rumzuhängen.« Der Weg zu János' Schule dauert lange. Martina hat eine Arbeit in der Flüchtlingserstaufnahme. Aber noch sind Ferien. János zieht sich zurück, Musik hören. »Zocken, bis der Arzt kommt«, ergänzt seine Mutter trocken. Der Computer steht im Flur. Immer mal wieder wirft sie einen Blick auf seine Spiele. »Da sind schon ganz schön gruselige dabei«, findet sie. »Eine Grenze liegt für mich dort, wo sie zu realistisch werden. Wenn die Grenze zu realer Gewalt verschwimmt und man die Köpfe fliegen sieht.« Aber Mutter und Sohn nehmen sich auch Zeit zusammen, zum Reden. »Komplett ist die Familie dann, wenn die Katze sich auf einem von uns zusammenrollt.«

Heut Abend werden wir zu viert essen gehen: zum Asiaten um die Ecke, den man sich auch mit kleinem Geldbeutel leisten kann. Das gemeinsame Essen am Abend ist in Martinas und János' Alltag ein Fixpunkt – angesichts der weiten Wege in alle Richtungen sehen sich die beiden tagsüber ja kaum.

So zockeln wir nun durch die abendlichen Straßen im Prenzlauer Berg. Martina erzählt mir von Sibille, ihrer früheren Nachbarin, die ebenfalls alleinerziehend im Hinterhaus wohnte. Sibilles Tochter war gleich alt wie János. »Wir haben uns zusammengefummelt, um den Alltag zu bestehen«, erzählt Martina. János und Alissa sind wie Geschwister aufgewachsen – mal von Sibille, mal von Martina gehütet. »Als kleines Kind hockte sie auf meinem Schoß, und irgendwie fühlte es sich an, als wäre sie meine Tochter.« Das ging bis vor drei Jahren, als die beiden auszogen.

Für Martina war der Prenzlauer Berg von damals – so wie sie ihn erlebte – ein Teil der Antwort auf die großen Fragen, die das Alleinerziehen aufwirft. Ein Teil der Lösung. Ein anderer Teil waren die Großeltern im Hintergrund. Mit einem Teil freilich blieb sie ganz allein – wie sie mir heute Abend erzählt. Da waren die schweren Zeiten in der Grundschule, für János ganz anders als für andere Kinder, da er von Geburt an stark schwerhörig war. Wie Martina mir erklärt, konnten die

Trommelfelle erst ab einer bestimmten Größe operiert werden. Als Siebenjähriger sei János »krass depressiv« gewesen, sagt sie. In der Schule wurde er gemobbt. »Mir war nicht bewusst, dass mein Kind durch die Schwerhörigkeit eine Art Behinderung hatte«, erinnert sie sich. »Das habe ich erst im Lauf der Zeit verstanden. Er hätte mehr – und bessere – Betreuung gebraucht.« In der Grundschule und im Hort hatte man kein Verständnis für seine Lage. »Wenn er rumzappelte, weil er die Lehrerin nicht hörte, wurde er bestraft. Ich wusste es nicht, dass seine Lehrerin ihn regelrecht vorgeführt hat.« Eine falsche ADHS-Diagnose. Ständig Besuche beim Ohrenarzt. Erst in der neuen Schule, mit Therapie fand János eine Sprache dafür, wie er damals gelitten hatte.

János' Krankheit zwang Martina, verfügbar zu sein. »Damals hätte ich keine Probezeit überstanden.« Als er mit eins in die Kita kam und sie in Ruhe einen Job suchen wollte, wurde ihr das Erziehungsgeld gestrichen. Sie reichte eine einstweilige Verfügung ein und sagte dem Sachbearbeiter: Was Sie machen, ist illegal. Sie bekam zur Antwort: Ja, aber machen Sie mal was dagegen. »Aus einem Job in der Öffentlichkeitsarbeit flog ich raus, weil ich wegen seiner Krankheit zu oft fehlte. Später fand ich einen Job als Redaktionssekretärin in einem Verlag. János war acht, neun Stunden in der Kita. Abends der Letzte, der abgeholt wurde.« Als János neun war und seine Trommelfelle endlich operiert werden konnten, arbeitete Martina drei Jahre lang für eine Zeitarbeitsfirma. Drei OPs in größeren zeitlichen Abständen – »Ich konnte nur einen Job annehmen, in dem ich kurzfristig rauskonnte, und dann wieder rein.« Jahre, für die Martina Worte findet wie »gebeutelt«. Oder auch »beschissen«. Jahre mit Hartz 4, mit Aufstocken, mit zwei Jobs gleichzeitig, und dennoch reichte das Geld nicht. »Ich hab mich von befristet zu befristet gehangelt. In diesen unterbezahlten Teilzeitjobs blutet man aus, kräftemäßig, wirtschaftlich.«

Die Krankheit – oder Behinderung – eines Kindes, die sich über längere Zeit hinzieht, kann leicht viel mehr anrichten als eine Karriere ruinieren. Sie kann wirtschaftliche Not erzeugen, aus der man nicht mehr so leicht herauskommt. Martina war in einer Situation gelandet, die nicht so ungewöhnlich scheint – und die dennoch als Realität in der deutschen Berufswelt nicht mitgedacht wird. Die deutsche Politik, so sagt es Elisabeth Badinter in ihrem Buch »Der Konflikt. Die Frau und die Mutter«, konzentriere sich »auf finanzielle Hilfen für Familien und die Stärkung des versorgenden Mannes«.[17] Ganz anders die Politik in den skandinavischen Ländern, »die den Frauen hilft, ihre verschiedenen Rollen auszufüllen«, indem sie die Jobs sichert.

So war es fast ein logischer Schluss, dass Martinas »politisches Gen«, das sie schon als junge Frau zu den Jusos gebracht hatte, sie nun in die Familienpolitik führte. »43 Prozent der Alleinerziehenden sind von Transferleistungen abhängig«, sagt Martina, sie leben von Hartz 4 oder stocken auf. Für Martina, die seit fünf Jahren im Bundesvorstand des VAMV, des »Vereins alleinerziehender Mütter und Väter«, aktiv ist, liegt der größte Skandal in der staatlichen Haltung gegenüber den Kindern der Alleinerziehenden. »Dass unser Staat es so konsequent in Kauf nimmt, dass diese Kinder massiv weniger Möglichkeiten haben als andere, das macht mich wirklich sauer.« Sauer wird sie auch, wenn verheiratete Frauen zu ihr sagen, sie seien »eigentlich alleinerziehend« – so abwesend, wie ihr Mann von der Erziehungsarbeit sei. »Diese Frauen wissen nicht, was es heißt, ständig Existenzangst zu haben«, sagt sie und schüttelt den Kopf.

Der Strom ihrer Erinnerungen zu dem Thema ist unendlich: an die Bank etwa, die ihr ohne Ankündigung und ohne ersichtlichen Grund in der Vorweihnachtszeit den Dispokredit kündigte. Ihr beruflicher Status hatte sich mal wieder geändert. Wie aber eigentlich schon viele Male zuvor, als es die Bank nicht hinderte, den Dispokredit viel höher zu setzen, als es ihr Einkommen rechtfertigte. »Eine Erfahrung, die viele Alleinerziehende machen, das weiß ich aus etlichen Gesprächen.« Sie schüttelt den Kopf in Erinnerung an die Panik, dem Kind vielleicht nichts mehr zu essen oder keine Weihnachtsgeschenke kaufen zu können. Kreditfähigkeit ein ferner Stern, den man nie erreichen wird. »Seit ich alleinerziehend bin, ist mein Konto permanent im Minus.«

Eine Situation, die mir vertraut ist. Und so haben Martina und ich uns völlig ins Thema vertieft, während wir Frühlingsrollen und thailändische Spezialitäten verzehren. Neben uns spielen Noëmi und János Schiffe versenken. Immer wieder schaue ich in das schöne, sensible Gesicht des Jungen und höre witzige Wortwechsel zwischen den beiden Jugendlichen.

Es geht auch darum, Väter in die Pflichten hineinzuholen. Immer wieder setzen sich skandalöse Verhältnisse durch – Mütter, die Vollzeit arbeiten und zusätzlich die gesamte Betreuung übernehmen. Etwa bei einer Lehrerin: Der Vater sollte keinen

Betreuungsunterhalt an die Mutter mehr bezahlen müssen, weil sie mit einem achtjährigen Kind auch Vollzeit arbeiten könne. Das wollte diese gerne – unter der Voraussetzung, dass der Vater einen Teil der Betreuung übernimmt. In dem schließlich notwendigen Urteil begründete das Gericht, dass das dem Vater nicht zuzumuten sei neben seinem Teilzeitjob. »Verbesserung der Steuerklasse 2! Kindergrundsicherung! Schluss mit Ehegatten-Splitting und Vergünstigung fürs Verheiratetsein!« Mit Verve wirft Martina jene Stichworte in unser Gespräch, die auch im Zentrum des politischen Kampfes vom VAMV stehen.

»Trotzdem bin ich eine glückliche Alleinerziehende – mit meinem Sohn! Es gibt viele glückliche Momente zusammen. Man versucht ja ständig, den Status Normalität herzustellen.« Aus Martina spricht keine Bitterkeit. Ärger und Empörung in politische Arbeit umzusetzen, ist viel mehr als ein kreativer Ausweg aus der eigenen Lage. Aber Martina betrachtet auch persönlich, ganz unabhängig von der politischen Dimension, ihre Alleinerziehenden-Situation umfassender. »Die Mobbing-Geschichte damals hat zu einer tollen Therapie geführt – viele Dinge haben, mit Abstand betrachtet, auch ihr Gutes. János hat dadurch eine enorme Reifung machen können. Und heute hat er eine Gelassenheit, über die ich staune. Er ist geduldig mit mir und hat einen guten Sinn für Humor. Wir können viele schwierige Dinge einfach weglachen.« Das hört sich nach echtem Miteinander an. Für János' Zukunft ist Martina zuversichtlich. »Ich glaube tatsächlich, dass er als alleinerzogener junger Mann weniger Angst vor starken Frauen haben wird.«

Auch wirtschaftlich haben sie endlich ein Auskommen gefunden. »Mehr als das«, präzisiert Martina. »Ich habe mir mit der Arbeit bei der AWO, wo ich in der Flüchtlingserstaufnahme bin, einen Wunsch erfüllt.« Den Wunsch, »im Kontakt mit Menschen etwas Wichtiges zu tun«. Endlich gibt es auch eine reelle Chance, fest angestellt zu werden. »Ich werde tariflich bezahlt und habe dreißig Urlaubstage.« Martina sagt es mit glänzenden Augen: »Ich habe so viel schwere Situationen erlebt.« Und so möchte sie es in ihrer Arbeit auch nicht mit »Luxusproblemen« zu tun haben. »Die Menschen, die ich sehe, kommen aus Syrien, dem Irak, aus Pakistan, und sie brauchen das Allernötigste.«

Was Alleinerziehen für sie ist, bringt sie noch mal prägnant auf den Punkt: »Alleinerziehen ist kein Problem, sondern eine Familienkonstellation. Eine, die in Berlin jede dritte Familie betrifft. Und wie jede andere braucht auch diese Familienkonstellation gesellschaftliche Anerkennung und Förderung.«

◆

Am zweiten Weihnachtsfeiertag war er dann da, der dicke, dichte Schnee. Wir kamen morgens ins Wohnzimmer, und vor dem Fenster war fast nichts zu erkennen – so dicht war die weiße Wand aus wirbelnden Flocken.

Fünf Jahre ist es her, da brach ich am 26. Dezember aus Riezlern auf, um die lange Reise nach New Orleans anzutreten. Eine Reportage über Tennessee Williams stand an – spätestens im Februar musste sie vorliegen. Wann hätte ich sie mit meinem Schulkind recherchieren sollen außer in dieser Ferienzeit, in der Moni und Dschonnie angeboten hatten, dass sie bei ihnen bleibt? Monis Nichte würde zu Besuch kommen, und sie würden eine Ferienwoche zusammen haben. Ich erinnere mich noch sehr gut daran, wie äußerst seltsam es mir vorkam, zwei Tage später in der tropisch warmen Luft von New Orleans auf einer Terrasse zu sitzen und an die »Weihnachtsfamilie« im Schnee zu denken. Ein paar Jahre später hatte ich eine Recherche in Müstair an der Grenze zu Italien zu erledigen – auch dorthin brach ich aus Riezlern und ohne Kind auf. Das war nicht ganz so weit, und trotzdem fiel mir der Abschied aus der familiären Wintergemütlichkeit schwer. Bis ich dann dort war, gefangen in der Spannung meiner Reportage und dankbar, dass meine Freunde dies möglich machten.

Aber was hätte ich getan, wenn Noëmi nicht immer so gesund gewesen wäre? Zu kränklich, um zu reisen oder woanders zu wohnen? Oder schlichtweg nicht bereit zu diesen oft anstrengenden Veränderungen? Ihre Gesundheit, Offenheit und Fröhlichkeit haben vieles überhaupt erst möglich gemacht. Denn auch unsere Alleinerziehenden-Balance findet wie die vieler anderer auf dünnem Eis statt – ganz und gar nicht auf sicherem Boden. Schwieriger als Reportagen in die Ferien zu legen war es oft, jene Dienstreisen zu ermöglichen, die an feste Termine gebunden waren: Buchmessen. Literaturfestivals. Ohne helfende Hände hätte ich keine Chance gehabt.

Dann ist Silvester. Wir sind zu viert oben am Hörnlepass zum Silvesteressen und sprechen über die »Weihnachtsfamilie«.

Noëmi: »Mich stört es, dass du Weihnachtsfamilie sagst ... wir sind doch irgendwie mehr, eine richtige Familie.«

Moni: »Mehr als ein Saisonartikel, meinst du?«

Noëmi: »Ich meine, wir halten das ganze Jahr über zusammen. Ich bin immer wieder auch im Alltag bei euch, viel mehr als bei den Tanten und Onkeln, mit denen ich verwandt bin. Ihr seid wie Teile von mir. Ihr seid für mich da.«

Dschonnie: »Für mich sagt ›Weihnachtsfamilie‹, dass wir durch dich einen Anlass haben, Weihnachten zu feiern – du gibst uns Gelegenheit, eine Tradition am Leben zu erhalten. Weihnachten hat Sinn bekommen. Und wir haben es diesmal gut geschafft, ganz entspannt miteinander zu sein.«

Moni: »Vorher hatten wir auch keinen Baum. Und durch dich habe ich gelernt, dass es ein Stimmungskiller ist, wenn man das Geschenkpapier sofort nach der Bescherung aufräumt.«

Dschonnie: »Keine Frage, dass ein Baum hermuss, wenn ein Kind dabei ist.«

Moni: »Wir hätten auch diese Vorfreude nicht, wenn wir ohne euch feiern würden. Die Vorfreude hat mit dem Zusammensein zu tun. Dass man gemeinsam raus aus dem Alltag geht – zwei Tage vorher, um etwas zusammen vorzubereiten. Dann die Gespräche über das zurückliegende Jahr. Eine Art Familienstruktur stellt sich immer wieder ein, wenn wir zu viert zusammen sind. Erinnerungen sammeln sich. Wir können schon in einer Art Familienalbum blättern. Es gibt einen Reichtum, der über die Jahre wächst.«

Ich: »Dass sich alles auf vier verteilt, genieße ich sehr. Alle Aufgaben, Einkäufe, Wünsche, Schwierigkeiten – ein paar Tage lang sind wir für alles verantwortlich.«

Moni: »Wisst ihr noch, wie Dunja – der Familienhund – im ersten Jahr ihr Geschenk zerfetzt hat? Sie gehört auch dazu. Es ist so, als ob zwei Teams sich füreinander öffnen – das Ganze ist dann mehr als die Summe seiner Teile. Auch in so einem Ausnahmealltag lernt man sich gut kennen: dass wir alle Genussmenschen sind und gern essen – aber auch finden, dass sich der Stress ums Essen in Grenzen halten sollte.«

Ich: (schweige zufrieden, allem zustimmend)

Moni: »So eine enge Ferienwohnung ist ja immer auch eine Herausforderung. Früher in meiner Familie hieß es der »Riezlern-Test«: ob man sich auch in der Enge noch gut versteht. Für mich ist es ein gutes Gefühl, innere Beweglichkeit zu trainieren … und grundsätzlich bin ich mehr der Typ fürs Familiäre als für große Cliquen …«

Noëmi: »Das geht mir genauso! Deswegen passt es ja so gut, dass wir eine Familie sind.«

Scheidungsgift.
Leben zwischen den Welten

Es war der Mittag des Silvestertages 2012, als wir uns mit zwei schweren Koffern in Chicago in den Zug nach Los Angeles setzten: drei Tage Fahrt an die Westküste und in ein neues Jahr. Dank eines Stipendiums, das ich erhalten hatte, würden wir drei Monate in Los Angeles wohnen können – und Noëmi würde dort zur Schule gehen.

Ich erinnere mich noch genau an den Moment, als plötzlich im Gang vor unserem Abteil eine zierliche Frau mit dunkelblonden, straff geflochtenen Zöpfen und fester Stimme sagte: »Wir sprechen auch Deutsch! Vielleicht mag Ihre Tochter rüberkommen und mit meiner Tochter spielen?«

Was zuerst an Nina auffiel, waren ihre Augen: blau und riesig und voller ständig wechselnder Emotionen. Unter der gerunzelten Stirn sah ich eine Mischung aus Neugier und trotziger Verschlossenheit. Augen wie eine Bühne, auf der ständig die heftigsten Gegensätze miteinander in Konflikt liegen – Anspannung, Ärger, Albernheit, Lust auf Spaß, Verletzlichkeit. Nina sah älter aus als neun. Sie war ein wunderschönes Mädchen mit langen Beinen und hellbrauner Haut und dunkelblondem, zu vielen kleinen Zöpfen geflochtenem krausen Haar. »Meinst du, das Mädchen will wirklich was mit mir machen?«, fragte Noëmi, und dann waren sie plötzlich zusammen – ruckzuck ein Team geworden. Eine verschworene Gang, so schnell, wie nur Kinder das können. Schlichen durch den Zug, kicherten über andere Reisende und hatten Spaß. Schnell war Ninas Talent, Leute zu imitieren, sichtbar.

Abends, die Mädchen schliefen, kamen Johanna und ich bei Kindersekt und Kaffee im Panoramawagen ins Gespräch. Während der Zug durch den Mittleren Westen schaukelte, zog vor den riesigen, bis ins Dach verlängerten Fenstern die Nacht ins Land. Mitternacht und der Beginn des neuen Jahres wurden zu einer relativen Größe: In welcher Zeitzone waren wir jetzt? War vielleicht doch schon 2013?

Am frühen Abend hatte ich Johannas Eltern kennengelernt, die mit den beiden zusammen unterwegs waren und die sich jetzt in ihr Schlafabteil neben Tochter und Enkelin zurückgezogen hatten. Johannas Vater ist Deutscher, ihre Mutter Amerikanerin. Früher hatte die Familie in Deutschland gewohnt. Aber ihre Mutter hatte in Deutschland keine Wurzeln schlagen können, und so wechselten die beiden im Pensionsalter den Kontinent. Auch Johanna kam dann zum Studieren in die USA – »Inzwischen bin ich nicht mehr ganz freiwillig hier«, schiebt sie ein, »aber das ist eine andere Geschichte. Später.«

Alle vier reisen gern mit dem Zug. Den Familienausflug jetzt nutzen sie als Gelegenheit, vom elterlichen Wohnort an der Ostküste zu dem der Tochter an der Westküste zu reisen und dabei in Santa Fe einen Sightseeing-Stopp einzulegen. Sie sind keine Touristen – eher langjährig geübte Reisende zwischen den Welten Deutschland und Amerika.

Und je länger ich Johanna zuhöre, desto mehr kommt es mir vor, als zöge sich die ganze Strecke zwischen Deutschland und Amerika wie ein roter Faden durch die drei Generationen. Keinem von ihnen freilich sieht man die beiden Welten so an wie Nina mit ihrer milchkaffeebraunen Haut, dem dunkelblonden Haar und den blauen Augen.

»Nina fühlt sich ganz klar als Amerikanerin«, sagt ihre Mutter, während wir durch die Nacht fahren. Wenige Lichter unterbrechen die Schwärze. Ninas Vater, von dem Johanna seit dem zweiten Lebensjahr ihrer Tochter getrennt ist, arbeitet als Anwalt in jener Westküstenstadt, in der die beiden leben. Er ist Afroamerikaner, hat aber auch mexikanische Vorfahren. Was bedeutet dieser Reichtum mehrerer Ethnien, die sich in ihrem schönen Gesicht ausdrücken, für Nina? Die Vielfalt Amerikas ist ja nicht nur in ihr Aussehen, sondern auch in ihr Schicksal eingeschrieben. Vielfalt, wie sie uns hier im Zug umgibt: mexikanische Familien, weiße Alt-Hippies, Amish-Familien, in lange Kleider und Hauben wie vor zweihundert Jahren gekleidet; ein Professor asiatischer Herkunft. Und da ist auch noch die deutsche Sprache, die Johanna konsequent mit Nina spricht und auch von ihr verlangt. Enorme Weite, denke ich. Bedeutet sie in Ninas jungem Alter aber vielleicht auch Verwirrung und Zerrissenheit?

Inzwischen ist Ruhe eingekehrt. Nina war so müde, dass sie das neue Jahr – in welcher Zeitzone auch immer – nicht abwarten wollte. Auch Noëmi ist schlafen gegangen, während Johanna und ich unsere Erfahrungen als Mütter austauschen.

»Ich war neunzehn – und dachte von mir selbst, ich sei gefestigt und nicht sonderlich erschütterbar«, erzählt Johanna, 33, die zur Ausbildung nach dem Abitur nach Amerika gegangen war, um letztendlich Musik zu studieren. »Ich war damals oft einsam und fühlte mich überfordert.« Bald schon war sie mit einem viel älteren Mann zusammen. »Ich bin dann schnell eines Besseren belehrt worden, was die Festigkeit meines Charakters betrifft.« In der Beziehung sah sie sich stark kontrolliert und gemaßregelt – »alles an mir war irgendwie falsch«. Zugleich wollte ihr Partner sie für sich allein. Johanna wurde immer isolierter. »Von außen durfte niemand in unsere Verhältnisse Einblick gewinnen, und mir ging es schlechter und schlechter.«

Als sie knapp vierundzwanzig war, kam Nina auf die Welt. Um sich nach sieben Jahren Partnerschaft zu trennen, brauchte Johanna ihre ganze Kraft. »Ich hatte sechs Jahre geglaubt, ich sei falsch und müsse mich ändern. Da ist das Selbstbewusstsein danach ziemlich am Boden. Die wesentliche Motivation, es zu schaffen, war, dass ich Nina so ein Frauenbild nicht vorleben wollte.«

Nina, damals zwei, lebte von Anfang an in zwei Haushalten. Anfangs mehr bei ihrer Mutter. Aber es gab ein jahrelanges Tauziehen vor Gericht. Seit Nina acht ist, verbringt sie gleich viel Zeit bei beiden: Montags nach der Schule geht sie abwechselnd zu ihrem Vater und ihrer Mutter. »Ist das nicht ein extrem anstrengender Lebensrhythmus für alle Beteiligten?«, frage ich. »Nein, nein«, schüttelt Johanna den Kopf. Das Problem liege anderswo – nämlich in der extremen Feindseligkeit ihres Ex-Partners, der in seinem Bedürfnis, sie zu bekämpfen, immer auch das Kind benutzt hat.

Wenn Johanna davon erzählt, konzentriert, nüchtern und sachlich, wirkt sie souverän – als ob sie über diesen Dingen stünde. Ich werde erst während der nächsten zwei Jahre, in denen wir uns immer wieder sehen, begreifen, wie viel daran auch Anspannung und Überanstrengung ist: als müsste sie immer auf böse Überraschungen gefasst und dagegen gewappnet sein, dann Schwäche zu zeigen. Ich verstehe erst langsam, dass sie von Anfang an alarmiert war durch die Angst, ihrem – viel älteren und finanziell viel besser gestellten – Ex-Mann könnte das Kind ganz zugesprochen werden.

Und dann ist da die nie endende Aufgabe, Gegenmittel für das »Gift« zu finden, mit dem er die Mutter-Tochter-Beziehung und das soziale Netzwerk, das die beiden umgibt, zu schädigen versucht. Ein Gift, dem sie nicht entkommen kann, solange Nina bei beiden Eltern lebt. Ein Gift, das – so viel habe ich nun über die Jahre gesehen – gar nicht so selten eingesetzt wird. Und an dem das gute Leben der »kleinsten Familie« auch zugrunde gehen kann.

◆

Auch ich hatte die Uhr ticken hören. Dass eine sich stetig verschlechternde Partnerschaft auch zu einer schweren Last für Noëmis eigene Frauwerdung werden könnte, war mir bewusst. Um ihren zweiten Geburtstag herum gab es einen Moment, der das Fass zum Überlaufen brachte. Ich ahnte, dass ich immer weiter an Kraft verlieren würde, wenn ich in der destruktiven Beziehung bliebe. Ich kehrte von einer Reise nach Deutschland nicht mehr nach Italien zurück – nicht, ohne lange noch Hoffnungen zu hegen, wir könnten das Ganze doch noch »einrenken«. Aber wir waren nun räumlich getrennt. Tausend Kilometer lagen zwischen uns.

Anfangs fand ich nur stundenweise Kindergruppen. Dann den Kindergarten. In diesen ersten beiden Jahren hatte ich ein wütendes Kind, das auf dem Spielplatz einem anderen Kind unversehens ins Gesicht kratzte. Zwar leuchtete mir diese direkte Aggression ein. Irgendein Ventil muss ein Kind, dessen Eltern sich trennen, ja haben können. Ich verstand – aber ohne das Problem lösen zu können. Sie war zu klein, als dass es Lösungen über Sprache gab. Und ich steckte ja selbst noch fest in Schwäche und Trauer.

Natürlich schwelt in Kindern von getrennten Eltern eine Wut. Wie sollte das auch nicht so sein? Eine Wut darüber, dass ihre Eltern sie in eine Lage gebracht haben, die sich kein Kind aussuchen würde. Während Noëmis Wut sich völlig auf der Bühne unseres gemeinsamen Lebens abspielte, hier ihre Auftritte und Abgänge hatte, konnte Ninas Wut keinen so leichten Ausweg finden. Ihre Lage ist und war immer viel komplizierter. Ihr Leben findet nicht – symbolisch gesprochen – in einem Raum statt, den man, wenn es Aufregung gegeben hat, wieder aufräumen kann. Der Raum ihres Lebens ist nicht klar begrenzt, da er in zwei widerstreitenden Welten stattfindet: Es ist einer, in dem immer eine Art »Durchzug« herrscht: Stress, Unruhe, Verwirrung in ständiger Neuauflage.

Noëmi verbrachte, seit sie vier war, immer wieder den größten Teil der Sommerferien bei ihrem Vater. Ich betrachtete das als eine gute Lösung. Es erschien mir als eine Möglichkeit, zu beiden Eltern eine jeweils eigene Beziehung erleben zu können – ohne dass diese Beziehungen sich gegenseitig störten. Das ging ein paar Jahre gut. Oft brachte ich sie nach Italien und holte sie wieder ab. Später dann teilten wir uns öfter den

Weg. Sie genoss das großzügige Haus und seine wilde Umgebung. Die Katzen, die immer in mehreren Generationen dort wohnten. Die Rituale italienischen Dorflebens. Und natürlich die Beziehung zu ihrem Vater.

Das änderte sich, als sie acht war. Ich erinnere mich gut an diesen Sommer, wo sie einmal weinend bei ihrer Patentante zusammenklappte. Spannungen tauchten auf, die nicht mehr lösbar waren. Sie brachte Urteilssprüche über unser Leben mit; Verunsicherungen. Das Geborgenheitssystem drohte aus dem Gleichgewicht zu kippen. Sie war verstört.

Für mich war das alarmierender als die Wut der kleinen Noëmi fünf Jahre vorher. Auch wenn man sie damals in ihrer Aggression hatte begrenzen müssen – jetzt bestand in meinen Augen eine größere Gefahr: dass sich Wut und Verstörung nicht nach außen, sondern nach innen richten würden. Depression statt Aggression. Der Loyalitätskonflikt, in den sie nun geriet, bedrohte nicht nur den »Hausfrieden«, sondern auch die »integre Seele«. Eine Selbstunsicherheit, die mit der irgendwann anstehenden Pubertät ja nur noch wachsen würde.

Ihr Vater und ich hatten so gut wie keinen Kontakt. Wenn von nun an ihr Weg zwischen den Eltern mit belastenden Botschaften gepflastert sein würde – was für ein schweres Gewicht würde Noëmi mit sich herumschleppen müssen. Schon im Kindesalter eine nahe Welt als »Feindesland« erleben zu müssen, zieht Risse ins Gemüt.

So lautet ja auch die allgemeine Meinung: wenn schon trennen, dann bitte die Kinder verschonen. Die Ebenen nicht vermischen. Dennoch scheint mir die Frage berechtigt: Wie kann es gehen, sie nicht – oder so wenig wie möglich – zu vermischen? Wie die Verletzungen einer zerrütteten Beziehung vom Kind fernhalten? Man ist doch ein und derselbe Mensch. Und noch dazu ist es das Kind selbst, durch das man ja auf irgendeine Art an den Ex-Partner gebunden bleibt. Ich habe versucht, es mir wenigstens im Bewusstsein zu halten: Wohin auch immer ich den Schauplatz meiner Enttäuschung, meiner Trauer und gescheiterten Liebe verlege – ob ich meinen Freundinnen die Ohren vollheule (was ich persönlich viel gemacht habe), mich im Schreiben von Briefen, Tagebuch, Geschichten entlaste (ebenso), oder sogar eine Zeit lang auf ziellosen Spaziergängen nicht mehr weiß, wie es überhaupt weitergehen soll – das Kind darf nicht der Ort sein, an dem die gescheiterte Liebe verhandelt wird. Es ist zu verletzbar. Der Schaden, der angerichtet werden kann, ist unabsehbar. Kampfspuren bleiben an ihm »kleben«. Denn es ist ja Teil des kindlichen »Entwicklungsprogramms«, beide Eltern zu lieben. Für Unstimmigkeiten in diesem Programm gibt sich das Kind selbst die Schuld, weil es unerträglich wäre, sie den Eltern zu geben.

Und so schaffte ich es zwar, Noëmi zu verschonen – aber ich schaffte es nicht, mit Abwertungen und Attacken allein fertigzuwerden. Der Boden unter meiner Kleinstfamilie schwankte zu sehr. Wie ich damals die Kindergärtnerinnen gebraucht hatte, brauchte ich nun wieder jemanden. Wir fanden Hilfe: einen Therapeuten mit scharfem Blick, klaren Grenzen und gutem Humor – und einer Begabung fürs Spielen. Schon seine Sicht veränderte vieles für mich. Er gab mir Sätze mit auf den Weg, die einiges Grundsätzliche für mich klärten: »Krisen sind nichts anderes als Aufforderungen zu Wachstum. Und

Jungsein ist ein Zustand, in dem eine Krise die andere ablöst.« Es war unser Glück, dass er uns über einige Jahre begleitete.

♦

Während unserer Monate in Los Angeles kommen Johanna und Nina uns besuchen. Geplant ist eine Wanderung zusammen mit Freunden durch die Hollywood Hills. Die Kinder laufen zusammen die Hügel hoch, durch kleine Tunnel – es ist die fantastische Abenteuerlandschaft jener Canyons, in denen die frühen Western gedreht wurden. Tatsächlich ist mitten im Berg ein Wilder mit zotteligen Haaren zu sehen, auf den ein ganzes Filmteam konzentriert ist. Ein Werbefilm wird gedreht. Irgendwann verlegen die Kinder sich aufs Sammeln schöner Dinge am Wegesrand – Stöckchen und Steine fesseln ihre Aufmerksamkeit.

Nina wirkt auf mich immer wie eine kostbare, übersensible Pflanze, die bei der kleinsten Berührung zusammenzuckt und ihre Blätter einrollt. Die Kinder kommen heute nicht gut miteinander aus. Als Noëmi ein Stöckchen findet, das ganz besonders geformt ist, will Nina es unbedingt für sich haben. Von jetzt auf gleich kann sie umschalten von lustig auf superwütend. Eigentlich ist das, was passiert, ein ganz normaler Knatsch zwischen Kindern – erst recht Einzelkindern –, aber Nina reagiert extrem. Sie scheint in etwas geradezu Untröstliches zu stürzen; in eine Art verzweifelter Hoffnungslosigkeit.

Dann schmiegt sie sich so nah an ihre Mutter heran, als wären die beiden eines. Johanna ist eine nicht müde werdende Dolmetscherin zwischen zwei Welten. Sie spricht mit ihr, legt ihr eine Hand auf den Rücken. Gibt Noëmi und mir Erklärungen ab. Vermittelt. Fragt nach. Besteht darauf, dass sie sie anschaut.

Was ist das – überbehüten? abschotten? Ich werde später verstehen, dass es nichts davon ist, aber dazu brauche ich Zeit, die beiden besser kennenzulernen. Ein paar Wochen zuvor hatten Noëmi und ich sie in ihrem »Nest« besucht: einer Zweizimmerwohnung, in der sie im selben Zimmer schlafen und in der jeder Winkel genutzt ist für Bücher, Aktenordner, Spielzeug. Mir war die prekäre Lage, in der Johanna auch wirtschaftlich steckt, noch bewusster geworden. Zwar zahlt der Vater für Nina; zwar bucht das Gericht seinen Anteil gleich von seinem Einkommen ab. Das Kind soll bei beiden Eltern den gleichen Lebensstandard haben können, so will es das Gesetz in Kalifornien. Aber Johanna selbst schlägt sich mit Geigenunterricht und Organisation einer Konzertreihe durch. »Mieten sind sehr teuer in Kalifornien«, erinnert sie mich. »Und etwas wie Kindergeld gibt es hier nicht.«

Anfangs war es den Kindern bei diesem Besuch ganz leichtgefallen, zueinanderzukommen. Sie malten stundenlang nebeneinander, hielten sich draußen an den Händen, rannten ans Meer. Aber es reichte eine Kleinigkeit, um Nina aus dem Lot zu bringen und in ein seelisches Unglück zu stürzen. Ihre Stimmungen sind immer extrem – sie ist verschlossen, reizbar, ungeduldig, bis irgendwann wieder ihre Lust am Lachen und an Spaß durchbricht. Ihr Grundzustand scheint der eines »Lebens auf der Kippe« zu sein. Wut, Ärger, Traurigkeit lauern hinter der nächsten Ecke.

»Ich erkläre es mir so, dass ihre Wut aus einem Grundzu-

stand des Sich-nicht-Wohlfühlens kommt«, sagt ihre Mutter.
»Enttäuschungen wiederholen sich zu oft. Sie hat schon viel
zu viel Negatives erlebt und tut das immer noch. Ihr Selbstbewusstsein ist verletzt.«

Immer, wenn Ninas Stimmung kippt, ist Johanna gleich an
ihrer Seite. »Sag, was los ist!« Sie fordert von Nina das Benennen ihrer Gefühle. Stellt ihr die eigene Aufmerksamkeit zur
Verfügung. »Schau mich an«, sagt sie. Bleib in Kontakt. Dann
heften sich die riesigen Kinderaugen auf ihre Mutter. Verankern sich, statt in einem Meer aus Verwirrung und Traurigkeit zu versinken. »Ich weiß, wie leicht es ihr passieren kann,
in eine Stimmung abzurutschen oder sich so in einen Gedanken zu verbeißen, dass sie stundenlang nicht davon weg-
kommt«, sagt Johanna. »Dann hat sie keinen Spielraum mehr
für irgendetwas anderes.« Seit Jahren ist sie daran gewöhnt,
Nina über die oft unheimlich schwierige Schwelle des Übergangs zu helfen, den das Kind jede Woche einmal vollziehen
muss: von Mama weg zu Papa. Von Papa weg zu Mama. »Das
hat nur geklappt, wenn ich ganz eng an ihr dran war. Ich habe
verstanden, dass sie mich für diese emotionale Regulierung
braucht.«

Immer wieder hat Johanna ein Buch erwähnt, das sie auch
jetzt dabeihat: »Divorce Poison«, geschrieben von dem amerikanischen Psychologen Richard Warshak und übersetzbar
mit »Scheidungsgift« oder »Wenn Scheidung vergiftet«. Davon kann sie ein Lied singen.

♦

»Ihr/e Ex-Partner/in macht Sie vor den Kindern schlecht, stellt Sie häufig, vielleicht auch konstant, in negatives Licht, – versucht vielleicht sogar, die Kinder/das Kind und Sie zu entzweien. Was können Sie tun? Wenn Sie keine Lösung finden, könnte Ihre Beziehung zu den Kindern Schaden nehmen. Sie könnten den Respekt Ihrer Kinder verlieren, und ihre Zuneigung. Im schlimmsten Fall könnte Ihnen die Beziehung ganz verloren gehen.«[18]

Der Begriff »Parental Alienation Syndrome« (PAS) – also »elterliches Entfremdungs-Syndrom« – geht auf den 2003 verstorbenen Richard A. Gardner zurück, der ihn zum ersten Mal 1985 prägte.

PAS meint, dass ein Kind sich grundlos von dem Elternteil abwendet, den es via Umgangsrecht regelmäßig sieht: meist plötzlich, und obwohl dieser Elternteil seine Sorgepflichten immer wahrgenommen und das Kind kontinuierlich und liebevoll begleitet hat. Das Kind wendet sich ab, obwohl es lange eine gute Beziehung hatte. Grund dieser Abwendung ist, dass nachweislich der andere Elternteil das Kind in diese Feindseligkeit getrieben hat.

Lange Zeit, so Warshak, sei es üblich gewesen, dass Psychologen Eltern, die von diesen Abwertungen, auch Intrigen, betroffen sind, zum Abwarten geraten haben; dazu, nicht mit ähnlichem »Feuer« zu reagieren und den »Rosenkrieg« nicht ausarten zu lassen.

Falsch – schreibt Richard Warshak. Wenn die Situation tatsächlich die einer konstanten und böswilligen Abwertung des Ex-Partners ist, gibt es daran nichts mehr zu verharmlosen. Dann versucht jemand, die »Seele des Kindes zu stehlen«. Hier passiv zu bleiben, wäre fatal. Nichts zu tun, führe einfach dazu, dass sich gar nichts kläre und alles schlimmer werde, sagt er lapidar.

Warshak unterscheidet sorgfältig: die ganz normalen »Ausrutscher«, die jedem Menschen unterlaufen. Jedem/jeder Ex passiert es, Ärger auf den anderen/die andere auch vor den Kindern zu zeigen. Das, so sein Tenor, kommt in den besten Familien vor. Das ist menschlich und nicht zu verhindern. Und es ist etwas völlig anderes als jenes »Scheidungsgift«, das den Kindern nahezu systematisch verabreicht wird und auf eine Schwächung und Störung der Beziehung zwischen Kind und Mutter/Vater zielt.

»Scheidung fügt einem Kind nicht automatisch Schaden zu«, sagt er. Wenn aber ein Kind dahin kommt, einen nachweislich liebevollen, kontinuierlich sorgenden Elternteil nicht mehr sehen zu wollen; ihn oder sie aus dem eigenen Leben heraushalten, zu Festen nicht einladen zu wollen: Dann kann dies das schlimme Ergebnis einer Entfremdung sein, die, wie Warshak sagt, die »Wahrnehmung aller liebevollen Gefühle und Erinnerungen an diesen Elternteil aus dem Bewusstsein herausgewaschen« hat. Ein Elternteil – wohlgemerkt, der seine eigene Liebe und Fürsorge bewiesen und selbst nichts dazu beigetragen hat, aus dem Leben des Kindes geworfen zu werden. Zwar werde, schreibt Warshak, die Entfremdung meist nicht total. Aber sie »färbt die Beziehung ein«.

Was tun? Wie reagieren? Wie umgehen mit diesen Spannungen; mit der nur zu verständlichen ohnmächtigen Wut, die ein Kind erlebt, das so einer Entfremdungs-Kampagne ausgesetzt ist? Ein Kind, das systematisch in eine Beziehungsverwirrung getrieben wird und somit nicht nur Gefahr läuft, dem einen Elternteil, sondern auch sich selbst entfremdet zu werden. Permanent in der Loyalität mit sich selbst gestört. Wie umgehen mit Beschimpfungen und Verleumdungen, die man aus dem Munde des Kindes über sich selbst hört, und die von »unfähig« bis zu »psychisch krank« reichen können?

Ninas Vater hat über die Jahre den Versuch nicht aufgegeben, ihr ein schlechtes Bild ihrer Mutter einzureden. Das ist Gift in hoher Dosis, wenn man bedenkt, dass sie seit dem fünften Lebensjahr die Hälfte der Zeit bei ihm lebt.

Da sind die Montage, an denen Nina nach einer Woche beim Vater zurückkommt zu Johanna. »Als sie klein war, hat er die Übergaben immer zu einem großen emotionalen Drama gemacht – als wäre es jedes Mal ein ganz großer Abschied und sie würden sich für Jahre nicht wiedersehen.« Gute Übergänge dagegen – so Warshak – sind etwa, wenn einer das Kind zur Schule bringt, der andere es abholt. Wenn der Abholende eine Zwischenzeit für den Übergang einräumt, bevor man nach Hause geht. »Ich habe mir, als sie etwas älter war, angewöhnt, Nina zu Fuß von ihm abzuholen. Das ist eine Dreiviertelstunde. Nach ungefähr fünfzehn Minuten kommt man an einem Brombeergebüsch vorbei. Immer wenn wir dort waren, fingen die Dinge an, aus ihr herauszubrechen: Papa hat gesagt, du wärest einfach weggegangen und hättest mich ihm weggenommen! Papa hat gesagt, ich darf nicht mehr zu dir kommen! Und so weiter. Ich habe die Dinge damals aufgeschrieben, immer mit dem Gefühl: Das alles glaubt mir sowieso niemand.«

Ich frage Johanna nach den Notizen, die sie von Ninas viertem bis achtem Lebensjahr gemacht hat. Als Nina vier war, heißt es da etwa: »Papa sagt, ich dürfte dich nicht mehr sehen. Weil er dich nicht mag.« – »Papa sagt, Opa ist nicht nett. Oma auch nicht. Immer wenn ich von den Großeltern käme, bin ich ein böses Mädchen.« – »Papa sagt, ich müsste mehr Freunde mit krausen Haaren haben, die wären viel besser als Jungs mit glatten Haaren.« – »Papa sagt, ich müsste für immer bei ihm bleiben. Das will ich aber nicht. Ich hab Angst vor Papa, weil er so schlecht über dich spricht.« – »Papa sagt, die Deutschen würden Leute umbringen, auch Kinder.« Das Thema, dass die Deutschen »böse Verfolger« seien, zieht sich durch.

Die meisten dieser Sätze oder Dinge könnte man – wenn sie einmal passieren würden – als »Ausrutscher« betrachten. Das, was zu jener tief sitzenden Erschütterung führt, die Gardner »Parental Alienation Syndrome« nennt, ist die – wie hier – über Jahre geführte Attacke. Der konstante, nicht nachlassende Versuch von Johannas Exmann, dem Kind die Mutter und das Leben mit ihr schlechtzureden und dem Kind seine eigenen authentischen Gefühle auszureden.

»Papa will nicht, dass ich weine oder jammere«, hat Johanna den O-Ton der Siebenjährigen festgehalten. In diesem Alter schaut er mit ihr eine Holocaust-Dokumentation. »Er will immer, dass ich ihm zuhöre. Ich selbst darf nicht lange reden und auch nicht in ein anderes Zimmer gehen.« Als Johanna in dieser Zeit aus beruflichen Gründen einen Umzug in einen anderen Staat erwägt, machen die Gerichtspsychologen einen Hausbesuch bei beiden Eltern und sprechen auch mit Nina. Das Ergebnis steht in Johannas Notizen: »Die Mutter hat gute

Gründe, anzunehmen, dass der Vater versucht, ihr das Kind zu entfremden. Er scheint Nina auf seine Seite ziehen zu wollen, ohne Rücksicht auf die Beziehung zwischen Kind und Mutter. Statt zu kooperieren, geht es ihm darum, sie zu beschuldigen und alle Fehler bei ihr zu suchen.«

Natürlich hängt Nina an ihrem Vater, sagt Johanna. »Er nimmt sich ja auch Zeit für sie. Er hat ihr immer schöne Dinge geschenkt, sie verwöhnt. Sie besuchen seine Familie. Aber er ist emotional nicht gut für sie.« Ninas Vater hat sein Kind konstant mit seiner eigenen Feindseligkeit »gefüttert«. Diese Mischung aus Trotz und Trauer und Abweisung malt sich oft auf Ninas Gesicht. Immer wieder, erzählt Johanna, käme Nina nach der Schule »maßlos aggressiv« nach Hause. Oft richtet sich dann die ganze Wut gegen sie – und das ist natürlich der Moment, an dem Johanna irgendwann auch an ihre Grenze kommt. »Ich halte sie, tröste sie – aber wenn es sich dann total gegen mich richtet, wird es mir auch zu viel. Dann brauchen wir Abstand voneinander.«

Richtig schlimm wurde die Attacke, als Johanna vor fünf Jahren eine neue Beziehung einging. Johanna und Sven kannten sich schon ein paar Jahre, bevor sie ein Paar wurden. In den Notizen wiederholen sich dieselben Dinge immer wieder: »Papa sagt, Sven sei böse, weil er seine Frau und seine Kinder verlassen habe und jetzt Zeit mit mir, einem fremden Kind, verbringt.« – »Papa sagt, Sven wirkt nur so, als sei er nett, aber in Wirklichkeit ist er es nicht. Ich will ihm das nicht glauben.« In dieser Zeit, erzählt mir Johanna, sei sie entschlossen gewesen, die positive Beziehung, die ihre sechsjährige Tochter zu Sven hatte, nicht zerstören zu lassen. »Er und ich kannten uns ja schon drei Jahre. Wir waren wirklich gute Freunde geworden, bevor wir zusammenkamen. Bevor ihr Vater anfing, schlecht über ihn zu sprechen, mochte Nina ihn und fand sogar, ich solle ihn heiraten.«

Einmal, erzählt sie, habe sie sich in eine stille Ecke des Kindergartens mit Nina gesetzt, ihren Freund auf ein Blatt Papier gezeichnet und zu Nina gesagt, sie dürfe alles, was ihr zu ihm einfalle, aufschreiben – auch negative Dinge. »Schreib ›lustig‹«, sagte Nina, und dann: »Dass er nett ist, darf ich nicht schreiben, sonst wird Papa böse. Er hat Ehebruch begangen und es steht in den Zehn Geboten, dass man das nicht darf.« Es kam schlimmer: Gegenüber dem Jugendamt und der Polizei erhob Ninas Vater den haltlosen Vorwurf, Sven würde sich an Nina vergreifen.

Mir wird immer klarer, warum sich Johanna dieses strikte Verhaltensmuster des »ganz nah Dranbleibens« am Kind erworben hat: um mit dem Halt, den sie geben kann, maximale Stabilität anzubieten, nachdem der Boden, auf dem Nina steht, jede Woche neu ins Schwanken gebracht wird. Eine wahre Sisyphus-Arbeit. Auch etwas anderes – was ich vorher schon zu wissen meinte – sehe ich jetzt noch deutlicher: Dies ist kein »Rosenkrieg«. Es ist ganz und gar nicht das, was Außenstehende, die sich mit so mühsamen Fällen nicht beschäftigen wollen, gern abhandeln unter: »Zu so was gehören immer zwei.«

Nein – sagt auch Richard Warshak. Es gibt – leider gar nicht so selten – diese Konstellationen, in denen ein Partner nicht darauf verzichten kann, seine eigene Enttäuschung und Frustration in einen Rachefeldzug zu übersetzen – und dabei das wirksamste aller Mittel einzusetzen, das Kind.

Wie aber kann man sich zu solchen Unterstellungen und Lügen verhalten?

Natürlich gilt es – je nach Alter des Kindes –, Dinge richtigzustellen. Warshak sagt aber auch: Lassen Sie sich nicht ins Gegenargumentieren oder Verteidigen hineinziehen, sonst wird die Lage für das Kind, das zwischen den beiden Welten zerrissen ist, unerträglich schwer. Fragen Sie Ihr Kind, wie es sich dabei fühlt, wenn ihm diese schlechten Sachen erzählt werden. Sagen Sie ihm, dass es Ihnen leidtue, dass es das hören und erleben muss.

Distanz halten. Tief Luft holen. Einmal berichtete Nina ihrer Mutter: »Papa hat gesagt, du seist schon als Kind gemein gewesen.« Johanna rückte zunächst die Dinge zurecht: »Ich glaube, Papa kann nicht wissen, wie ich als Kind war. Er hat damals in Amerika gelebt und ich in Deutschland.« Vor allem aber habe sie Nina in den Arm genommen: »Ich habe ihr gesagt, dass ich jetzt besser verstehe, warum sie manchmal so wütend auf mich ist – wenn sie all diese negativen Sachen mit sich herumschleppen muss.«

Ninas Vater ist eine zentrale Figur in ihrem Alltag. Wo soll sie also die Möglichkeit einer Distanzierung überhaupt hernehmen? Er kauft ihr Kleider und sieht, wie sie Hausaufgaben macht; er gestaltet Abende und kocht Mahlzeiten mit ihr; führt Gespräche und teilt ihr seine Werte mit. Rein äußerlich sieht sie als – wenn auch hellhäutige, blauäugige – Afroamerikanerin ihm ähnlicher als ihrer Mutter. Die Zugehörigkeit zu dieser Welt hat sie von ihm und teilt sie mit ihm. Ihre Identität ist eng mit ihm verbunden.

Er habe, so Johanna, eine Art, mit nicht nachlassender Intensität auf den anderen einzureden und sein Gegenüber nicht zu Wort kommen zu lassen. Manchmal, wenn der Druck zu groß wird – »wenn er wieder mal findet, sie solle mit meinen Freunden keinen Umgang haben« –, bricht Ninas absolute Verzweiflung durch: »Ich wünschte, mein Vater würde mich nicht so anschreien.« Aber natürlich ist die Bindung zu ihm stark. »Ich habe sie auch nie infrage gestellt«, sagt Johanna. »Aber dass er ohne Rücksicht seine eigene emotionale Befindlichkeit über Nina auslebt, ist ungeheuer belastend.«

Wer sich in so einer Situation in vornehmer Zurückhaltung übe – zum Beispiel, um sich nicht auf dasselbe Niveau zu begeben wie der beschimpfende Ex-Partner –, riskiert, das Kind im Stich zu lassen. Gerade wenn es klein ist, mag man sich in der Illusion wiegen, man könne es heraushalten. Entscheidend kann eine dritte Instanz werden – jemand von außen wie ein Therapeut, der dem Kind in einer für sein Alter richtigen Sprache erklären kann, wozu die Wut über eine zerbrochene Beziehung manche Erwachsenen führen könne. Er kann von einem unabhängigen Standpunkt aus dem Kind helfen, auf die eigene Situation zu blicken: »Was wirst du tun, wenn dein Vater/Mutter versucht, dir die Liebe zu Mutter/Vater auszureden?«

»Es wäre so wichtig für Nina, so jemanden zu haben«, sagt Johanna. Aber ihr Vater stimmt einer Therapie nicht zu und kann sie, via Sorgerecht, tatsächlich verhindern. So muss Johanna selbst diese Instanz sein, die Empathie und Mitgefühl in schier unbegrenztem Ausmaß zur Verfügung stellt; eigene Verurteilungen ebenso zurückhält wie Gefühle von Verletztheit und Wut. Sie darf selbst nicht ausflippen, die Beherrschung verlieren. Sie muss dem Kind seine Liebe für den anderen Elternteil zugestehen. Kraft einsetzen, um den sicheren Hafen und eine positive Atmosphäre zu schaffen. Für gute gemeinsame Erfahrungen sorgen, die ihrer beider Bindung stärken. Für Johanna ist das manchmal fast übermenschlich schwer. Hätte sie nicht diese Wochen für sich allein und vor allem einen Partner, der sie unterstützt; hätte sie nicht therapeutischen Beistand für sich selbst – »ich weiß nicht, wo ich dann jetzt stünde. Diese Schlechtmacherei über Jahre schwächt einen unglaublich. Die Attacken sind dazu angetan, einen von anderen zu isolieren, und irgendwann ist man zermürbt. Standzuhalten ist unglaublich schwer.«

Aber es gibt keine Alternative. Und die Zeit läuft. Nina hat diese eine Kindheit – eine andere wird es nicht geben. Würde das Leben jetzt nur noch im Zeichen von Sorgerechtsstreit geführt, angstvoll fokussiert auf den abwesenden Elternteil, hätte die Negativität gesiegt. Richard Warshak rät dazu, dem Kampffeld nicht zu viel Raum zu geben, sondern, wo immer möglich, auch eine gute Zeit miteinander zu haben.

»Da sind die Zugfahrten zum Beispiel…«, sagt Johanna. Miteinander reisen, spielen, lesen, basteln. Briefe schreiben. Zeit mit schönen Dingen anfüllen. Die guten Momente in Worte fassen und bewusst machen. Die schwierigen Themen vielleicht indirekt aufgreifen – indem man mit anderen Leuten über ähnliche Situationen spricht. Je nach Alter der Kinder, sagt Warshak, könne man mit ihnen die schwierigen Themen auf einer unpersönlichen, eher grundsätzlichen Ebene verhandeln: etwa, dass sich Menschen nahe sein können, ohne dieselbe Meinung in allem haben zu müssen.

Nur zu oft haben die »Vergiftungen« ja noch einen konkreten Zweck: Sie sollen im Streit um Sorgerecht und Umgang das Kind gegen den verunglimpften Partner einnehmen. »Ich lebte immer mit der Angst, sie zu verlieren«, sagt Johanna. Wer mit so unfairen Methoden kämpft, ist nicht berechenbar. Und die Instanzen bei Gericht sind auch nicht berechenbar. »Seine soziale Position ist hoch – wenn jemand nicht macht, was er will, versucht er es oft mit Drohungen. Niemand will sich mit ihm anlegen.« In jenen Phasen, wo beim Gericht verhandelt wurde, stand so viel auf dem Spiel.

Einmal nahm ihr Exmann Ninas Weinen bei der Übergabe heimlich mit einem Gerät auf – mit der Absicht, es beim Gericht als Argument dafür zu verwenden, dass das Kind mehr bei ihm sein müsse.

Und was, wenn es ihm dann doch irgendwann gelungen wäre, Nina gegen sie aufzubringen?

»Mit jedem Jahr, das vergeht, nimmt diese Angst ab«, sagt Johanna. Doch die Anstrengung, immer ganz nah am Kind dran zu sein; zu trösten, zu halten, und nicht zuletzt davon abzusehen, was das alles mit ihr selbst macht – das war und ist ein ungeheuer hoher Preis dafür, die »kleinste Familie« als einen heimischen Ort gerettet zu haben.

»Ich glaube, die schlimmsten Jahre sind überstanden ...« Johanna zögert. »Das sage ich mit aller Vorsicht.«

♦

Zwei Jahre sind seit unserem Kennenlernen vergangen. Einmal hatte ich zwischendurch in Los Angeles zu tun – und wieder nahmen die beiden die weite Fahrt auf sich, um sich für eineinhalb Tage mit uns zu treffen. Johanna erzählte bei diesem Treffen von Plänen, mit ihrem neuen Partner und dessen Kindern zusammenzuziehen, die ihrerseits teils bei der Mutter, teils bei ihm leben. Sie wollten gemeinsam ein Haus suchen. In der Zwischenzeit haben sie nun tatsächlich eines gefunden.

Nun ist es Frühjahr 2015. Wir sind abends in San Francisco verabredet. Und da steht sie – Johanna, blonde Zöpfe, feste Stimme –, und zwischen uns ist eine Vertrautheit spürbar, die mit mehr zu tun hat als mit den drei oder vier Besuchen. Sie und ich, wir sitzen in einem ähnlichen Boot, kennen die Fahrten auf der manchmal zu stürmischen See des Alleinerziehens unter schwierigen Bedingungen. Wir umarmen uns. Nina ist nicht dabei. Obwohl lange vorher angefragt, war ihr Vater nicht bereit, das Wochenende zu tauschen. So gibt es noch ein bisschen Zeit, am Ort anzukommen. Johanna macht uns zuliebe einen Umweg über die Golden Gate – was für eine kalifornische Begrüßung!

Wir kommen in dem Stadtteil an, in dem Johanna und Sven mitten in einer kleinen, verschachtelten Siedlung – Höfe dazwischen, Palmen – ein zweistöckiges Häuschen angemietet haben. Sven, Johannas netter Partner, mit Wuschelkopf und schönen blauen Augen, hilft die Koffer tragen. Alles ist hell und bunt. Das sind meine ersten Eindrücke, als ich den großen Wohnraum betrete. Hinten im Raum liegt eine Küchenzeile, davor steht ein Aquarium, überall Bilder an den Wänden, ein Klavier. Vor der Glasfront nach draußen, wo eine Treppe in den kleinen Garten führt, steht ein großer Hundekorb. Ein gutes Haus für eine Patchwork-Familie, denke ich, als Sven uns die Treppe hochführt – dort ein Zimmer für seine Kinder, hier Ninas Zimmer, ganz oben sie beide. Ein Haus voller Nischen, das auch kleine Fluchten erlaubt. Seit einem halben Jahr wohnen sie nun hier – in wechselnder Besetzung. Svens Kinder sind meist am Wochenende auch da.

Nachdem die erste Nacht vorbei ist, wir die ersten Kaffees getrunken und Geschichten erzählt haben, merke ich, wie anders die Atmosphäre in diesem Patchwork-Haus im Vergleich zu Johannas letzter Wohnung ist. Unter dem neuen Dach hat diese »kleinste Familie« Raum und Luft und einen neuen, stabileren Boden gewonnen. Eine Prise Übermut ist jetzt im Gespräch mit Johanna dabei – so, als könne sie sich etwas so Luxuriöses wie Humor und Entspannung allmählich wieder leisten.

Als wir später nur zu zweit am Tisch sitzen, bestätigt sie meinen Eindruck. »Sven ist sehr, sehr unterstützend… Ich hatte Bedenken vor einer neuen Beziehung und hoffte, mindestens drei Jahre mal alleine zu sein. Es wurden dann vier, und für diese Jahre bin ich echt dankbar. Ich war in dieser Zeit oft einsam, aber immer froh, nicht abhängig von einem Mann zu sein und meine Freiheit genießen zu können.«

Sie wird ganz lebhaft in der Erinnerung an diese Zeit. Es ist spürbar, für wie unerlässlich sie nicht nur den Befreiungsschlag erachtet, aus einer destruktiven Beziehung entkommen zu sein, sondern auch die Erfahrung der Freiheit danach. »Man weiß dann fürs Leben, dass man jederzeit wieder weggehen kann«, sagt sie nachdenklich. »Wenn ich abends im Dunkeln alleine heimlief und mir Gedanken über meine finanziell prekäre Situation machte, habe ich mir oft gesagt, ›frei wie ein Vogel‹. Meine Wohnung war meine Festung. Und in meinen alten Freunden hatte ich eine wichtige Anbindung an das ›Ich‹, das davor auch schon da gewesen war.«

Sieben einschneidende Jahre trennten sie von diesem »alten« Ich. Nun war sie junge Mutter – und laufend mit der Frage beschäftigt, wie sie die neue Lebenssituation auch für Nina zu einer positiven machen könnte. »Sven war ja zunächst einfach ein guter Freund geworden. Das alleine hat schon viel geholfen. Ich meine, Vertrauen zu einem Mann auf Freundesebene zu fassen! Es war gut, einander über so lange Zeit kennenzulernen, ohne in Beziehung zu sein. Um ihn herum konnte ich immer einfach so sein, wie ich bin. Ich fühlte mich verstanden – unsere Dynamik, Weltanschauung und Interessen, das passte zusammen. Aber auch unsere Herkunfts- und Scheidungsgeschichten …« Johanna hält inne und lacht. »Ja, genau! Wir lachen auch viel miteinander.«

Ich schaue mich um, blicke durchs Fenster ins dschungelartige kalifornische Grün. In der Nacht hatte es geregnet, und nun blinkt alles im Sonnenlicht wie frisch gewaschen. Die Zeichen stehen auf Neuanfang, oder? »Nun ja …« Johanna ist nicht der Typ, der Dinge schönfärbt. »Viele innere Probleme und Ängste wurden erst wach, als wir dann in Beziehung waren … Davor habe ich einfach überlebt und ein gewisser Teil von mir kam gar nicht zum Tragen. Vor allem am Anfang musste ich viel neu lernen – aber wir haben die Ängste und Konflikte, die aufkamen, durchgesprochen. Ich musste überhaupt erst mal verstehen, dass dies oder jenes nicht so läuft wie in meiner letzten Beziehung. Das war ein sehr heilsamer Prozess, hat allerdings viel Geduld von Sven gefordert. Die hat er glücklicherweise.«

Ist sie denn froh, dass die Zeit der »kleinsten Familie« in gewissem Sinne vorbei ist? Johanna wiegt den Kopf. »Ich weiß noch so gut, wie es war allein zu sein – und etwas daran will ich wirklich nicht aufgeben: Zeit zu haben mit Menschen außerhalb der Partnerschaft. Freundschaften zu genießen. Es ist mir wichtig, trotz der Beziehung eine gewisse Unabhängigkeit zu bewahren. Dass wir nicht immer im Zweierpack kommen, sondern noch viel Zeit für einzelne Freunde haben.« Vielleicht, meint Johanna, sei sie da auch ein bisschen anders als die amerikanischen Frauen. »Familie, und vor allem: Partnerschaft haben hier noch mal einen höheren Stellenwert als bei uns.« Familie sei in Amerika der Dreh- und Angelpunkt des Daseins.

Familie als feste Burg: »Es ist eine Gesellschaft, in der man viel Wert auf diese private Welt legt. Wer das geschafft hat – mein Haus, mein Hund, mein Garten –, hat sich seinen amerikanischen Traum erfüllt.« Johanna und ihr Freund sind beide in Europa aufgewachsen. Für Johanna ist es weder ein amerikanischer noch ein deutscher Traum, jetzt wieder wie eine »richtige« Familie zu leben, sondern schlicht ein Glück, dass sie nun eine Lebens- und Wohnform für die nächste Runde gefunden haben.

Oder ist es nicht doch die Erfüllung eines Traums? Sich als kleinste Familie in eine größere, neu gegründete Familie zu betten, ohne die Zweisamkeit ganz aufgeben zu müssen? Die kleine Form in einer größeren Form aufgehoben zu wissen, ohne aber die Kraft und Beweglichkeit der kleinsten Familie zu verlieren?

»Das Zusammenleben klappt so weit wirklich gut, sogar besser, als ich gedacht hätte. Svens Kinder mag ich sehr gerne. Wir waren vor dem Zusammenziehen in Therapie, um es uns und den Kindern zu erleichtern – und obwohl wir generell gut miteinander klarkommen, war das enorm hilfreich.« Johanna ist froh über die Beziehung und ihre guten, positiven Anteile: »Ich habe durch Sven gelernt, mich selbst viel mehr zu mögen.« Aber sie steht nicht unter dem Druck, nun eine neue Familie um jeden Preis »inszenieren« und vor allem nach außen demonstrieren zu müssen. Sven ist ja selbst Vater. Seine Kinder hängen sichtlich an ihm – mitunter regelrecht an seinem Hals, so groß sie sind. Sie sind zwei »Kleinstfamilien« – zwei kleine Einheiten, die sich vorsichtig unter einem Dach zu etwas Drittem zusammengetan haben.

»Vorsichtig« bleibt für Johanna dennoch ein Schlüsselwort. »Vertrauen zu fassen, war auf der bewussten Ebene sehr leicht – auf der unbewussten dann aber sehr schwierig. Unglaublich, was da noch so alles in einem schlummert.« Johanna schaut mich an. »Und es geht ja immer weiter. Bei mir gibt es noch einige Baustellen, glaube ich. Bei Sven auch, aber weitaus weniger. Er muss ganz schön geduldig sein… Wenn ich an die Anschuldigungen denke, die Ninas Vater gemacht hat, aber auch an meine eigenen Probleme oder daran, wie Nina sich manchmal benimmt, dann finde ich schon: Ich habe irrsinniges Glück mit ihm.«

Gleich kommt eine Musikschülerin, und so unterbrechen wir unser Gespräch. Als ich dann oben mit meinem Buch sitze, höre ich unten im Wohnzimmer stockend, aber schön, ein Bach-Menuett: Die Schülerin auf der Geige wird von Johanna auf dem Klavier begleitet. In einem anderen Raum probt Sven auf der Gitarre. Das bunte Haus beherbergt eine Musikerfamilie. Musik passt gut zu jener Leichtigkeit und Lebensfreude, die ich hier verspüre; der Verbindung von Zugehörigkeit einerseits, einem Stück innerer Freiheit andererseits, an dem Johanna und Sven sich versuchen. Sie zwängen ihr Zusammenleben in kein festes Bild. Versuchen nicht, ihr Leben passend zu machen für einen Familienstandard. Auch dies, denke ich, ist eine mögliche Konsequenz aus den Verletzungen und Verunsicherungen, die man aus einer zerbrochenen Familie mitbringt – dass man in der nächsten Runde nichts erzwingen, sondern einfach versuchen will.

Und es passt, denke ich, auch gut nach Kalifornien, das schon immer das »etwas andere Amerika« war: mit einer Vielfalt an Lebensentwürfen. Ein Ort, wo Freiheit großgeschrieben wird.

♦

Am Mittag nimmt Johanna mich mit in ihren Lesekreis. Die Frauen dort sind alle irgendwann mal aus Deutschland hergekommen und suchen auf ihren regelmäßigen Treffen die Gelegenheit, in ihrer eigenen Sprache miteinander zu sprechen, über Literatur und andere Dinge des Lebens. »Ich kenne fast nur Frauen, die allein mit ihren Kindern sind«, sagt mir

Johanna, »geschiedene Frauen also.« Was eben damit zusammenhinge, meint sie, dass traditionelles Familienleben eine größere Rolle spiele als in Deutschland. »Es ist schwierig, nah an Familien heranzukommen. Enge Freundschaften unter Frauen sind weniger üblich als in Deutschland. Und wenn man sich mit einem Mann befreundet, heißt es gleich: Wollen die was voneinander?« Ihre engsten Freundinnen sind weiterhin aus Deutschland.

Der Tisch ist reich gedeckt; Lachs, Salat, Kuchen, es sieht verlockend aus. Ich werde herzlich begrüßt. Alle interessieren sich für mein Thema. Christine ist in Leipzig aufgewachsen und kam aus beruflichen Gründen her, allein mit Kind. Sie erinnert sich noch gut, wie es war, als sie mit ihrer dreijährigen Tochter ankam: »Die Leute haben sich abgewandt, ich war abgestempelt. Die Familie hier ist ausgerichtet auf zwei Erwachsene, von denen meist die Frau gar nicht arbeitet.« Das ist die Situation in einer Wohngegend der Besserverdienenden. Annas Mann, der ein Alkoholproblem hat, ist schon lange weg – aber sie erhält erst jetzt Geld vom Staat, da es nun sicher ist, dass er weder zurückkommt noch sich um das Kind kümmert. Aber Anna, die ihre Kindheit noch in der DDR verbracht hat, sagt von sich: »Ich habe hier Heimat gefunden! Für meinen Sohn sind die Freunde hier wie Familie geworden.« Sie sieht glücklich aus und ist auch wieder neu gebunden.

Ich erinnere mich, dass Johanna erzählt hatte, wie schnell die Freundinnen eine, die Single geworden ist, auffordern und ermutigen, wieder auszugehen und jemanden kennenzulernen – »damit es dir wieder besser geht«. Das in Deutschland durchaus geläufige Unabhängigkeitsideal mancher Frauen, auch »ohne Mann gut auszukommen«, sei hier weniger üblich.

Johanna verabschiedet sich kurz – sie geht Nina von ihrem Vater abholen. Ich bin gespannt. Als Nina eine halbe Stunde später, eng an ihre Mutter geschmiegt, hereinkommt – noch größer, noch schlanker geworden –, sehe ich gleich, dass es ihr nicht gut geht. Die riesigen Augen, die meist nur kurz auf dem Gegenüber verharren, schauen unglücklich und abwesend. Heute ist ein Übergangstag – und Übergangstage sind, wie ich ja mittlerweile weiß, meistens schwer. Wir rücken alle die Stühle zurück, schnappen unsere Jacken und machen einen Spaziergang ans Meer. Die Stadt ist weiträumig, besteht aus flachen hübschen Holzhäuschen. Je weiter wir aufs Meer zukommen, desto heftiger zerrt der Wind an den Kleidern. Aber in Kalifornien hat sogar ein Wintersturm noch etwas Mildes an sich.

Nina hat sich eng an ihre Mutter geschmiegt. Mittlerweile sind die beiden fast gleich groß. Das, was sie heute traurig gemacht hat, erzählt sie zunächst nur ihrer Mutter. Sie hatte kleine Kolibris in einem Nest gesehen. Einen Tag später war einer tot gewesen – wie war das passiert? Schon ist ihr eigenes emotionales Unglück mit dem des Vogels verwoben. Johanna hält ihr eine Hand im Rücken. Am Strand fliegen kleine Schaumfetzen über den Strand – wie Schnee aus Meerwasser. Nina und Noëmi rennen über den Strand, Nina immer tiefer ins Wasser. »Wenn sie das Wasser berührt, kommt etwas in ihr zur Ruhe«, sagt ihre Mutter.

Zurück zu Hause stürzt Nina sofort zum Hundekorb: Mattie! Der junge Hund ist seit zwei Jahren ein ganz wichtiger Mitbewohner. Später am Abend kommen auch Svens Kinder heim. Eine kurze Insider-Konversation zwischen den Jugendlichen: »Nina, was ist mit Doktor Who?« Sie zeigen ihr neue Stifte, die sie gekauft haben. Ein Augenzwinkern, dann verziehen sie sich in ihre Zimmer.

♦

Bevor wir uns nach dem Abendessen zum »Activity«-Spielen zusammensetzen, hockt sich Nina vor ihre Mutter hin zu einem notwendigen Abendritual: Ihre dunkelblonde Mähne muss gebändigt werden – zurzeit in zahllosen dünnen Zöpfchen, die Johanna mit atemberaubender Geschwindigkeit flicht. »Nina, sprich Deutsch«, sagt sie unermüdlich. Immer wieder bricht Nina aus der fremderen Sprache aus, kehrt ins Englische zurück. Aber das Spiel bringt ans Licht, wie gut ihr Deutsch ist. »Gefrierpunkt«. »Wendekreis«. Das sind Wörter, die sie kennt und mit denen sie umgehen kann. .

Wieder einmal denke ich: Wie viele Welten in ihr schlummern! Sie, die zwischen zwei Eltern, zwei Kontinenten, zwei Sprachen und sogar zwei unterschiedlichen Ethnien aufwächst, kann es gar nicht »leicht« haben mit ihrer Identität. Bei so getrennten, voneinander unterschiedlichen Welten tut Integration not: ihr helfen, Identität als einen Ort zu schaffen, in dem all die Gegensätze Platz haben. Statt Abgrenzung laufend zu verstärken, wie es ihr Vater tut, der negativ über Ninas »anderes Leben« spricht. In mir ist inzwischen viel Verständnis dafür gewachsen, dass sie, die ihr ganzes junges Leben zwischen zwei Welten einrichten musste, die sich kaum berühren, noch stark auf Trennung und Abgrenzung programmiert ist.

Als wir an einem der Tage mittags zusammen in der Stadt essen und Nina völlig absorbiert ist von ihrer Abwehr und Ablehnung eines schreienden Babys am Nebentisch, kommt das Gespräch zufällig auch auf ihren Vater. Sie weist mich zurecht: »Du darfst nicht Daddy sagen, wenn du über ihn sprichst. Er ist mein *Vater.*« Was steckt wohl alles hinter diesem verletzten Blick, dem Rühr-mich-nicht-an, der explosiven Überempfindlichkeit?

Nina nimmt ihr Recht auf Abgrenzung mit Vehemenz in Anspruch. Zum Glück gibt es auch die ganz anderen Momente: jenen, als wir die Mädchen losschicken, damit sie sich Kekse zum Nachtisch holen können. Dann passiert es, dass Nina alle Kontrolle und Anspannung loslässt und einfach mit Noëmi zusammen ein albernes, kicherndes, fröhliches junges Mädchen ist.

Integration ist zweifellos das, was Johanna im Sinn hat, wenn sie versucht, das ganze emotionale Drama aufzunehmen, es anzunehmen und zu beruhigen. Die gerade entstandene Welt der Patchwork-Familie hilft sichtlich dabei: Ist sie doch selbst ein Bild für Integration. Für Verschiedenheit, die sich unter einem Dach findet.

◆

Am nächsten Morgen werde ich wach von einem heftigen Rumoren im Raum. Es ist dunkel draußen. Noch nicht sieben Uhr, aber Nina hockt fertig angezogen vor dem Hundekorb, wo sie Mattie für den Morgenspaziergang anleint. Dann ist Johanna im Raum und kocht Tee, während einer nach dem anderen von der restlichen Familie reintappt und Cornflakes mampft. Türengeklapper, besetzte Bäder, hektisch umgepackte Schulranzen: Morgenbetrieb in einer größeren Familie. Nina sitzt jetzt still auf ihrem Platz. Sie spricht mit ihrer Mutter über Mattie, den diese heute zum Tierarzt bringen wird. Mattie ist in den zwei Jahren, die er mit ihnen lebt, ein Familienmitglied geworden – nicht nur für Nina, sondern auch für Johanna. Mit Mattie fing die »kleinste Familie« an, größer zu werden. Auch er war ein Schritt auf dem langen Weg des Sich-Herausarbeitens aus einer vergifteten Lebenslandschaft.

Nachdem Johanna den Hund beim Tierarzt abgegeben hat – und bevor wir selbst weiterreisen –, machen wir zusammen noch einen langen Spaziergang am Strand. Erst jetzt, nach zwei Jahren Bekanntschaft, erzählt Johanna erstmals, wie Ninas Vater im ersten Jahr der Trennung nachts vor ihrer Jalousie gestanden habe, um sie zu beobachten. Dass noch heute immer wieder Luft aus ihren Autoreifen gelassen werde. Dass einmal eine Schraube so am Reifen montiert gewesen sei, dass beim Anfahren der Reifen platt gewesen wäre, wenn sie es nicht vorher bemerkt hätte. Dass einmal bei der Rückkehr von einer Reise das Türschloss mit Büroklammern verstopft und auch nicht zu reparieren gewesen wäre. »So etwas passiert in der Regel, wenn ihm etwas in der Mail-Kommunikation nicht gepasst hat«, sagt Johanna. Sein Versuch, Sven zu denunzieren, sei zwar damals gescheitert – aber natürlich hätten der Prozess und die Gespräche mit der Polizei bei allen Beteiligten Narben hinterlassen.

In meiner Vorstellung ist dies Leben zwischen zwei so verschiedenen Welten ein ungeheurer Stress. Wie soll man je dabei entspannen? Johanna ist nicht ganz einverstanden: »Für mich war immer klar, dass es für Nina auf jeden Fall besser ist, zwischen ihm und mir zu wechseln, statt in einer missbräuchlichen Umgebung aufzuwachsen. Denn das wäre es ja gewesen, wenn ich mit ihrem Vater zusammengeblieben wäre.« Hinter dies Wissen, das ihr ja auch half, die Trennung zu vollziehen, musste sie nie mehr zurück. Es half auch, diese Jahre durchzustehen. Dann die Kämpfe um das Umgangsrecht. Als Nina acht war, erhielt der Vater durch ein Gerichtsurteil seinen Willen: genau 50 Prozent der Zeit wurden ihm zugestanden. Johanna war einerseits schockiert, weil sie es ungerecht fand. Aber es sei auch nicht nur schlecht gewesen, sagt sie. Seine Aggressionen ließen etwas nach – »und damit der Druck auf sie«. Sie fügt hinzu: »Etwas anderes beschäftigt mich oft: Der Schaden, den er über all die Jahre angerichtet hat, die Intrigen, die Manipulation – er hat ja nie irgendetwas davon bereinigt. Das ist alles noch da.«

Als Nina fünf war, war Johanna eine Doktorandenstelle im anderen Teil des Landes angeboten worden. Das Gericht setzte fest, dass »wenn die Mutter umzieht, das Kind beim Vater bleibt«. Zunächst, sagt Johanna, sei dies eine harte Nuss für sie gewesen. Auch wenn sie es von heute aus betrachtet in Ordnung findet, an dem Ort geblieben zu sein, an dem sie sozial gut vernetzt sind. Wenn sie wählen könnte, würde Johanna gern wieder in Deutschland leben – die Möglichkeit gibt es aber, solange Nina mit ihr lebt, nicht.

Es war immer harte Arbeit, den Faden zu Nina stark genug zu spinnen. »Aus dieser Art von Konflikt gibt es keinen schnellen Weg heraus.« Inzwischen weiß sie das. Es gibt auch keine schnellen, vielleicht überhaupt gar keine, Antworten auf konsequent destruktives Verhalten. Denn anders als in anderen Beziehungen im Leben kann man sich vom anderen Elternteil des eigenen Kindes nicht ganz und gar trennen. Aber dass es keine »Lösung« gibt, bedeutet ja nicht, dass das Unglück erstarren muss. Dafür ist Johanna ein gutes Beispiel. Was aussichtslos aussieht und sich nicht »löst«, kann sich trotzdem in etwas anderem »auflösen«. Johanna und Nina sind Teil von etwas Größerem geworden, besser: Johanna hat dafür gearbeitet, dass sie Teil von etwas Größerem werden konnten. Mir kommt das Bild einer Matrjoschka in den Sinn: Eine »kleinste Familie«, in einer größeren geborgen.

»Sie mir zu entfremden – das jedenfalls hat er nicht geschafft«, sagt Johanna. »Aber ganz ist meine Angst noch nicht gebannt. Auch wenn ich eigentlich nicht glaube, dass das noch passieren wird.«

♦

Ich klopfe an Ninas Zimmertür: Die Mädchen liegen auf dem Boden mit Ninas Mathebüchern. Ich hocke mich für eine kurze Zeit hinzu. »Bist du froh, jetzt im neuen Haus ein eigenes Zimmer zu haben?« Sie verzieht kurz das Gesicht. »War eher komisch, kein eigenes zu haben.« Nina hat viele Hobbys: malen, zeichnen, Klavier spielen, lesen. Im kommenden Sommer werden Johanna und sie für die Ferien nach Deutschland reisen. »Oh ja, ich freue mich auf – wie ist noch mal das Wort für everywhere? Auf überall. Auf alles. In Deutschland gibt es mehr Landschaft … aber leben will ich in Amerika. Ich bin Amerikanerin.«

Lebhaft wird Nina, wenn man sie nach den Dingen fragt, die sie nicht mag. Davon gibt es viele. Sie nennt sie »schaurig« – und erschauert auch immer ein bisschen, wenn sie an die schaurigen Sachen denkt: Clowns. Schreiende kleine Kinder. Die Hippies und Obdachlosen, die es in ihrem Städtchen auch gibt. »Warum sind sie denn so schaurig, Nina?« – »Sie machen mir Angst.« Die blauen Augen rollen. Grimassen des Schreckens wechseln sich mit solchen des Übermuts ab. Bald wieder kugeln sich die Mädchen vor Lachen über irgendetwas, das kein Außenstehender versteht. Gossip Girls … »Schlecht reden über andere macht manchmal Spaß«, beharren sie. »Man muss nichts dafür tun. Das kommt ganz von selbst und ist sooooo einfach.« Und wieder Lachausbrüche.

Es wird Zeit, die Mädels unter sich zu lassen. Okay, okay, ich geh ja schon. Hier meine letzte Frage für heute: Wer gehört zu deiner Famillie? »Mom und Dad, meine Großeltern und Cousinen und Onkel und Tanten …« – Zögern. Augenrollen. Dann mit fester Stimme: »Die Leute, mit denen ich hier lebe … und Mattie!«

♦

Noëmi und ich reisen die Küste hinunter, noch einmal nach Los Angeles. Um dort ein kleines Gartenhäuschen in einem der schönsten Stadtteile anzumieten. Es ist eine Wunscherfüllung: Ein zweites Mal ist es möglich geworden, für einige Monate in Kalifornien zu leben.

Carol bewohnt ihr schnuckliges Häuschen allein. Niedrig duckt es sich unter Bäumen, etwas von der palmenbestandenen Straße zurückgelegen, und dehnt sich dafür nach hinten in den Garten aus.

Sie hat uns ihr Häuschen vermietet, weil sie – wie sie sagt – einen »soft spot for single moms« habe: ein weiches Herz für alleinerziehende Frauen. Für zwei Monate in einer Gegend wohnen zu dürfen, die man sonst nur aus dem Fernsehen kennt, mit Rasen so grün, dass er unwirklich erscheint; mit so viel Luft und Himmel um sich herum, wie man sich nur wünschen kann, mit nickenden Palmen und am Ende der Straße dem Blick aufs Meer – das ist eine Art Kurzzeit-Erfüllung des amerikanischen Traums. Wer hier lebt, hat richtig Geld. »Mein Haus, mein Hund, mein Garten« – wie Johanna sagte – auf hohem Niveau. Kein Anwesen ist hier weniger als drei Millionen wert. Man könnte manches befremdlich finden: dass man die Bewohner, egal zu welcher Tages- oder Nachtzeit, nur sieht, wenn sie ihren Rasen sprengen oder mal mit dem Hund gehen. Den ganzen Tag in den Straßen sichtbar sind ihre Bediensteten: die mexikanischen Gärtner, Kinderfrauen und Handwerker. Zugleich ist Carol mir gegenüber so großherzig, dass ich nur staunen kann: Für einen Spottpreis lässt sie mich, die sie kaum kennt, für Monate in ihrem Gartenhaus wohnen. Wir leben in dem Garten, auf den Carols Schlafzimmer hinausgeht – so weit hat uns Carol in ihre »privacy« eingelassen.

Carol selbst ist in diesem Stadtteil eine von 6,5 Prozent alleinerziehenden Müttern. Im Osten der Stadt gibt es Bezirke, in denen die Alleinerziehenden in der städtischen Statistik mit über 60 Prozent angegeben sind: Hier leben überwiegend hispanische, also aus Zentralamerika, meist Mexiko stammende Familien. 41 Prozent der Alleinerziehenden-Haushalte in Amerika leben in Armut. 8 Prozent mehr als im Jahr 2000. Und damit ist oft extreme Armut gemeint. Von dieser sind hispanische und schlecht ausgebildete Frauen stärker betroffen als weiße. Und damit auch vom sozialen Stigma. Hier trennt der Riss nicht so sehr die »vollständigen« von den »unvollständigen« Familien, sondern die sozial gut gebetteten Alleinerziehenden, überdurchschnittlich oft weißen Alleinerziehenden von den oft in Armut lebenden, nicht-weißen Single Moms.

Geld – ein riesiges Thema. Kalifornien hat eine hohe Rate an Armen. Keine 20 Kilometer stadteinwärts von hier leben 23 000 Menschen auf der Straße. Alleinerziehende, die Alkoholismus oder ein Strafdelikt unter Alkoholeinfluss in ihrer Akte stehen haben, haben keine Chance auf Sozialhilfe. Wenn ein Ex-Partner keinen Unterhalt zahlt und nachweislich keine Arbeit hat, kann es lange dauern, bis der Staat in Vorleistung geht.

Alleinerziehen ist nie gleich Alleinerziehen. Das gilt überall – aber in Amerika noch krasser als anderswo. Die Bandbreite ist größer. Wie das Leben als Alleinerziehende ist, hängt grundlegender und abgründiger von Hautfarbe, sozialem Status und Geldbeutel ab – wobei diese Faktoren auch untereinander wieder zusammen- und voneinander abhängen. Wer in Los Angeles mexikanischer Herkunft ist, wohnt mit recht großer Wahrscheinlichkeit in bestimmten Vierteln. Vermutlich gibt es so manche »kleinste Familie« in L. A., die schon die Frage nach dem glücklichen Leben als schlechten Witz empfände.

Hineinwachsen ins Eigene.
Das komplizierte Ordnen der Dinge

Noëmi war nervös. Sie würde in dieselbe Schule in Los Angeles zurückkehren, auf der sie schon vor zwei Jahren gewesen war, aber nun als Achtklässlerin. Auf der Middle School, die nur Schüler von der sechsten bis zur achten Klasse hat, bedeutete dies, dass sie nun zu den Großen gehörte. Würden die Lehrer wieder so herzlich sein wie vor zwei Jahren? Würde jemand von den Mitschülern sie erkennen? Oder würde sie überhaupt einer ganz neuen Gruppe zugeteilt werden?

Die Schule ist ein großer Campus aus einstöckigen Gebäuden, gebettet in die exotisch grüne Landschaft aus alten Bäumen und Palmen. Noëmi erinnert sich noch gut an die weiten Wege, die sie damals als Sechstklässlerin an einem Schultag immer zurückgelegt hatte, zwischen Schließfach, Klassenzimmern, dem Sportplatz für den täglichen Sportunterricht, der Schulfarm, auf der sie Gartenarbeit lernte.

Als ich sie mittags hole, strahlt sie. Ein schwarzer Mitschüler – ein witziger, bei allen beliebter Junge – hatte durch die ganze Klasse gerufen: »She's back!!«, und sie umarmt. Auch hat sie ihre Lieblingslehrerin wieder, die die Schulfarm leitet. Ausgiebig erzählt sie mir am Nachmittag von allem. Wann würden wir das erste Mal an den Venice Beach fahren? Wann die Pelikane am einsamen Strand besuchen? Alles fühlte sich gut an für mich, und wir genossen die freien Stunden zusammen. Ich war glücklich, dass alles »gut lief«.

Aber auch ein guter Übergang ist ein Übergang – wie ich später am Tag merken sollte. Und dieser war sicher einer, der für sie größer und schwieriger war als für mich. Abends hantierte ich in der improvisierten Küche des Gartenhäuschens – eine Herdplatte, minimale Ausstattung –, um Abendessen zu kochen. Geschirrspülen war nur im Badezimmer möglich. Noëmi hockte am Tisch und sagte plötzlich mit etwas zittriger Stimme: »Mama, ich muss dir was sagen… mach dich drauf gefasst, es wird mir nicht immer in dieser kleinen Küche gefallen, da werde ich auch mal drüber schimpfen.« Sie merkte, dass ein Gewitter im Anzug war – da brach es schon los. Ich hatte kaum die Dinge auf den Tisch gestellt, die sie mochte; kaum ein paar Tortillas auf ihren Teller geladen, da stimmte plötzlich alles nicht mehr. »Das nennst du warmes Essen? Ich brauche WARMES Essen! Hast du gesehen, wie die Schublade klemmt? Das GIBT'S doch gar nicht! Was ist das für eine SCHEISSküche.«
Die Tomatensoße gab ihr den Rest. »Die ist SCHARF!!!« Stimmt. Ich hatte sie in den Einkaufswagen geladen, halb gedankenlos, halb deshalb, weil ich selbst scharfe Soßen mag. Und dies war nun der schlechteste Zeitpunkt dafür, keine andere Soße im Haus zu haben.
»Ich will dieses Leben nicht mehr! Ich will nicht hier sein! Das ist schrecklich!« Mein Versuch, die Soße mit Sahne abzumildern, war zum Scheitern verurteilt. Was hier anrollte, war eine Lawine, und ich hatte die erste Bewegung nicht bemerkt.

Ich ließ sie über mich hinwegrollen. Aß meine Tortilla fertig und fing an, aufzuräumen. Noëmi war verschwunden. Sie hatte die Tür zwischen den beiden Räumen zugezogen. Ich setzte mich mit einem mulmigen Gefühl vor den Fernseher. Sie hatte gesagt, dass es noch Hausaufgaben zu tun gab, und ich wusste, wie wichtig ihr ein guter Einstieg in der Schule war. Nach einer halben Stunde ging die Tür auf. Noch bevor ich verstanden hatte, was sie wollte, hatte sie schon die Fernbedienung genommen und den Fernseher ausgeschaltet. »Hey, hey«, unterbrach ich, »das geht so nicht.« Ich schnappte mir das Gerät und schaltete das Fernsehen wieder an. Sie nahm sich aus dem Essensregal die Chipstüte, warf sich nebenan aufs Bett. Jetzt war ich verärgert – und nahm sie ihr weg. Das war zu viel. Sie explodierte.

Hätte ich in dem Moment bedacht, was ich ja eigentlich wusste – ihre Dünnhäutigkeit am heutigen Tag und die besonderen Umstände überhaupt –, dann hätte ich sie einfach in Ruhe gelassen. Aber ich war weder gelassen noch distanziert, stattdessen verärgert darüber, dass sie (warum auch immer) einfach hereinmarschiert war und mir den Fernseher ausgemacht hatte. Ohne innezuhalten, war ich ihrer Aufforderung zum Kampf gefolgt – und stand jetzt in der Arena. Noëmi tobte, war außer sich. Sie holte sämtliche Bestandteile unseres gegenwärtigen Lebens und zerriss sie in der Luft. Alles kam dran – nichts war mehr gut. In ihrem Körper tobte die Wut, es sprengte sie förmlich – sie nahm ein Buch auf, warf es durch den Raum, griff zu Schimpfworten, ging auf mich los.

In seinem Buch »Brainstorm. The Power and the Purpose of the Teenage Brain«[19] beschäftigt sich der Neuropsychologe

Daniel Siegel mit diesen »Stürmen im Hirn« von Teenagern. Die Zeit zwischen dem 12. und 24. Lebensjahr, sagt er, sei die schöpferischste Zeit im ganzen Leben – mit dem Drang und der Fähigkeit, die eigenen Grenzen in alle Richtungen zu dehnen und auch zu überschreiten. Genau dies macht die Jugend auch zur gefährlichsten Zeit. Hirnphysiologisch gibt es eine Neigung zu Rausch und Ekstase – Gefahren nicht sehen, weil die »Belohnung« im Hirn für den Rausch so groß ist, dass man diesen Rausch provoziert. In der Option, Grenzen permanent weiter hinauszuschieben, ist die konstruktive Möglichkeit ebenso enthalten wie die destruktive. Wie begegnet man dem, fragt Siegel. Wie dabei helfen, Unfälle zu vermeiden? Sind Überbehüten und Kontrollieren nicht angesagt während dieser scheinbar schrecklichen Jahre, die es (ohne größeren Schaden) zu überstehen gilt?

Nein, sagt Siegel: nicht überstehen, sondern bestehen. Und sie im Gegenteil nicht verstehen als schreckliche Jahre, sondern als äußerst wichtige Zeit, in der Wesentliches in höherem Maße vorhanden sei als vorher und nachher – der Hunger nach Neuem, das kreative Talent, die enorme emotionale Offenheit und die Bereitschaft zu sozialem Einsatz. Wenn man es richtig macht, so Siegel, können Jugendliche mit der Hilfe der für sie zuständigen Erwachsenen diese Kräfte zur Grundlage für ihr ganzes weiteres Leben machen.

Half mir das für den Moment? Und was heißt schon »richtig machen«? Es half mir dahingehend, dass ich wusste, dass die Heftigkeit solch einer »emotionalen Überflutung« typisch ist und dies nicht der Moment für Diskussionen war und erst recht nicht für Machtkampf. Ich hatte auf Autopilot umgeschaltet: Jetzt geht es darum, Schaden zu begrenzen. Ich halte das wütende Kind, das sich »nicht einkriegt«, an den Handgelenken fest. Nein, du machst hier nichts kaputt. Stopp. Ich halte dich. Irgendwann dann Weinen. Erschöpfung. Ins Bett gehen.

Jetzt hieß es: warten auf einen »unkritischen Moment«, an dem beide wieder offen und entspannt genug wären, um diesen Streit im Gespräch anzugehen. Am nächsten Morgen saßen wir im Auto auf unserem täglichen Schulweg – dem schönsten aller Schulwege, auf dem Sunset Boulevard, mit der Sonne auf der Windschutzscheibe. Zum Beispiel Autofahren, schreibt Dan Siegel, kann eine gute Gelegenheit sein, um beiläufig etwas anzusprechen. Wir sprachen nicht viel, beide noch unter dem Eindruck des letzten Abends. Aber Noëmi erzählte mir etwas: wie sie nachts aufgewacht und aufgestanden war und tatsächlich ihre Mathehausaufgaben gemacht hatte. Sie erzählte das mit leisem Stolz – und natürlich war ich platt. Damit hatte ich nicht gerechnet. Das war neu. Sie hatte im Gefolge des »Wutrauschs« ihre Grenzen also auch in eine konstruktive Richtung gedehnt. Dass sie mitten in der Nacht der Müdigkeit widerstanden hatte – darüber staunte ich.

Wenn ein Gewitter über einen hinweggefegt ist – ein heftiger Streit, Gebrüll, möglicherweise Beschimpfungen und knallende Türen: Dann ist es das Normalste der Welt, die Ruhe zu genießen. Erleichtert aufzuatmen und wieder zu sich zu kommen. Etwas, das vermutlich alle Eltern teilen. Und doch. Trotz der nur allzu berechtigten Erleichterung steckt – je nachdem, wie man weiter mit dieser Ruhe nach dem Sturm umgeht –

darin ja auch eine Gefahr. Darüber hatte ich schon häufig nachgedacht und fand es nun in Daniel Siegels Buch bestätigt. Legt man so einen heftigen Ausbruch schnell wieder beiseite, geht schnell wieder zur Tagesordnung über, erliegt man auch der Illusion, das, was hinter uns liegt, sei tatsächlich »vorüber«. Was natürlich nicht stimmt. Wenn Dinge eskalieren, gibt es danach einerseits etwas »aufzuräumen«. Und andererseits auch etwas besser zu verstehen: den »ernsten Kern« und tieferen Grund des Streits nämlich.

An diesem Tag las ich weiter in »Brainstorm« und versuchte, es auf unseren jüngsten Krach zu beziehen. Ich hatte Noëmi mit der Chipstüte eine Zuflucht, eine »schnelle Rettung« genommen – was sicherlich unklug gewesen war, aber im Kontext meines Erlebens ja berechtigt. Sie hatte mir den Fernseher ausgeschaltet in der selbstverständlichen Annahme, ich stünde sofort fürs Gespräch zur Verfügung und sie habe das Recht, die Bedingungen zu schaffen.

Das war die Ebene von Respektsgrenzen. Ich hatte mich spontan dagegen gewehrt, dass sie diese ignorierte. Aus meinem Ärger war ich auf die Ebene des Machtkampfs gegangen – und hatte ihr ebenfalls etwas weggenommen. Mit Abstand zum Ganzen konnte ich jetzt mehr und mehr auch den verzweifelten Kern der Wut spüren. Hier ging es womöglich um ihr eigenes Ankommen in diesem Alltag auf Zeit. Darum, dass sie Dinge anders erlebte und anders verarbeitete – und anderes brauchte.

Machtkampf ist in meinen Augen eine Art Verengung des Gesamtbildes. Wenn sich alles reduziert auf zwei gegnerische Positionen, die sich im Zeichen von »richtig oder falsch« be-

kämpfen, dann hat das Bild keine Weite mehr und keine Anbindung an Zusammenhänge. Machtkämpfe passieren – Eltern und anderen, man ist ja weder ein Heiliger noch völlig
gleichgültig. Aber wie weitermachen, wenn es passiert ist? Ich
war im Rückblick auf unseren Krach froh, dass ich die Macht-
kampfebene wenigstens schnell wieder verlassen hatte: sie in
ihrem Ausbruch nicht weiter bekämpft, sondern eher zu »halten« versucht hatte, bis der Wut-Rausch vorüber gewesen war.

Nun aber war Zeit vergangen, und ich konnte das »größere
Bild« zu sehen versuchen: ihre Auseinandersetzung mit dieser erneuten Auszeit in Amerika. Die sie zwar begrüßt, aber
nicht selbst gewählt hatte – eine Zeit, vor der ihr auch mulmig
gewesen war im Blick darauf, dass sie kein eigenes Zimmer
haben würde. Und das war ja nicht alles: Hinzu kam, dass die
Erschwernis der »kleinsten Familie« – sich gegenseitig als einziges Gegenüber zu haben; einander auf Gedeih und Verderb
ausgeliefert zu sein – jetzt ja noch einmal zugespitzt war: Unsere Freunde von zu Hause waren nicht greifbar. Jeder emotionale Strom musste durch den Kanal einer einzigen Beziehung
geleitet werden.

Inzwischen fragte ich mich auch Folgendes: ob nicht ein
Kind, dessen »sichere Festung« aus nur einem Elternteil besteht, heftiger als andere an diesem Elterngebäude rütteln
muss – um wirklich glauben zu können, dass auch das auf weniger Pfeilern ruhende Gebäude wirklich standhält? Noëmi
rüttelt gar nicht so oft – aber wenn, dann so, dass meine Ver-
ankerung im Boden durchaus mal bebt. So, dass auch die
Grenzen meiner Kräfte herausgefordert sind und ich sie erweitern muss, um standhalten zu können. Und erst langsam lerne

ich, die Wucht dieser Konflikte nicht geringzuschätzen. Diese Wucht an Gefühlen, an Kräften und durchaus auch »Kraftausdrücken« zunächst aushalten zu können, kostet viel. Und dann zu wissen, dass diese »emotionalen Muskeln« sowohl Erholung als auch Training brauchen – und Auszeiten für mich; Gespräche mit guten Gesprächspartnern; gute Bücher – das wird mir erst allmählich klar.

Was aber nun heißt es, so eine Situation gut zu »bestehen«? Bringt es wirklich etwas, dem Impuls zu widerstehen, das Geschehene schnell zur Seite zu drängen? Worin genau liegt die Gelegenheit zum Wachstum? In Daniel Siegels Buch ist dieser Gedanke fast eine Beschwörung: dass man schlimme Momente nicht ungenutzt verstreichen lassen sollte, weil sie es sind, in denen ein Stück Beziehung auf dem Spiel steht – und sich die künftige Beziehung entscheidet.

Siegels Stichwort lautet »Mindsight«, achtsame Aufmerksamkeit und die »Fähigkeit, die inneren Abläufe wirklich wahrzunehmen und zu verstehen«. Er spricht vom »inneren Meer«, das jeder Mensch in sich trage. Mit diesem »Meer« an Gefühlen und Impulsen nicht einfach »identisch« zu sein, sondern es mit Abstand betrachten zu können, ist, laut Siegel, die Voraussetzung aller gelingenden Beziehungen; nicht zuletzt der Beziehung zu sich selbst. Dabei geht es nicht um kritische Bewertung. Sondern darum, seine eigenen Stürme anzuschauen – statt sie schamhaft zu verdrängen. Sie nicht als peinliche Ausbrüche zu nehmen, über die man gar nicht mehr nachdenken will. Innenschau, also die Betrachtung des eigenen inneren Meeres, führt zu Verständnis für sich selbst. Die Bereitschaft, auch das »Meer im anderen« zu betrachten, führt zu Empathie.

Das Ziel dieses sorgsamen Blicks auf sich und den anderen schließlich ist Integration. Jedes Wachsen ist Integrieren: ein Geschehen ins Bewusstsein zu holen und es zu einem Baustein im Erfahrungsgebäude zu machen. Den einen Baustein neben die anderen Bausteine zu setzen. Nicht verdrängen also. Nicht einfach nur erleichtert sein, wenn eine Lawine runtergerauscht ist.

Wohlgemerkt, leicht finde ich das nicht. Es kostet Kraft und Überwindung. Am Abend im Bett gab ich mir einen Ruck. »Was war das jetzt eigentlich gestern?«, fragte ich – nun, da ich Abstand hatte und nicht mehr einfach nur identifiziert war mit Verletzung und Verärgerung. Und sie erzählte die ganze Geschichte. Wie sie gestresst davon gewesen war, dass ich nach der Schule nicht genau das mit ihr unternommen hatte, was ich am Morgen angekündigt hatte: mit ihr shoppen zu gehen. Sie hatte mich bei einem Jeanskauf beraten wollen. Stattdessen hatte ich überlegt, gebrauchte Fahrräder für uns zu kaufen – etwas, das sie nicht interessierte. »Und dann kamen wir nach Hause, und dann diese Küche, und das scharfe Essen! Später, als du am Fernsehen warst, hab ich auf dem Bett Hausaufgaben gemacht, und dann war ich fast fertig und wollte, dass du mir bei etwas hilfst – und als ich dann ankam, hast du nur vor dem Fernseher gesessen und gar nicht kapiert, was ich wollte. Okay, dachte ich, nicht so schlimm, war mich gerade am Beruhigen. Und dann kamst du rein und hast mir die Chips weggenommen, das Einzige, was ich dann hatte! Dann konnte ich einfach nicht mehr! Ich halte es nicht aus, hier nichts zu haben, was NUR MIR gehört! Ein Ort, der nur meiner ist – an den ich mich zurückziehen kann und wo du nicht bist und wo niemand anders ist!«

Im Erzählen kommt Noëmi sich selbst auf die Spur. Erzählen kann eine Weise sein, das »innere Meer« anzuschauen. Im Erzählen kann sie verstehen – und mir erklären –, wie die Dinge miteinander zusammenhängen. Wie alles schlimmer geworden und in der Verzweiflung darüber gemündet war, keinen eigenen, ganz persönlichen Ort zu haben.

Ich hörte zu. Ließ alles wirken. Sagte nur wenig dazu. »Hör zu, das mit dem Ort kann ich gut verstehen. Den müssen wir morgen finden. Das andere ist: Wenn du in so einem Moment mit Worten und mit Dingen um dich schmeißt, geht mehr kaputt, als du überblicken kannst. Das tut dann weh und braucht Zeit, bis es wieder aufgeräumt ist.« Ich hörte, wie sie nickte. Dann schliefen wir ein.

♦

Am nächsten Morgen – sie hatte sich ihr Frühstück allein gemacht; wir hatten friedlich im Auto über dies und das geredet – dachte ich noch viel über die Situation nach. Von der Schule kam sie mit dem Schulbus, und ich holte sie für den letzten halben Kilometer nicht mit dem Auto ab, sondern trug ihr die schwere Tasche. »Du bist echt keine amerikanische Mama, sondern eine richtig europäische«, lacht sie. Wir schlendern durch die palmengesäumte Straße mit den kleineren und größeren Villen.

Sie erzählt mir eine Geschichte von ihrer Lieblingslehrerin. Als wir bei unserem Haus angekommen sind, knüpfe ich noch einmal an den Abend an: »Wo richten wir jetzt eine Zone ein, die du nur für dich hast? Wie stellst du dir das vor?«

»Ich muss einen Ort haben, wo du mich nicht sehen kannst. Mich nicht anschauen, nicht durch mich durchgucken – wo ich unsichtbar für dich bin.« Fast nicht möglich in zwei Räumen, in deren einem die Küche untergebracht ist und wo vom anderen das Bad abgeht. Kreativität siegt: Noëmi schiebt im eingebauten Kleiderschrank ein paar Kleider von mir zur Seite: »Hier will ich mich zurückziehen können, wenn gar nichts mehr geht.« Sie sagt: »Es ist ja gar nicht so, dass ich keine Nähe will. Im Gegenteil: Immer, wenn heute in der Schule irgendwas war, dachte ich: Das will ich Mama erzählen. Und dann fiel mir ein: Wir hatten ja Krach gestern Abend. Das war gar nicht gut.« Es gehe, sagt Daniel Siegel, für Jugendliche ja darum, stetig ihren Spielraum an Freiheit und persönlicher Unabhängigkeit zu erweitern. Es geht um Unabhängigkeit als Richtung – nicht als Ziel an sich. Nicht um ein totales Losgelöstsein von den Erwachsenen.

Noëmi entschuldigt sich für ein Schimpfwort, das, wie wir beide wissen, jenseits des Akzeptablen lag. Ich denke an Siegels Gedanken, wie wichtig es sei, die »Kommunikationskanäle« zwischen uns und unseren Kindern offen zu halten: Kanäle, die logischerweise immer mal wieder verstopfen. Damit der oder die Jugendliche diese turbulenten Jahre bestehen kann im Wissen, dass es tatsächlichen Rückhalt in der Erwachsenenwelt gibt. Ich denke auch an den einen »klugen und starken Erwachsenen«,[20] von dem die Bindungsforscher Grossmann/Grossmann sprechen, der für jedes Kind unverzichtbar sei: Diese eine Person muss es geben – und sie muss klug und stark sein und also bereit, sich von den anbrandenden Attacken und Krisen tatsächlich »prüfen« zu lassen. Denn es sind

Prüfungen, da mache ich mir inzwischen nichts mehr vor; und nicht selten sehe ich erst nachher klar, wie das »richtige« Verhältnis von Festigkeit und Beweglichkeit ausgesehen hätte.

Man könnte es auch einfacher ausdrücken: Wie wichtig es ist, während solch eines Konflikts nicht lockerzulassen. Nicht einzuknicken. Für das einzustehen, wovon man überzeugt ist. Wenn Pubertät eine Ausnahmezeit im Leben ist – so meine ich zu verstehen –, dann nicht in dem Sinne, dass man ein Ausnahmeverhalten dauernd entschuldigen, sprich, nicht ernst nehmen sollte – im Sinne von »Gehirn wegen Umbau geschlossen«. Sondern so, dass man sich die Mühe macht, den fordernden und herausfordernden Jugendlichen mit eigenen Kräften zu begegnen. Weder aufgeben noch nachgeben – sich selber geben, so oft man kann.

Ich muss ehrlich gestehen, dass es mir schon ein paarmal die Sprache verschlagen hat angesichts von Grenzüberschreitungen, über die sich Noëmi vielleicht selbst erschrocken hat. Ich habe dann schon mal eine Entschuldigung von ihr zunächst verweigert: Ich will jetzt nicht mit dir reden. Ich muss das erst mal verdauen, was du mir hier geboten hast. Manchmal braucht es Zeit, bis man das »Meer in sich« und im anderen betrachtet und eine Entscheidung gefällt hat. Wenn es wichtiger ist, stehen zu bleiben, als umzufallen, kann es sein, dass ich mir auch mal Zeit und Bedingungen nehmen muss, die ich brauche, um wieder klar zu sehen.

Das lohnende Ziel heißt Integration. Ist das Geschehene integriert, in die eigene Person und in die Beziehung, kann man wieder – wie Siegel schön sagt: »die Unterschiede ehren«. Genug Verständnis und Aufmerksamkeit für sich selbst und den anderen (die andere) aufgebracht haben, dass man dann wieder dessen/deren Andersartigkeit wertschätzen kann. Wie die Sehnsucht, mir den Schulmorgen zu erzählen, die Noëmi so schön ausgedrückt hatte. Die Sehnsucht, als zwei getrennte und unterschiedliche Wesen einander nah zu sein. Unterschiede nicht nur zu ertragen, zu tolerieren, nein, sie zu ehren.

Erst jetzt kann ich entspannen.

Ein Kampf ist nicht schon dann bestanden, wenn sich die »Krieger« – in diesem Fall die Wut und die aggressiven Kräfte – zurückgezogen haben. Das Gelände nachher gemeinsam sichten und neu vermessen gehört unbedingt dazu.

◆

Es ist Ende Februar. Unsere zweite Los-Angeles-Zeit nimmt langsam Form an. »The Oscars«: Das ist eine Welle, die Los Angeles immer im Februar ergreift. Einmal schon hatten wir das vor zwei Jahren erlebt: heiße Diskussionen um die nominierten Filme, lange Kinoabende, die Spannung, die in den Tagen der Verleihung der begehrten Filmpreise so in der Luft lag, dass die Vergabe sogar auf dem Wochenmarkt Thema war, schließlich eine Oscar-Party. »Alle die Stars sind jetzt ganz in unserer Nähe«, sagt Noëmi aufgeregt an diesem Februar-Tag, an dem es – in dieser regenlosen Stadt – heute in Strömen regnet, »ist das nicht unglaublich?« Es wäre eine halbe Stunde Autofahrt auf dem Sunset Boulevard bis hinein nach Hollywood, aber die Absperrungen, das wissen wir, sind weiträumig, und wir würden kaum zu denen gehören, die eingelassen würden. So sitzen wir gespannt vor dem Fernseher.

Wir sind nun seit zwei Wochen hier. Was den Stand meiner Forschungen zur Alleinerziehenden-Situation in Amerika betrifft, bin ich eher frustriert. Beim ersten Stöbern in öffentlichen Bibliotheken und im Internet zu Alleinerziehen und Alleinerziehenden-Familien bin ich vor allem auf Bücher wie »The Single Mother's Guide to Sex and Dating« gestoßen oder: »How to Date if you are a Single Dad«. Dass sich unter der Rubrik »Single Parenthood« vor allem Bücher finden, die den alleinerziehenden Eltern zu neuen Partnerschaften verhelfen wollten; dass ich dann auch im Internet sofort bei Foren lande, die Single Moms und Single Dads Bekanntschaften vermitteln, ist Überraschung Nummer eins.

Mit dem Stichwort »single parent family« war ich sowieso auf dem Holzweg. Dass es deutlich besser wurde mit dem Suchbegriff »single mother«, war Überraschung Nummer zwei: Alleinerziehen wird also gleich den Müttern zugeordnet – die auch in den USA 83 Prozent der Alleinerziehenden ausmachen. Alles in allem: interessante Details – mehr noch nicht.

Aber nun die Oscar-Verleihung. Noch wusste ich nicht, dass sich ausgerechnet das Fernsehen als entscheidende Spur erweisen würde. Während wir die glamourösen Auftritte bewundern und den traditionell emotionalen Dankesworten der Prämierten lauschen, wächst die Spannung. Ich hoffte den ganzen Abend, dass »Boyhood« ausgezeichnet würde: der über zwölf

Jahre hinweg gedrehte Film über die Kindheit und Jugend des Jungen Mason, der mit seiner Mutter Olivia und seiner Schwester allein aufwächst. Zwar gibt es einen etwas schrägen Vater, der manchmal ungeschickt, aber auf seine Weise liebevoll die Kinder aus der Ferne begleitet. Doch die Lastenverteilung ist klar: Es ist die Mutter, die die Kinder großzieht, die wirtschaftliche Last schultert und die emotionale Verantwortung trägt. Extrem beeindruckend verkörpert von Patricia Arquette, die in diesen zwölf Drehjahren von einer jungen blonden Schönheit zu einer Frau wurde, der man die Härten des Überlebenskampfes glaubt; die Verzweiflung über jene Gewalt, die ihr in einer nächsten Ehe zustößt, und die stolze Liebe zu den Kindern.

Dann gewinnt – nicht »Boyhood«, sondern »Birdman«. Aber Patricia Arquette erhält den Oscar als »best supporting actress« für ihre schauspielerische Leistung. Während der Preisverleihung nutzt sie den kurzen Moment, als die Welt ihr zuhört, für ein vehementes Plädoyer für Gleichberechtigung. Es ist ein starker Moment: »Lohngerechtigkeit für die Frauen in diesem Land«, sagt sie eindringlich ins Mikrofon, »Gleichheit für die Frauen in Amerika!« Unten in der ersten Reihe jubelt ihr eine begeisterte Meryl Streep zu.

Es beeindruckt mich, dass Patricia Arquette ihre kostbaren Sekunden nutzt, um den Finger in jene Wunde zu legen, an der ihr Rollen-Ich im Film fast kaputtgegangen ist. Denn natürlich ist dies einer der kritischen Punkte, die das Alleinerziehenden-Glück torpedieren können: die Unmöglichkeit, aus einem Armuts-Kreislauf zu entkommen. Mit ihrem Statement macht Arquette den Schritt von der Film-Wirklichkeit ins Leben.

Als dieser Moment auch gleich am nächsten Morgen im Radio thematisiert und mit Informationen unterfüttert wird – 78 Prozent beträgt der Einkommensdurchschnitt für Frauen, gemessen am Einkommen der Männer; schon im ersten Jahr nach dem College liegt der Verdienst von Frauen sieben Prozent unter dem ihrer männlichen Kollegen –, beginne ich mich zu fragen, wie es in jenen zwölf Jahren, in denen »Boyhood« gedreht wurde, in Amerika um die Sichtbarkeit der alleinerziehenden Mütter bestellt war. Für was steht dieser Film, der versucht, so nah an der Wirklichkeit eines Heranwachsenden und seiner Verhältnisse dran zu sein? Wie repräsentativ ist die hier erzählte Situation?

Endlich bin ich auf einer Spur, die mich weiterbringt. In Statistiken finde ich bald die Auskunft, dass auch in Amerika in den 1990er Jahren die Zahl Alleinerziehender dramatisch in die Höhe schnellte. Ein Drittel aller seitdem geborenen Kinder hatte schon bei seiner Geburt nur einen zuständigen Elternteil. Konservative Politiker geißelten diesen heftigen Wandel in der Familienwirklichkeit: 1992 attackierte der damalige Vizepräsident Dan Quayle die plötzlich die Statistiken sprengenden alleinerziehenden Mütter dafür, dass sie zur Auflösung der traditionellen Familie beitrugen. Die Zielscheibe seiner Attacke war eine TV-Heldin namens Murphy Brown: Quayle schimpfte, sie entscheide sich für das Leben allein mit Kind, als sei dies »just another lifestyle choice« – nur eine von vielen anderen »Lifestyle-Fragen«. In diesen Worten, so rigide und abwertend sie klingen, liegt ja ein ahnungsvolles Wissen darum, dass es der Aspekt der Freiheit, des selbst Gewählten ist, der das konservative Familienmodell wirklich bedroht: wenn

Alleinerziehen mit Selbstbewusstsein als eine Familienform vertreten und als positiv erkannt wird. Mit dieser moralischen Zurechtweisung und der Unterstellung von Leichtfertigkeit und Verantwortungslosigkeit stand Quayle übrigens in einer langen Tradition.

Zehn Jahre später aber waren die Alleinerziehenden in einer fast schon triumphalen Weise in der allgemeinen Sichtbarkeit angekommen. Als »Boyhood« 2002 zu drehen begonnen wurde, reihte sich Olivia ein in eine ganze Schar tougher junger TV-Mütter, die mitunter den täglichen Alleinerziehenden-Überlebenskampf der Ehe vorzogen und die aus dem Alleinsein mit Kind(ern) Erstaunliches machten. Ab den 1990ern tauchten sie, sofort eine Lebenswirklichkeit widerspiegelnd, im amerikanischen Fernsehen auf – ab den 2000ern wurde ihnen regelrecht der rote Teppich ausgerollt. Die Titelliste mit »single moms« im Zentrum ist zu lang, um sie alle hier zu nennen: In Serien wie »Friends« (ab 1994) und »Desperate Housewives« (ab 2004) sowie Filmen wie »As Good as it gets« (1998), »Maid in Manhattan« (2002) usw. spielen alleinerziehende Mütter, konfrontiert mit den vielfältigsten Schwierigkeiten, den Kampf um Freiheiten und ein gutes Leben durch. Aber auch Reality TV investierte ins Thema.

Da war 2004 die junge Latina Contessa Mendoza, die mit Tochter und zwei Pflegekindern irgendwo in Kalifornien in einem heruntergekommenen Häuschen lebte. Der Fernsehsender ABC wählte die damals siebenundzwanzigjährige Sozialarbeiterin für seine Show »Extreme Makeover: Home Edition« als Vorzeigemodell einer alleinerziehenden Mama.

Contessa hatte sich mit kleinem Kind durchs College und zu Bestnoten geackert, bevor sie noch die beiden Jungs in ihren Haushalt aufgenommen hatte. Für diese Leistungen wurde sie jetzt geradezu märchenhaft belohnt: Die Fernsehshow schrieb ihr Leben in sieben Tagen neu. Während die Kleinfamilie zum Urlaub nach Disneyland geschickt wurde, fiel der Bulldozer über das klapprige Häuschen her. Ein Team erbaute stattdessen in Windeseile ein zweistöckiges Haus, in dem der Tochter ein Disney-Meereswelt-Zimmer mit Aquarium, den Jungs ein Hip-Hop-Hangout-Zimmer mit Riesenstereoanlage und Computer und Contessa selbst ein Zimmer mit Whirlpool im Bad geschenkt wurde. Ein Traum, den Alleinerziehende wohl eher nicht zu träumen wagen, wurde wahr: Hier wurde für eine gesorgt, die bisher immer selbst die Versorgende gewesen war.

Die Kraft dieser Filme – auch derer, die nicht auf ein Happy End hinausliefen – liegt nicht in den glücklichen Lösungen, sondern in der durchfantasierten Bandbreite der Möglichkeiten, die den traditionellen Familienbildern entgegensteht. Was hier seinen Weg auf den Bildschirm fand, war die enorme Vielfalt, in der man Mutter sein kann. Wie man sich als Frau, die sich nicht auf Kinderpflege reduzieren will, Kindern zuwendet. »Here I am, Mary Fuckin' Poppins«, zitiert Jane Juffer in ihrem Buch »Single Mother« die gar nicht kinderliebende Samantha aus »Sex and the City«.[21] Auch ein Film wie »Juno« (2007) leistet als differenziertes Statement zum Thema Teenagerschwangerschaften einen Beitrag zum Thema der kleinsten Familie: Während Juno, der Teenager, gut beraten ist, noch keine Mutterrolle zu übernehmen, wächst die von ihr gefundene Adoptivmutter in ihre Rolle auch dann hinein, als ihr Mann sie verlässt.

Und dann ist da die Geschichte von Lorelai aus den »Gilmore Girls« (2000–2007): Einst hatte das Mädchen aus gehobenen Verhältnissen seine Familie beschämt, als es mit sechzehn schwanger wurde. Im filmischen Hier und Jetzt ist Lorelai nun doppelt so alt, und zusammen mit ihrer sechzehnjährigen Tochter Rory ist sie der Inbegriff dessen, was man sich unter einer guten Mutter-Tochter-Beziehung nur vorstellen kann. Beide sind selbstbewusst, tough und humorvoll; witzig und zärtlich miteinander und immer in lebhafter Auseinandersetzung um das rechte Maß an Nähe und Distanz. Die beiden, Lorelai und Rory werden mein Idol für unsere amerikanischen Monate.

Und überhaupt. Ich bin fasziniert: Finde ich nicht genau hier das, was ich suche? Kraftvolle Bilder von »kleinsten Familien« in enormer Bandbreite. Natürlich wäre es naiv, den Triumphzug der Single Moms durchs amerikanische Fernsehen gleichzusetzen mit einem grundlegenden Wandel der gesellschaftlichen Realitäten, oder auch nur Ideale. Denn die treibende Kraft hinter dieser strahlenden Sichtbarkeit war ja – wie wiederum Jane Juffer in ihrem Buch »Single Mother« analysiert – nicht die Politik, sondern schlicht der Markt. Contessas Traumhaus war von der Kaufhauskette Sears finanziert, die während der Sieben-Tage-Show ihre Produkte bewarb und an Contessas neuem Heim zeigte, wie man es »nachbauen« könnte. Nachdem in den 1990er Jahren die Alleinerziehenden-Zahlen explodiert waren, lag hier ein gigantischer neuer Markt vor: Frauen, die vielleicht nicht in der Mehrzahl viel Geld hatten, dafür aber die Freiheit, das Haushaltsgeld komplett allein zu verantworten – die Freiheit, sich und die Kinder nach eigener Regie zu versorgen. Vielleicht sogar mal zu verwöhnen. Im Loblied weiblicher Selbstbestimmung gehen auf einmal Feminismus und Neoliberalismus eine ungewollte Allianz ein.

Und doch: Was als Konsumimpuls begonnen hatte, ist nicht nur darauf zu reduzieren. Im erfindungsreichen Amerika war ein Schatz an Bildern entstanden, die von der Würde einer neuen Wirklichkeit erzählten. Von Kleinstfamilienrealitäten und ihrem erstaunlichen Potenzial: der hohen Beweglichkeit und Offenheit, den Freiheiten. Bilder, die – nicht zu vergessen – in einer nicht unbedingt fortschrittlichen Ära amerikanischer Politik entstanden. Präsident George W. Bushs Reaktion auf den »Alleinerziehenden-Boom« war ein großer Werbefeldzug fürs Heiraten gewesen. Viel Geld wurde investiert, um mindestens statistisch das traditionelle Bild von Ehe und Familie zu stärken. Aber zu spät – die Bilder neuen Selbstbewusstseins waren nicht mehr aufzuhalten.

Natürlich hat die Flut der neuartigen Bilder nicht gereicht, um alte Bilder komplett zu »überschreiben«. Aber ihre Kraft, der mit ihnen verbundene Geist von Infragestellung und Diskussion waren nicht mehr zu vertreiben. Es gibt Möglichkeiten, auch als Kleinstfamilie glücklich zu leben. Die Filmmütter treten mit Selbstbewusstsein und Kampfgeist gegen soziales Stigma an. War es noch vor Kurzem salonfähig gewesen, mit dem Finger auf die »Welfare Moms« und Teenager-Mütter zu zeigen, wird in diesen neuen Filmen und Serien stattdessen mit dem Finger auf die gewiesen, die weiter an den sozialen Ungerechtigkeiten stricken.

»Die Zeiten, in denen man alleinerziehende Mütter als ›welfare queens‹ denunzieren konnte, sind glücklicherweise lang vorbei«, sagt Julie Cederbaum im Gespräch mit mir. Die Professorin an der Social School der USC (University of Southern California) hilft mir weiter bei meinen Fragen zur politischen und sozialen Situation von Alleinerziehenden. In den 1970er und 80er Jahren war das Klischee der Alleinerziehenden als einer meist kinderreichen, minderjährigen, nicht-weißen Frau, die darüberhinaus als »arbeitsscheu« denunziert wurde, nicht nur verbreitet, sondern wurde politisch bestärkt. Angesichts der sprunghaft ansteigenden Zahlen von Alleinerziehenden in den 1990ern läutete Präsident Bill Clinton 1996 zur großen Reform. Stichwort: »Welfare to Work«. Wer staatliche Hilfen, sprich Sozialhilfe, beziehen wollte, musste Arbeitsstunden und Arbeitssuche streng nachweisen. Vor allem ging es bei der Reform darum, »chronische« Sozialhilfe weitgehend abzuschaffen. »Die damit verbundene Hoffnung hat sich nicht wirklich erfüllt«, kommentiert Cederbaum rückblickend. »Wer ohne Ausbildung im Niedriglohnsektor auf den Arbeitsmarkt kam, sollte sich durch ›Welfare to Work‹ weiterqualifizieren und irgendwann in feste Anstellung kommen. Das ist nicht passiert. Sehr viele Alleinerziehende schlagen sich heute mit mehreren kleinen Jobs durch, die immer noch nicht zum Leben reichen.« Das Tückische daran ist also, dass diese Reform den ärmeren Müttern kein Mehr an Sicherheit, aber ein deutliches Weniger an Zeit gebracht hat.

Obama nun ist unter Beschuss von rechts, weil er – in Reaktion darauf – die Bestimmungen der Welfare Reform gelockert hat. »Es war wohl zu drastisch, wie es lief«, sagt mir Julie Cederbaum. »Bei uns wird es den wirklich Armen extrem schwer gemacht, an diese Gelder zu kommen – schon ein Auto zu haben, kann den Anspruch infrage stellen. Dabei hat man ohne Auto keine Chance auf Arbeit.« Die Mieten und Lebenshaltungskosten in Kalifornien sind extrem hoch. »Scham und Stigma sind nicht vorbei«, sagt Cederbaum. Auch wenn seit der großen Finanzkrise die starren Bilder einen Riss bekommen haben. »Man konnte dann schnell sehen, dass nicht jede alleinerziehende Sozialhilfeempfängerin ein armes, schlecht ausgebildetes, dunkelhäutiges Mädchen ist«, ergänzt die Professorin nachdrücklich. »Zu viele weiße Familien haben gemerkt, wie schnell man von der sozialen Leiter fallen kann.«

Ihr Fazit: »Wir geben unser Geld massenhaft überall in der Welt aus – aber wenn man sich anschaut, wie wir in den USA mit dem Mutterschutz umgehen: drei Monate, zwei davon bezahlt, dann muss man sagen, wir sorgen nicht gut für die Leute im Land.«

◆

Was hat das alles mit Johanna zu tun? Und wo steht sie in dieser amerikanischen Alleinerziehenden-Wirklichkeit? Als Kind der deutschen gehobenen Mittelschicht aufgewachsen, hatte sie ihren Beruf in Amerika gelernt. Zwar war sie kein Teenager mehr, als sie sechsundzwanzigjährig mit einem kleinen Kind allein dastand – aber jung, mitten in der Ausbildung, und mit wenig Geld. Jene spezifische Einsamkeit und Härte lagen vor ihr, die oft, zumindest auf Zeit, der Preis für das Alleinerziehenden-Dasein sind.

Auf der Schwelle zu diesem Jahrtausend, so schreibt es Jane Juffer, sei es für eine Alleinerziehende zu einem »Imperativ geworden, sich aus eigener Kraft tragen zu können«[22]. Dieser Imperativ ist in uns alleinerziehende Mütter – ob wir in Deutschand leben oder in Amerika – geradezu eingebaut. Finanziell lag Johannas Einkommen aus dem Instrumentalunterricht knapp über jener Grenze, ab der sie hätte soziale Unterstützung beantragen können. Die in Kalifornien gesetzlich festgeschriebene Überzeugung, dass Kinder bei beiden Eltern ähnliche Chancen haben sollen, bedeutete konkret für Johanna, dass Ninas Vater, der dreimal so viel verdiente, für Nina zahlen musste, bis eine Annäherung der Gehälter erreicht war. Seither bucht der Staat die Summe monatlich von seinem Einkommen ab. Darum hatte Johanna gleich von Anfang an gekämpft. Als abschreckendes Beispiel hatte ihr die frühere Exfrau ihres Mannes vor Augen gestanden, von der er bereits einige Jahre getrennt war, als Johanna ins Spiel kam: Diese hatte keine gerichtliche Regelung verlangt, war krank gewesen und hatte in bedrängten Verhältnissen gelebt – und die gemeinsame Tochter hatte ihre Zeit beim Vater verbracht, wo sie es finanziell besser hatte. »Ich hatte mir geschworen, dass mir das nicht passieren wird«, sagt Johanna. Sie hatte gleich nach der Trennung einen Schnell-Termin beim Gericht beantragt, um die Umgangsregelung baldmöglichst einzuleiten.

Johannas Situation war eine von sozialer Unterlegenheit, weil ihr wesentlich älterer Ex-Partner als Anwalt Karriere gemacht hatte. Hinter ihr liegen harte Jahre – Jahre, in denen sie ein Maß an Anfeindung und Aggression erlitten hat, das nicht ohne Spuren blieb. Sie erzählt von Panikattacken, die auf die dauernde latente Bedrohung zurückgehen. Jahre immenser Anspannung. Jahre, in denen es immer hieß: Aus dem gar nicht Guten das Beste machen. Solange Nina klein war, fand sie es nicht leicht, aus der Isolation herauszukommen. Das Gericht und die dortigen Gerichtspsychologen waren nur eine sehr begrenzte Hilfe: »Unsere Geschichte ist so schwierig, und es ist bekannt, wie unangenehm er werden kann – niemand will sich mit ihm anlegen. Und meine Geschichte wollten die Leute bald auch nicht mehr hören. Es ist alles viel zu kompliziert.«

»Da ist auch Trauer um meine jungen Jahre«, sagt Johanna heute, im Rückblick – Jahre, die sie in emotional derart schwieriger Beziehung und dann im Selbstbehauptungskampf als junge Mutter verbrachte. Jahre, die sie weder der eigenen Ausbildung widmen konnte noch jener »Leichtigkeit des Seins«, das man als junger kinderloser Mensch ja auch genießen kann.

◆

Noëmis und mein Zusammenleben im Gartenhäuschen hat seine Form gefunden. Es war tatsächlich so, wie ich klopfenden Herzens erhofft hatte: dass nach dem Durchstehen zweier heftiger Anfangskonflikte neuer Boden gewonnen sein würde. Jeden Morgen genieße ich das aufs Neue: unser Ausnahmeleben hier, zwar auf (zu) engem Raum, aber dafür inmitten von Palmen, Sonne und Blick aufs Meer und an einem der schönsten Flecken, die ich auf der Welt kenne. Noëmi ist in ihrer Kreativität angekommen. Ich hatte sie vor unserer Abreise überrascht, und – obwohl eine Gegnerin frühzeitiger digitaler Ausrüstung – kurz entschlossen ein iPad besorgt: das zwar meines sein, aber ihr zur Verfügung stehen würde für Filme und Fotos und für ein Stück Eintauchen in ihre eigene Welt.

Ein Gerät allerdings, mit dem sie nicht einfach und überall würde surfen können. Inzwischen hat Noëmi viele Strecken unserer Reise dokumentiert. Eines ihrer Lieblingsthemen ist ihr Zimmer – und so richtet sie virtuell ein, spielt mit Möglichkeiten, dreht Videos nur für sich selbst. Aber auch ganz unabhängig vom iPad hat sie sich bastelnd eine Konstruktion auf Papier erarbeitet, mit der sie ihre Möbel zu Hause herumschieben – und also mit Zuhause beschäftigt sein kann, während sie nicht daheim ist.

Morgens stehen wir auf dem Sunset Boulevard in der langen Reihe der schicken Autos, die sich in den palmenbestandenen Straßen um ihre Schule stauen. Dann sehe ich sie selbstbewusst über den Schulcampus stapfen, bevor ich mein Leihauto in die Schlange der Elternautos einfädele. In der Schule taucht sie wieder ein in eine Schulwelt mit herzlichen Lehrerinnen und einen Alltag, der sich täglich auch aus dem Klassenzimmer heraus auf der Schulfarm abspielt und von wo sie stolz mit Kenntnissen über Pflanzen und Anbau zurückkehrt. Wie ich auch, genießt sie die amerikanische Freundlichkeit und den schnellen Witz. Am frühen Nachmittag kommt sie mit dem Bus – manchmal schimpfend über rabiate Mitschülerinnen, die sich mit lautem »I am soooo sorry« und eisernem Griff ihre Plätze sichern. Mittags holt sie mich in der Bibliothek ab, und wir essen Sandwiches auf der Terrasse.

Wenn ich abends ins Kino gehe, kann es passieren, dass Noëmi sich in letzter Minute dagegenentscheidet und stattdessen allein im Gartenhäuschen bleibt. Meiner hartnäckig über die ersten Wochen verfolgten Idee, gebrauchte Räder zu kaufen, verweigert sie sich. Irgendwann begreife ich, was sie mir auf diese Weise mitteilt: Du kannst nicht mehr ständig mit mir rechnen – zumindest nicht mehr in derselben Weise wie früher. Du kannst auch nicht mehr damit rechnen, dass du alles an mir schnell begreifst.

Pubertät, so verschieden sie sich in verschiedenen Familien zeigt, scheint mir auch etwas wie eine Welle, die das Kind nimmt und davonträgt in ein neues Land; eine Welle, die uns beide davonträgt. Eine Welle, hinter der viel Bekanntes zurückbleibt. Auch das gibt es an einem Wochenende: dass wir uns gar nicht verstehen und gar nicht zusammenkommen und fast getrennt – nebeneinander – zwei Tage verbringen. Aber wenn wir dann wieder ins Gespräch kommen miteinander, stellt sich auch heraus, dass es nicht so sehr um mich ging, sondern einfach um Selbstbehauptung ihrer eigenen Person und ihrer Entdeckungen. Stolz zeigt sie unseren Bekannten das Ringbuch, das sie zu einem genialen Planer, Tagebuch, Sammelordner gestaltet hat.

Wir sind also angekommen – haben uns, jede für sich, einen Platz in einem kalifornischen Alltag auf Zeit eingerichtet. Die Klärungen haben Sinn gemacht und Platz geschaffen für neue Entwicklungen. Noëmi entdeckt eigene Läden. Sie hat eigene Wünsche: einen Ausflug in ein Outlet. Und so landen wir in Downtown L. A. nicht nur im faszinierenden Fabrikgebäude von American Apparel, sondern auch in einer dunkelhäutigen, ärmeren, vollkommen anderen Stadt. Ich sehe sie täglich hineinwachsen in ihr eigenes Leben.

Sie hat das heftige Aufbegehren gebraucht als Voraussetzung, um den Raum ihrer persönlichen Freiheit ermessen zu können. Ich kann das verstehen. Oft, finde ich, sind die klaren »Neins« eine nötige Voraussetzung, um an anderer Stelle klar »Ja« sagen zu können.

Abends sitzen wir oft vor den »Gilmore Girls«. Erst hier entdecke ich die Serie, die ja auch längst im deutschen Fernsehen lief, wie ein persönliches Geschenk an uns beide. Zwei Frauen, die es – bei aller Leichtigkeit – sehr ernst meinen mit dem Leben miteinander und ihrem dicht gestrickten sozialen Netzwerk. »It's a mother-daughter-thing«, sagt Rory zu ihrem ersten Freund, wenn er manche Dinge nicht versteht, oder sie sagt: »Meine Mutter ist meine beste Freundin.« Lorelai erklärt dem ersten Mann, der ihr nach längerem Alleinsein wieder gefällt: »Sie ist mein Alles. Mein Kumpel. Ich würde nie zulassen, dass etwas zwischen mich und sie tritt.« Und obwohl vieles gut läuft, sagt sie die geplante Hochzeit ab: »Du bist in eine Familie reingekommen, verstehst du das? Und ich weiß nicht, was das mit Rory, mit unserer Familie macht.« Es sind die Krisen, die das herausarbeiten, was sie als Familie sind.

Die härteste Probe für diese kleinste Familie aber sind nicht die Männer. Nicht einmal Rorys Vater, der ab und zu auf seinem Motorrad vorbeigeritten kommt und den Lorelai noch gern genug hat, um sogar mal schwach zu werden. Nein, der Härtetest sind immer wieder Lorelais Mutter und ihr eisernes Regiment der guten Manieren und großbürgerlichen Grandezza: jenes Zuhause-Gefängnis, aus dem Lorelai sechzehnjährig ausbrach und das sich immer wieder als die Sollbruchstelle von Lorelais innerer Unabhängigkeit erweist.

Mich begeistern beide – Lorelai mit ihrem schnellen Witz, ihrem rebellischen Kampfgeist, der Verletzbarkeit. Rory, die mir vorkommt, als wäre sie von jenem guten Selbstschutz umgeben, der an Noëmis Schule »safety bubble« genannt wird: eine »Sicherheitszone« um den eigenen Körper herum, die man verteidigen können muss. Aber die beiden leben nicht auf einer Insel, ganz im Gegenteil: Die Serie erzählt vielmehr vom Leben in einem sozialen Netzwerk, in dem ganz unterschiedliche Leute und schräge Vögel füreinander da sind, wenn Bedarf ist – natürlich immer mit einem guten Spruch auf den Lippen. Was mich dann richtig für Lorelai Gilmore einnimmt, sind ihre Fehler. Wie ein Elefant im Porzellanladen managt sie die erste Begegnung mit Rorys erstem Freund. Mit seinem einzigen Kind mitzuwachsen – und es auszuhalten, dass es auch von einem wegwächst, ist eben alles andere als eine Kleinigkeit: Auch darüber lügt der Film nicht.

Für mich ist die abendliche Meditation über den »Gilmore Girls« in diesen Wochen Spiegel, Ermutigung, Katharsis. So vieles kommt mir vertraut vor; das, was schiefläuft – aber auch das, was auf einer starken Grundlage aus Offenheit und Vertrauen auch wieder schnell in Ordnung kommt.

◆

Aber funktionieren das »networking« und die Nachbargemeinschaft auch in der Wirklichkeit so großartig? Es ist sicher kein Zufall, dass die Geschichte der »Gilmore Girls« erst einsetzt, als Rory ein Teenager und aus dem Gröbsten heraus ist. Wie Lorelai die Jahre der jungen Kindheit bewältigt hat, erzählt die Serie nicht.

Kleinkinderjahre: Wenn die Trennung früh im Leben des Kindes war – wie bei Noëmi und bei Nina –, dann sind es diese ersten schweren Jahre, in denen ein tragfähiges Netzwerk aufgebaut werden will. Jahre, in denen sowohl Kraft als auch Geld oft ein knappes Gut sind. Für mich als Freiberuflerin haben Zuschüsse zu Tagesmutter (einmal die Woche) und Kindergarten, Elterngeld und Kindergeld das Gröbste zumindest abgefedert. Für Johanna war die Regelung hilfreich, dass das Gericht den Kindesunterhalt gleich vom Gehalt ihres Exmannes abzog. Reißleinen, die in diesen ersten Jahren existenziell bedeutsam sind.

Freiheit ist Arbeit. Die Kleinkinderjahre sind ein harter Test dafür, wie man diese Arbeit bewältigt. Jane Juffer vertritt in ihrem Buch »Single Mother. The Emergence of the Domestic Intellectual« eine These, die auch schon im Titel des Buches angedeutet ist. Alleinerziehende Mütter, sagt sie, seien – aus Not geborene – »häusliche Intellektuelle«; Frauen, die innerhalb einer Sphäre wirkten, die üblicherweise ausgeblendet werde und genau diese Sphäre zu einem Raum politischer, wirtschaftlicher und sozialer Möglichkeiten machten. Darin erkenne auch ich mich wieder: Meine Karriere als Journalistin mit sehr kleinem Kind hatte ich nachts zwischen neun Uhr abends und halb zwei am Morgen vorangebracht, immer in Reichweite des schlafenden Kindes.

Das ist mit den meisten Berufsfeldern nicht vereinbar – und auch nicht unbedingt das, was jede/r will. Juffer beschreibt, noch mal mit Blick aufs Fernsehen, dass ein Teil der TV-Single-Mom-Idole dann doch aufs Eheglück zulaufe. Die Single Mom sei eine »Unternehmerfigur«, schreibt Jane Juffer, ständig strategisch unterwegs, um die knappen Ressourcen optimal für ein gutes Leben für sich und die Kinder einzusetzen.

»Freiheit ist Arbeit – eine Arbeit, die Frauen allein zu absolvieren haben. Es ist ein kurzer Weg vom Haushaltsvorstand zur Kleinunternehmerin.«[23]

Dass hinter der Lust an der Freiheit diese harte Arbeit mit der Freiheit steht – das ist etwas, das auch Noëmi und Nina genauso wie Rory Gilmore von klein auf kennen.

♦

San Luis Obispo: In diesem malerischen kleinen Städtchen an der Pazifikküste treffen wir uns noch einmal mit Johanna und Nina für ein knappes Wochenende, bevor es für Noëmi und mich zurück nach Europa geht. Ein perfekter Ort: kleine Häuser mit Veranden, noch ein Rest Hippiekultur, das weiß getünchte Missionsgebäude in der Mitte, ein fast europäisch kleinstädtischer Kern mit Straßen voller hübscher Cafés und Boutiquen.

Johanna und Nina sind eine halbe Stunde vor uns angekommen, und ich sehe Ninas Gesicht durch die Glastür des Bahnhofsgebäudes, bevor sie uns bemerkt: Ein solches eindeutiges, totales Strahlen sehe ich an ihr zum ersten Mal. Die Mädchen umarmen sich, und ich ahne, dass es möglicherweise Teil ihres »Sicherheitskonzepts« ist, Gefühle unter Verschluss zu halten; vor allem die strahlenden, die unkontrolliert vertrauensvollen.

Johanna und ich haben uns als Reisende kennengelernt. Da wir uns seit zwei Jahren in verschiedenen Situationen erlebt haben, kann ich inzwischen sehen, dass sich ihr »Reisende-Ich« deutlich von ihrem »Zuhause-Ich« unterscheidet. Johanna unterwegs, das ist durchgedrückter Rücken, entschlossener Blick, jene Wachheit, die auch mit Alarmiertheit verwandt ist; immer auf Gefahren und Probleme gefasst. Man merkt ihr die Anstrengung an, die Dinge im Griff zu behalten; ständig der Verantwortung für ihre emotional belastete Tochter bewusst. Vielleicht steckt in dieser Reisenden, die immer damit rechnet, dass irgendetwas schiefgeht, doch noch die Einsamkeit der tapferen, die Zähne zusammenbeißenden jungen Frau, die sehen musste, wie sich vieles um sie herum feindlich gestaltete.

Während ich darüber nachdenke, haben die Kinder bei unserem Spaziergang durchs Städtchen die Führung übernommen. Auf einem Parkplatz haben sie einen Zitronenbaum entdeckt, dessen Früchte fast Melonengröße haben: »Komm, wir schreiben dem Guinness-Buch der Rekorde«, sagt Nina aufgeregt, und die Mädchen reichen sich ihr geklautes Gut ungläubig hin und her, an der Riesenfrucht schnuppernd.

Die Zitrone wird zum Streitthema. Wir kennen dies Gesicht von Nina schon, es ist trotzig und traurig zugleich, als wäre es sowieso klar, dass es keine Lösung gibt. Dass sie auf irgendeine Art verlieren wird. Aber Noëmi lässt unerwarteterweise die Zitrone los – und bereitet den Weg dafür, dass Nina auch etwas loslassen kann. Johanna und Nina laufen hinter uns, wir hören die beiden sprechen. Immer wieder legt Johanna ihr die Situation auseinander. Mir kommt es inzwischen wie eine Art »vorsortieren« vor. »Immer wieder benennen«, sagt Johanna. Sie versucht Nina die Möglichkeit aufzuzeigen, sich flexibel zu verhalten – so wie Noëmi es gerade getan hat. Dass man auch nach einer zweiten Zitrone suchen könnte. Oder gemeinsam die erste teilen.

Und tatsächlich lässt Nina das Thema viel schneller los als noch vor zwei Jahren auf unserer Wanderung durch die Hollywood Hills. Beide Mädchen sind gereift. Aber die nächste Aufgabe wartet schon hinter der nächsten Ecke. In der Jugendherberge war uns angekündigt worden, dass in unserem Schlafraum außer uns noch ein Pärchen wohnen würde. Nachdem die Mädchen die Rucksäcke untergebracht haben, erzählen sie halb erschrocken, halb fasziniert davon, dass die beiden leicht bekleidet auf dem Bett gelegen hätten. Prusten, Kichern, Aufregung.

Aber wir überstehen die für alle eher schlafarme Nacht. Schnarchen hier, mit Plastik umhüllte, laut knisternde Matratzen dort. Bei jedem Umdrehen knarrt es laut. Am Morgen hocken wir übermüdet in der Gemeinschaftsküche und backen uns Pfannkuchen. Die Gemeinschaft – das sind jetzt wir, die etwas zusammen überstanden haben. Die Sonne kommt raus, und die Mädchen sitzen fröhlich und mit schlenkernden Beinen auf der Hollywoodschaukel vor der Jugendherberge. Wieder haben sie etwas Verbindendes zusammen erlebt: dass ihre Mütter auf sie aufpassen – und dass man manche Dinge auch gemeinsam weglachen kann. Wir verlassen die Jugendherberge bester Stimmung.

Bis diese irgendwann, später am Tag, kippt. Nina ist regelrecht verzweifelt: Nicht nur hat Noëmi keine Lust auf exzessives Herziehen über fremde Leute, sie kritisiert Nina auch noch dafür. Nina wehrt sich vehement: »Was soll das? Mir macht das Spaß! Mir geht es besser, wenn ich das mache!«

Sich vorzustellen, dass Nina der schlechten Nachrede ihres

Vaters gegenüber der Mutter, der Familie, den Deutschen, immer ausgesetzt war, liefert eine leichte Erklärung, dass sie dies nun selbst auch als entlastend erlebt. Mir fällt eine Passage in »Divorce Poison« ein, in der Richard Warshak beschreibt, warum es Kinder immer in ihrem eigenen Selbstbewusstsein beschädige, wenn der eine Elternteil den anderen schlechtmacht: Kinder seien ja mit beiden Eltern identifiziert, führt er aus. Angriffe gegenüber den Eltern griffen sie selbst direkt an und vermittelten ihnen, dass ein Teil ihrer selbst nicht in Ordnung sei.

Kinder sind ja keine abgeschlossenen Persönlichkeiten, von denen man unabhängige Meinungen und Stellungnahmen erwarten dürfte – ganz im Gegenteil. Je jünger sie sind, desto mehr ist ihr Inneres besetzt von ihren engsten Bezugspersonen – davon, wie sie sind und wie sie sich verhalten.

Warshak rät Eltern, die mitbekommen, dass ihr Ex-Partner dem Kind gegenüber schlecht über sie gesprochen hat, nachzufragen, wie das Kind sich fühlt. Sich auf die Zunge zu beißen und tugendhaft zu schweigen, kann genauso falsch sein, wie selbst in eine Schimpftirade zu verfallen. Im Mittelpunkt sollte der Umstand stehen, dass das Kind dies verstörende Material nun in sich trägt und weder gezwungen werden sollte, es zu verdrängen, noch dazu, mehr »Müll« in sich aufzunehmen. Sätze wie »Ich kann mir gut vorstellen, dass es dich ganz schön durcheinanderbringt, solche Sachen zu hören« geben dem Kind Raum und ermöglichen Entspannung, statt es weiter zu belasten.

In unserem Hier und Jetzt verstehe ich, dass es für beide Mädchen um Unterschiedliches – aber gleichermaßen Existenzielles – geht. Während Nina das Gefühl hat, man erlaube ihr nicht, so zu sein, wie sie ist, fühlt Noëmi ihren Respekt untergraben. Irgendwann, nachdem sie selbst in der Schule gemobbt worden war, hatte sie verstanden, dass ausgiebiges Schlechtmachen von anderen nur die Kehrseite davon ist, selbst schlechtgemacht zu werden. Mir fallen Noëmis Erzählungen von einigen knallhart-aggressiven Mädchen in der hiesigen Schule ein, die unter ihrem »I'm sooo sorry« geballte Aggression verbergen, weil sie nach außen das Bild des süßen Mädchens wahren müssen. Das große Thema für jedes Kind, sich in der Schule einen Platz schaffen zu müssen, lösen unsere beiden Mädchen offensichtlich gerade total unterschiedlich.

»Mama, wieso kann Nina es nicht verstehen, dass über andere Herziehen Zeitverschwendung ist?«, fragt Noëmi mich aufgebracht. Aber Noëmi kann sich – anders als Nina – den »Luxus« dieser souveränen Position auch leisten. Die »Wahrheit« ihrer Lebenssituation ist momentan eine ganz andere. Nina hat Enormes zu leisten im Hin und Her zwischen zwei Welten mit ganz verschiedenen Gesetzen.

Dass sie aus ihrem Repertoire etwas heranzieht, das sich zuallererst nach Entlastung anfühlt, kann ich verstehen. Und trotzdem denke ich, dass es für sie auch wichtig ist, dass die Menschen in ihrer Umgebung Position beziehen – ohne den Druck, dass sie das genauso machen muss.

Ich denke an Johanna, die ihre Tochter so oft in den Arm nimmt, ihr die Hand auf den Rücken legt, sie erzählen lässt – und ihr vor allem ihrerseits nie das Recht abgesprochen hat, ihren Vater zu lieben. Auch jetzt sitzt Nina eng bei ihrer Mutter, gut beschützt – jedoch auch verschlossen für alles andere.

Etwas hat sich festgefahren und könnte dort jetzt stecken bleiben. Und da wir uns in knapp zwei Stunden wieder trennen werden und dann für mindestens fünf Monate nicht wiedersehen, suche ich nach einer Lösung. Ich schlage vor, dass wir uns neu – und ganz anders – gruppieren: dass Noëmi mit Johanna, der sie ohnehin etwas sagen wollte, noch ein bisschen bummeln geht, während ich Nina zu einem Eis einlade.

Im Laden sucht Nina ihre Sorten aus. Wie ich sie jetzt da sitzen sehe, begierig ihr Eis schleckend, für einen Moment dem Konfliktstress enthoben, denke ich, nein, ich will sie nicht in ein Gespräch hineinzwingen. Vielleicht allenfalls ein paar Dinge sagen, die sie aufnehmen kann oder auch nicht – und die eher zur Entspannung beitragen.

Und ich erzähle ihr, dass Noëmi selbst mal stark darunter gelitten habe, dass andere sie ausgeschlossen und schlecht über sie geredet hätten; dass sie da heraus ihre Einstellung entwickelt habe. »Hast du so was auch schon mal erlebt?« Nina mampft ihr Eis, aber ich sehe Aufmerksamkeit in ihren Augen. »Doch«, meint sie plötzlich und nickt ganz kurz, »ich kenne das auch.« Ich sage Nina, dass ich finde, Freunde oder Freundinnen könnten in vielerlei Hinsicht total verschieden sein – was die Freundschaft nicht stören muss. Man hat ja, so wie sie und Noëmi, genug Stellen, an denen man ähnlich ist und Verbindendes erleben kann.

Noëmi und Johanna stoßen wieder zu uns. Irgendwie haben sich die Verhältnisse wieder zurechtgerückt. Die beiden bringen uns zum Zug, und wir winken einander lange nach.

♦

Der Organismus der Alleinerziehenden-Familie ist so klein; der Sockel, auf dem dies Gebäude steht, so fragil, dass emotionale Ungleichgewichte stark ins Gewicht fallen. Der Druck, emotional »aufzuräumen«, ist groß – es gibt keinen Winkel im »Raum« der kleinsten Familie, in den man fliehen und sich vormachen könnte, alles sei in Ordnung. Oft steht Existenzielles auf dem Spiel – Sorgerechts- und Umgangsfragen. Die seelische Gesundheit des Kindes. Das nervliche Durchhalten der Mutter oder des alleinerziehenden Vaters.

Freiheit ist harte Arbeit. Und es ist Arbeit auch für die Kinder, die sehr früh mit dieser Freiheit und den Kämpfen um sie in Kontakt kommen. Man kann das gut oder schlecht finden – zunächst ist es schicksalhaft; eng verbunden mit der Situation der Alleinerziehenden, die gezwungen sind, die sehr kleine Familie zu etwas Tragendem zu gestalten. Unsere Mädchen haben eine große Bandbreite an Ausdrucksmöglichkeiten zur Verfügung. Sie haben gelernt, über ihre Gefühle zu reden. Sie wissen, wie Wut sich anfühlt, und haben Erfahrung mit Grenzen, die ihnen dann gezogen werden.

Kurz bevor wir zum Zug gegangen sind, hat Johanna zu mir gesagt, es erschöpfe sie völlig, diese ganzen Erinnerungen wieder hochzuholen. Auch ich empfinde das Ausmaß des Schreckens und die Tücke dieser subtilen, immer neu versuchten »Vergiftung« der Verhältnisse von Mal zu Mal intensiver. So schön die Dinge auch sind, die wir miteinander unternehmen – immer ist die Begegnung miteinander auch Arbeit an diesem Thema.

Der Freiheit im Alleinerziehenden-Leben gewachsen sein bedeutet – so scheint mir – ein oft kompliziertes Ordnen der Dinge. Aber so ist es eben – die Dinge selbst sind kompliziert, und sie werden nicht dadurch leicht, dass man sich ihnen nicht stellt. Alleinerziehenden-Familien schleppen ihre Leerstellen – die abwesenden Väter, Mütter, Geschwister – und ihre Trennungsgeschichten ja immer irgendwie mit.

Johanna ist für mich wie ein Spiegel, in dem ich diese Arbeit der Freiheit noch einmal sehe. Ich sehe Wege des Sortierens und Aufräumens, die nicht abkürzbar sind – und die eine ganze Kindheit dauern können.

»Nina und ich, wir beide wachsen zusammen«, sagt Noëmi später, als wir noch einmal über das Wochenende sprechen. »Wir sind uns ja auch ähnlich.« Es sei schön, sich an verschiedenen Orten immer wieder zu sehen. »Jeden neuen Ort machen wir zusammen unsicher, und das schweißt echt zusammen. Früher war Nina eher wie eine kleine Schwester. Jetzt ist sie ein richtiges Gegenüber.«

Kein Ausweg, oder:
Streiten hat immer mit Reden zu tun

Wir waren im Aufbruch. Gleich würde Noëmis Pfadfinder-gruppe zusammen mit den Eltern grillen, vermutlich das letzte Mal in diesem Jahr draußen am See. Heute wollte Noëmi sich dafür schön machen: Nägel lackieren und die Lieblings-jeans anziehen, die aber noch auf der Wäscheleine hing und sich ziemlich feucht anfühlte. Das versprochene Dessert stand im Kühlschrank, meine Tasche war gepackt, wie oft war ich aber auch schon spät dran. Ich sah Noëmi auf dem Balkon, die auf ihre Fingernägel pustete und mir zu verstehen gab, es würde noch ein bisschen dauern. Ich merkte Ungeduld auf-steigen: Komm jetzt, es ist deine Gruppe, zu der wir gehen, mach mal voran. Mit wedelnden Händen kam sie ins Wohn-zimmer, nahm mit spitzen Fingern die Jeans vom Wäsche-trockner und hielt sie mir hin: »Hilf mir mal einsteigen, das geht nicht alleine!«

Leider ging es auch nicht zu zweit – irgendwie stellte ich mich dumm an, das Bein verhedderte sich im Hosenbein, jetzt schoss die Ungeduld in Noëmi hoch, »Mann, Mama!« – und unwillig gab sie mir einen Klaps auf den Arm.

Dann passierte etwas völlig Unerwartetes: Schneller, als ich einen klaren Gedanken fassen konnte, wallte heiße Empörung in mir auf. Erst dieser komplizierte Aufbruch, und jetzt sollte ich mich noch hauen lassen? »Spinnst du total?«, bellte ich sie an und boxte ihr ein paarmal hart auf den Arm. Das tat weh.

Völlig entgeistert darüber, wie »ernst« das plötzlich geworden war, stoben wir auseinander, jede in ihr Zimmer. Da saß ich dann, auf dem Sofa zusammengekauert, und starrte in den Hof. Für eine schreckliche Sekunde waren wir zu Feindinnen geworden. Hatte es uns herausgesprengt aus dem, was wir waren: eine Familie, eine Schicksalsgemeinschaft, ein Team.

Eine schwache Stimme in mir sagte: Sie hat ja angefangen. Aber es lohnte nicht, dieser Stimme zuzuhören. Dass die berühmte »Linie« dessen, was »erlaubt« und in Ordnung ist, überschritten war, ging auf mein Konto. Und wie die anderen (seltenen) Male, die mir das passiert war, war ich untröstlich darüber. Jedes Mal war ein Mal zu viel – ein Verrat an der Liebe und an dem Versprechen, das man seinem Kind gibt: es nach Kräften zu beschützen. Und doch würde ich irgendwie zurückfinden müssen in unser gemeinsames Land, das Land »innerhalb der Grenzen«, in dem sie an mich als gute Mutter glaubt – und meistens auch ich an mich selbst. Bevor ich ihr helfe, dahin zurückzufinden, würde ich selbst zurückfinden müssen – so wie dieser Satz im Flugzeug, wenn man die Sicherheitshinweise hört: »Setzen Sie sich die Sauerstoffmaske auf, bevor sie Kindern und anderen Mitreisenden helfen.« Ich würde erst dann wieder »Luft« haben, wenn ich verstanden hätte, was passiert war. Verstehen – so gut es in dem Moment geht – ist immer mein Rettungsanker gewesen.

Was war passiert? Noëmis genervter Klaps hatte mich in weniger als einer Sekunde um Jahrzehnte zurückbefördert – hinein in eine sehr alte Traurigkeit meines Lebens lange vor Noëmi. Was sie ausgelöst hatte, hatte nichts mit ihr zu tun gehabt, sondern mit meiner eigenen Kindheit. Mein Aufbegehren gegen damals empfundene ungerechte Angriffe der Erwachsenen kam viele Jahre zu spät. Und es ging in die total falsche Richtung: Ich trug, was ich aus ganzem Herzen ablehnte, weiter. Der ganze Abgrund dieser Gefahr gähnte mich in diesen Minuten allein in meinem Zimmer an. Wie tief, wie unveränderlich sitzen alte Strukturen einem in den Knochen?

Das war kein »normaler« Streit. Nicht typisch für uns. Beide temperamentvoll und redefreudig, spielen sich unsere Streits meist so ab, dass wir kurz laut werden und uns in eine heftige (kurze oder längere) Debatte verwickeln. Nachtragend oder beleidigt sein ist nicht so unsere Sache. Wenn eine zu genervt ist, gehen wir auseinander. Meist bleibe ich am Schreibtisch oder in der Küche, und Noëmi zieht sich in ihr Zimmer zurück. Jede in ihre Welt. Weiter reichen unsere Fluchtwege nicht: Jede flüchtet in ihre eigenste Umgebung, um im besten Fall wieder schnell zu sich zu kommen. Beide haben wir in der Wohnung niemanden, zu dem oder der wir in dem Moment kommen könnten – keinen »Zeugen« für so eine Situation; weder jemanden, bei dem man sich ausheulen, Hilfe holen, ankuscheln kann, noch jemanden, der eingreifen würde, Partei ergreifen, seinen Senf dazugeben. Niemanden, der das Ganze verschlimmern oder verbessern könnte.

Deshalb erzähle ich das: um zu zeigen, wie es aussehen kann, wenn man immer nur zu zweit im Ring steht; ohne Schiedsrichter, der etwas unter Kontrolle hält; ohne Publikum und ohne Trainer, der ein Getränk und Kühlung für die Wunden bereithält. Wie anders wäre alles, wenn es nicht nur einen »nächststehenden« Menschen, sondern mehr als einen gäbe! Ja, *wie* anders wäre das? Besser? Schlechter?

Dazu hat die siebzehnjährige Letizia eine klare Meinung. Überhaupt war Streiten ein großes Thema in den Gesprächen, die ich mit ihr und ihrer Mutter Alva führte.

Zunächst aber muss ich die Dinge sortieren. Schnell. Nicht nur war ich es gewesen, die eine Grenze überschritten hatte. Zweitens ist Noëmi das Kind und ich die Erwachsene. Sie ist viele Jahre jünger als ich und darf andere Fehler machen als ich. Das meine ich nicht heroisch, im Sinne von: Ich müsse perfekt sein. Ich meine es realistisch: Die richtige Ordnung muss wiederhergestellt werden.

Draußen vor dem Fenster fuhren Kinder Fahrrad. Wie könnte ich die Situation lösen? Man kann Dinge nicht ungeschehen machen. Aber auch wenn »wiedergutmachen« nicht geht, würde ich es so gut wie möglich machen müssen.

◆

Als Alva jung war, fand sie sich einmal mit ihrem kleinen Sohn Malte auf dem Weg nach Frankreich wieder. Ein Jahr wollte sie in Bordeaux studieren und außerdem Distanz zu ihrem Mann bekommen.

Das war in den 1980ern, und Alva lebte mit Mann und Kind und einem gemeinsamen Freund in einer ausgebauten Wohnung in einer ehemaligen Kaserne der süddeutschen Kleinstadt. »Ich bin damals auf der Welle der Frauenemanzipation mitgeritten. Es war wichtig, dies gelebt zu haben«, sagt Alva heute resümierend. »Familie war der Ort, an dem ich meine Rechte als Frau aushandeln musste. Es war ganz wichtig, nicht wegen dem Kind den Studienplatz aufzugeben; mich nicht allein zum Haushalt verdonnern zu lassen. Dasselbe Recht auf Bildung zu haben wie mein Mann.«

Alva schloss zwei Studiengänge ab, Literaturwissenschaft, später Psychologie. Als sie ihr Diplom als Psychologin hatte, war sie Mitte dreißig und begann, sich eine eigene Praxis aufzubauen. Malte war inzwischen ein Teenager. Nachdem er vorher länger mit seiner Mutter gelebt hatte, zog er nun zum Vater, ein paar Straßen weiter in derselben Stadt. Gerade wehte ihr der Wind der Freiheit wieder ein bisschen um die Nase, da verliebte sich Alva auf einer Hochzeit in einen schönen Italiener. Sie wurde schwanger. Eine kurze Ge-

Alva (li.) und Letizia

schichte begann, aus der der zukünftige Vater keine lange machen wollte. Schon als Letizia auf die Welt kam, war klar, dass sie wohl nie zu dritt leben würden – offen war damals noch, wie sehr er bereit wäre, die Vaterrolle einzunehmen. Das ist achtzehn Jahre her.

Jetzt bin ich mit Alva und Letizia in einem kleinen Café verabredet, das die beiden für unser Gespräch ausgesucht haben:

»Wir sind dann entspannter, zu Hause liegen die Rollen so fest«, hatte Alva am Telefon gesagt. Sie ist eine große Frau mit halblangen rotbraunen Haaren und blauen Augen, die einen Ausdruck von Entschiedenheit haben. Überhaupt vermittelt sie, die heute als systemische Familientherapeutin und Körpertherapeutin arbeitet, schnell einen Eindruck von Kompetenz. Von natürlicher Autorität.

Erwartungsvoll lächeln mich die beiden an. Über Eck sitzt Letizia. Ein schönes Mädchen, etwas kleiner als ihre Mutter, mit langen goldblonden Haaren und braunen Augen, modisch gekleidet. »Vor allem dir war das wichtig, dass wir uns nicht bei uns zu Hause treffen...«, sagt sie zu ihrer Mutter. »Stimmt«, nickt diese. Dann, zu mir gewandt: »Wir machen das auch zu zweit regelmäßig, zusammen essen gehen, um besser reden zu können. Zu Hause geht das oft nicht.« Zu Hause heißt: das große ausgebaute Dachgeschoss in einem Mietshaus am Stadtrand. Ringsum Wald, Schrebergärten, kleine Straßen, in denen Alva gern spazieren geht und Letizia morgens zehn Minuten zum Gymnasium radelt. Vor der geräumigen Wohnung liegen drei separate Räume, in denen Alva, zusammen mit einem Kollegen, als Therapeutin praktiziert. Seit Letizia auf der Welt ist, hat sie das so organisiert. Letizia sei ein »Wunschkind« gewesen, sagt Alva. Sie habe sich eine Tochter gewünscht.

Malte war damals sechzehn und lebte nicht mehr bei ihr. So fing für Alva, die vierzig wurde, als ihre Tochter zwei Monate alt war, noch einmal ein neues – und komplett anderes – Familienleben an. »Dadurch, dass ich in meiner Familie vorher so stark für meine eigenen Bedürfnisse gekämpft hatte und dafür, Familie und Ausbildung zu verbinden, war ich nun frei für eine andere Priorität.« Für die Priorität Kind: »Das hieß immer, viel gemeinsam zu unternehmen: Ausflüge am Wochenende, zusammen Fahrrad fahren und schwimmen, mit Letizia Ski fahren lernen, reiten gehen. Abends zu Hause bleiben. Auch wenn Gäste da waren, sie in aller Ruhe ins Bett bringen.« Eigene Bedürfnisse zurückstellen. In den ersten Jahren hatte Alva eine Tagesmutter. Alva und Letizia zogen um, als Letizia in die Schule kam. In dieser Wohnung – in der sie immer noch sind – musste Letizia nur in die direkt angrenzende Praxis gehen, in der ihre Mutter Therapiesitzungen abhielt. »Ich wusste, wenn ich mir wehtue oder irgendwas nicht in Ordnung ist, dann darf ich reingehen und mich trösten lassen«, erinnert sie sich. Umso wichtiger wurde die gemeinsame Zeit am Abend und am Wochenende. Und während der Ferien!

Bestandteile klassischen Familienlebens, denke ich, wenn ich ihr zuhöre. Heißt das, sie konnte in gewissem Sinne Familie eher zu zweit leben als früher zu dritt?, frage ich Alva. Ja, meint sie, das stimme.

»Wobei ich uns anfangs gar nicht als Familie gesehen habe«, überlegt sie – und erinnert sich im gleichen Augenblick daran, wann sich das änderte. »Diese Sonntage, als sie klein war, oh Gott... dieses Gefühl, alle anderen haben eine Familie, und ich hocke hier mit meinem Baby. Erst als mir eine Freundin, die Mann und drei Kinder hat, sagte, ich hänge auch an Sonntagen allein mit den Kindern daheim rum, da merkte ich: Es ist nur meine Vorstellung und mein Selbstmitleid. Ab dann sah ich uns auch als irgendwie ›normale‹ Familie.«

Fühlen sie sich denn zusammen als Familie? frage ich. Oder eher als Schicksalsgemeinschaft? Als Team? Als Mutter-

Tochter-Paar? Letizia antwortet mit einem kleinen Auflachen. »Wenn's drauf ankommt, sind wir ein Team – ansonsten zwei Streithähne.« Alva überlegt. »Eher Familie. Ein Team nicht«, schüttelt sie den Kopf.

♦

Nach vielleicht einer Viertelstunde klopfe ich bei Noëmi an die Tür. Sie sitzt im hinteren Teil des Zimmers in ihrem Sitzsack, verschlossenes Gesicht, gesenkter Kopf. »Was willst du?« Ich entschuldige mich. Erkläre, was passiert war: eine Art schlimmer Verwechslung. Eine Fehlsteuerung. Etwas, was ich überhaupt nicht wollte: ihr wehtun.

Die Reaktion ist unmittelbar. Kraft kehrt in ihren Körper und ihre Stimme zurück. Vorher angespannt und in sich zurückgezogen wie eine Muschel, setzt sie sich jetzt sofort gerade auf, Lebhaftigkeit kehrt in die Augen zurück, Wärme in die Stimme. »Ich dachte schon, du würdest sagen, ich wäre schuld, weil ich angefangen hätte.« – »Klar, dein Klaps hat das ausgelöst«, stimme ich zu. »Das passiert ja immer wieder, dass du oder ich ungeduldig sind. Aber meine Reaktion war unverhältnismäßig. Das war wie mit Kanonen auf Spatzen schießen.« Sie lacht, erleichtert. Und dann: »Ich hätte dir sowieso verziehen, auch wenn du mir jetzt Vorwürfe gemacht hättest. Aber ich hätte es dann nicht so gezeigt.«

Sie kommt zu mir und umarmt mich. Immer schon war es so, dass Lachen und Berührung die Zaubermittel waren, mit deren Hilfe wir am besten aus einer Kampfzone zurückfinden konnten. Das habe ich von ihr gelernt. »Komm, Mama, lach wieder.« Umarmen. Erleichterung auf beiden Seiten. Berührung und Lachen – natürlich nicht anstelle klärender Worte. Sondern mit ihnen. In ihrem Gefolge.

Umso mehr, als man ja die schnelle Bereitschaft der Kinder, uns Eltern zu verzeihen – auch Schlimmes zu verzeihen –, nur zu leicht missbrauchen könnte. Eine Bereitschaft, die ja nichts darüber sagt, wie schlimm oder nicht schlimm das war, was es zu verzeihen gibt. Kinder verzeihen schreckliche Dinge nicht nur, weil sie Eltern brauchen. Sondern, weil sie es brauchen, sie zu lieben. Aber das Geschenk, gewalttätiges Verhalten zu verzeihen, ist zu groß, als dass man es einfach so annehmen dürfte. Ein Herz, das so groß sein muss, dass es Gewalt einschließt – wie soll es lernen, Gewalt auszuschließen?

Klare Worte sind gefragt. Nichts beschönigen, sondern den Dingen ihren richtigen Namen geben. Ja, das war ein Moment der Gewalt. Erstens. Zweitens: Es hatte nichts mit dir, Noëmi, zu tun.

♦

Ein Stück Familienleben hat Alva aus der ersten Familie herüberretten können: das kleine Häuschen im südfranzösischen Dorf, das sie damals zusammen mit ihrem Mann gekauft hatte und das ihr inzwischen allein gehört.

Ich lasse mir Fotos zeigen: eine Familienzuflucht für Alva und Letizia. Eine Reihe eng aneinandergebauter alter Steinhäuser entlang einer Dorfstraße, unter Platanen, an einem kleinen Fluss. Eines dieser Häuser gehört Alva. Immer, wenn sie in die Ferien fuhr, gab es auch etwas zu renovieren. Handwerker für die größeren Sachen mussten gefunden, Dinge organisiert werden. »Mama und ich haben vieles zu zweit gemacht, das können wir gut.« Stolz klingt aus Letizias Stimme. Ein großes restauriertes Küchenbüfett. Bunt gestrichene Treppenstufen einer gewundenen Steintreppe in den ersten Stock. Letizias Zimmer. »Reisen überhaupt war immer schön«, sagt Letizia. »Heute sehe ich, dass das ein Privileg war.« Immer mal wieder leisteten sie sich Abstecher irgendwohin in die Welt, bevor es wieder ins südfranzösische Häuschen ging. Bevor Letizia in die Schule kam, erfüllte Alva sich einen verrückten Wunsch: »Ich ging blind mit dem Finger über die Weltkarte und hatte mir vorgenommen: Wo der Finger ist, dahin mache ich mit ihr eine große Reise.« Es wurde eine Reise nach Australien. In den letzten Pfingstferien waren sie für zwei Wochen in New York und Washington. Alva sagt: »Sie da mit dem Longboard die Straße runterfahren zu sehen, so ganz bei sich, das war schön.« Letizia meint: »Weg vom Alltag, da streiten wir uns immer am wenigsten.« Alva bestätigt: »Zu Hause geht es zu viel ums Rechthaben. Und das ist endlos anstrengend.«

Streiten, da sind sich beide einig, ist ein großes – vielleicht zu großes – Thema in ihrer Zweiergemeinschaft. Warum ist das so? »Zu Hause wird immer was gefordert. Mama sagt, du hast das und das nicht weggeräumt – und schon gibt's Streit.« Sie gingen schnell aneinander hoch, beschreiben mir die beiden. »Mama sagt immer: Jetzt sofort musst du das und das machen!«, verdreht Letizia die Augen. »Ich bin halt spontan«, findet Alva. »Und ich schaffe es nicht, zu überlegen, bevor ich rede«, sagt Letizia.

»Es gab schon extrem früh einen Kampf um die Führung«, so sieht es Alva. »Alles wurde zu Machtkämpfen. Letizia hatte immer große Mühe anzuerkennen, dass ich die Führung habe.

Sie war klein und konnte noch nicht richtig Rad fahren und wollte trotzdem nicht akzeptieren, dass sie hinter mir fahren musste. ›Das hast du nicht zu bestimmen‹, sagte sie dann.« Schon die kleine Letizia ließ sich beim Einkaufen auf dem Markt nicht mit einem Stück Wurst oder einem Blümchen abspeisen. »Wenn jemand ihr das schenken wollte, hat sie geplärrt. Wenn sie es dann später haben wollte, und es war zu spät, auch.« Letizia lacht. »Ich glaube, das Wort ›vielleicht‹ hab ich gar nicht begriffen. Ich hab mich immer sofort auf eine Position versteift.« Es wird deutlich, dass beide schon eine Menge über das Thema, wie und warum ihre Streits eskalieren, nachgedacht haben. Hier im Café ist es offensichtlich kein Problem, ruhig darüber zu sprechen. Beide sind sie souverän in ihrer Offenheit.

»Ich kann es nicht ertragen, wenn man mich bevormundet«, sagt Letizia. »Ich will immer alles selbst machen und selbst bestimmen. Auch einen Rat kann ich immer erst später zulassen, manchmal auch nur in mir drin.« Letizia kann dann von null auf hundert geraten und heftige Tobsuchtsanfälle kriegen. Dann schlägt sie um sich. Auch Alva ist nicht gerade temperamentlos. Kam dann Erschöpfung nach einem langen Arbeitstag hinzu, hat es schnell gekracht. Dann werde geschrien, berichten sie – es werden Vorwürfe gemacht, eine weint, die andere sagt verletzende Sachen, Türen knallen, die Stimmung ist gründlich versaut.

Kein Ausweg? »Bei uns wäre es oft nicht so eskaliert, wenn jemand anderes eingegriffen hätte«, glaubt Letizia. »So bleibt die ganze schlechte Laune dann immer nur an einer Person hängen. Andererseits …« Letizia überlegt. »In der Zeit, als Norbert mit in der Familie war, wurde das eher schlimmer …«

In den Jahren zwischen ihrem elften und vierzehnten Lebensjahr hatte Alvas damaliger Freund mit im Haushalt gewohnt. »Ihm hab ich dann gesagt, du bist nicht mein Vater, du hast mir gar nichts zu sagen.«

Wenn Malte, der erwachsene Halbbruder, zu Besuch ist, gibt es manchmal das ersehnte Eingreifen. Er ist inzwischen dreiunddreißig, hat eine eigene Familie. »Er sagt dann einfach, ›hey, ihr zwei, auseinander jetzt‹ – wie ein Streitschlichter.« Nein, es ist nicht einfach automatisch besser, wenn jemand bei einem Streit dabei ist. Er – oder sie – kann das Ganze sogar verschlimmern. Denn wer ist schon einfach eine »neutrale« Instanz? Wer bringt nicht seine eigenen Verwicklungen und seine eigenen Beziehungsinteressen mit auf den Kampfplatz? »Am besten ist, wenn jemand von außen kommt«, findet Alva, »das ist dann eher ein Glücksfall.«

Was das Streiten in der Zweisamkeit schwierig macht, ist, dass es auf einer Achse zwischen zwei Menschen – und nicht im komplexen System einer größeren Gruppe stattfindet. Darin liegt auch eine Chance. Zwei sind einander ausgeliefert, aber sie sind auch der direkte Spiegel füreinander. Sie werfen den anderen auf sich selbst zurück. Kritische Selbstreflexion wird gefördert, ja, eingefordert. Aber das ist anstrengend.

Alva und Letizia, diesen beiden »Streithennen«, die hier so einvernehmlich sitzen, die eine mit ihrem zweiten Cappuccino, die andere mit einem Saft, wirken beide stark, unabhängig, mit ausgeprägter Individualität – nicht wie zwei, die zwischen Verbundenheit und Abhängigkeit hin und her getrieben sind. Sie scheinen auch nicht in qualvollen familiären Mustern gefangen, sondern eher erfahren im Nachdenken und Hinterfragen solcher Muster. Sie hören sich aufmerksam gegenseitig zu. Nur manchmal wird der Ausdruck in Letizias braunen Augen ganz kindlich, wenn sie ihre Mutter anschaut.

Für Alva hat dieses harte Streiten viel mit der Abhängigkeit zu tun, in die sie noch einmal gezwungen war. »Ich wusste ja, dass ich ihre wichtigste und oft einzige Bezugsperson bin, und so habe ich diese Abhängigkeit extrem stark empfunden. Ich habe mich dann zu Auseinandersetzungen genötigt gefühlt – mir selbst nicht zugestanden, mich herauszunehmen oder zu distanzieren.« Doch, widerspricht Letizia, »du wolltest dann oft eine Runde ums Haus gehen, und ich wollte dich nicht gehen lassen. Bis ich ungefähr zwölf war, habe ich das nicht ausgehalten.« Gerade in Momenten der Erschöpfung, sagt Alva, hätte sie dringend jemanden gebraucht, der »übernommen« hätte. »Eine Person, die sagt: ›Ich bin zuständig. Sie ist gut versorgt.‹ Aber das ist ja auch mit Partner oft nicht gegeben. Und dann ist man erst recht enttäuscht – wenn man ihn bräuchte, und er übernimmt trotzdem nicht.« Innerlich hatte Alva das Gefühl, sie müsste nicht nur Mutter, sondern auch Vater sein. »Ich dachte immer: Sie hat ja keinen Vater, der sie jetzt trösten könnte, also muss ich das machen. Aus dieser Selbstüberschätzung und Überforderung half mir mal ein Freund heraus. Er sah, dass ich Letizia nach so einem heftigen Streit tröstete, und fand: Damit bringe ich sie völlig durcheinander. Ich könne gar nicht die Vaterrolle übernehmen – und ich müsse es auch nicht. Das hat mir eingeleuchtet, und danach habe ich versucht, die Leerstelle zu akzeptieren.« Entspannung fanden die beiden oft erst mal jede bei sich selbst. »Ich hab dann nachts im Bett gelesen«, sagt Alva. »Mich in eine andere Welt gebeamt. Das musste ich halt morgens mit Schlafmangel bezahlen, aber ich habe es dringend gebraucht.«

Nächste Woche wird Alva nach Indien reisen. Das erste Mal seit siebzehn Jahren allein auf eine dreiwöchige Reise, während Letizia zu Hause bleibt und zur Schule geht. Wie wird das klappen?

♦

Ein paar Wochen nach unserem Streit frage ich Noëmi danach, was sie grundsätzlich übers Streiten denkt.

»Ich habe nie das Gefühl, dass wir beide von oben nach unten streiten«, ist ihre erste Antwort, »deshalb kann ich mich offen anvertrauen. Weil wir gleich hoch sind beim Streiten. Eigentlich hasse ich Streiten ja. Aber wenn ich mich fair streiten kann, ist es in Ordnung.«

Ich bin verblüfft: Gar nicht das Streiten an sich ist für sie der »schlimmste Feind«, sondern das »von oben nach unten streiten«? Aber was heißt »gleich hoch«?

»Gleich hoch« sein, ist ja ein riesengroßes Thema für Eltern. Und vielleicht besonders, wenn man allein ist miteinander. Was heißt »gleich hoch«, wenn man ja nicht gleich hoch ist? Der körperliche Größenunterschied, der Unterschied an Jahren und purer Erfahrungsmenge könnte leicht dazu führen, »von oben herab« zu streiten – Überlegenheit behaupten, vielleicht sogar erzwingen zu wollen. Das unerträgliche autoritäre Modell.

»Wovor ich am meisten Angst habe, ist, verdreht zu werden«, sagt Noëmi. »Mit manchen Menschen passiert das. Wenn ich sage, was ich meine, aber der andere dreht das so, dass es überhaupt keinen Sinn ergibt, dann bin ich danach völlig fertig.« Dass man sich mal anschreit, findet sie nicht schlimm. »Ich zicke ja auch rum… Wenn es aber nicht mehr fair ist, weil man den anderen verdreht; oder wenn man so tut, als würde einen das nicht interessieren, was der andere sagt, dann finde ich das schlimm.« So wie neulich, als jemand mitten im ernsten Gespräch mit ihr an seinem Handy herumgespielt und sogar telefoniert hätte.

Respekt also. Fairness. »Und wenn etwas schiefgegangen ist, dass man dann total offen miteinander redet und sich in Ruhe aussprechen kann.« Das Gefühl, wenn sie selbst »schuld« sei an etwas, findet sie schrecklich. »Dann bin ich erst mal verzweifelt… als hätte ich eine Welt kaputtgemacht.«

Junge Menschen sind zerbrechlich – ihre Konzepte, ihr Selbstbewusstsein, ihr Lebensmut. Das ist keine Neuigkeit. Dennoch etwas, das man leicht vergessen kann.

Dass ich auf ihren Klaps überschießend reagiert habe, weil mir plötzlich für eine Sekunde die Kontrolle entwischte, kann ich besser – vor ihr und mir – rechtfertigen, als wenn ich einen kühl kalkulierten Schlag platziert hätte.

Niemals beschämen. Nicht bloßstellen. Heilige Linien, finde ich, die man beachten sollte, will man nicht die eigene Vertrauenswürdigkeit riskieren.

»K. sagt, sie kenne Streiten überhaupt nicht«, erzählt Noëmi über eine Freundin. »Aber ich finde nicht, dass es echte Harmonie bei ihnen zu Hause ist. Ich glaube, wenn man nicht streitet, stauen sich Dinge an. Immer wenn es wieder irgendwo einen Amoklauf gibt, habe ich das Gefühl, da muss sich irgendwie ganz viel angestaut haben. Streiten hat eben immer auch mit Reden zu tun.«

♦

Während Alva auf ihrer Reise ist, treffe ich Letizia noch einmal. Wir essen bei ihr zu Hause zusammen ein frühes Abendessen. Sie wirkt gelassen und entspannt, als sie mir die Tür öffnet. Hinter der Eingangstür führen zunächst drei Türen rechts und links in die Therapieräume und das Büro, bevor vom Flur geradeaus eine weitere Tür in einen großen Wohn-Essraum geht. Ein übersichtlicher klarer Raum, große Sofaecke mit Fernseher und Anlage, gemütlich. Am Esstisch hätten mühelos sechs Leute Platz. Ein großer ovaler Familientisch mit einer blau-gelb gemusterten Decke, der mich gleich an südfranzösische Märkte denken lässt – und an viele Freunde, die hier zu Besuch kommen. Aus dem großen Bauernschrank holt Letizia Teller und Gläser. Eine kleine Küche ist durch eine Bar abgetrennt. Hier hat Letizia Brot und Käse und Salat hingestellt, alles ist ordentlich, sie hat die Lage gut im Griff. »Schon ganz schön viel, was man jetzt allein machen muss«, sagt sie, aber sie sagt es mit einem stolzen Lächeln. Fast jeden Abend kommt sie nach Schule und Sport erst um halb sechs heim. Waschen, aufräumen, einkaufen muss sie nebendran noch hinkriegen.

Gerade hat ihre Mutter aus Indien angerufen. Sie meldet sich regelmäßig. Dass Letizias Beziehung mit ihrem Freund kurz vor ihrer Abreise in die Brüche ging, hat Alva unruhiger abreisen lassen als geplant. Einen ganzen Schwung Klassenarbeiten und auch die Herbstferien würde Letizia nun allein bestehen müssen: Gleich zwei Menschen, deren Nähe selbstverständlich war, sind nun nicht da. Das ist eine neue Qualität von Alleinsein.

»Das ist noch nicht mal alles«, unterbricht Letizia meine Gedanken. »Mit meiner besten Freundin ist seit zwei Monaten Funkstille! Nach einem Streit hat sie mir gesagt, sie kann mit meiner Art nicht umgehen. Seither schaut sie immer an mir vorbei, wenn wir uns zufällig über den Weg laufen.«

Am Wochenende hat sich Letizia nun mit ein paar anderen Leuten getroffen. »Das war voll schön!« Das junge Mädchen wirkt entspannt – und zugleich ergriffen von einer neu sich anbahnenden Lebensphase. Schon unterwegs in die nächsten Begegnungsabenteuer, in eine nächste Runde Wachstum. Lebensfreude geht von ihr aus. »Meine Mutter und ich haben das inzwischen gelernt, ein bisschen das Tempo zu verlangsamen, wenn wir merken, dass es hitzig wird.« Aber grundsätzlich sei Streiten schon okay, sagt Letizia. Wie will man denn sonst offen miteinander sein, wenn man sich nicht auseinandersetzt? Wie will man andere kennenlernen? »Ich durfte eben immer streiten«, sagt Letizia, »mir wurde nie der Mund verboten.« Und sie erzählt von der Freundin, die sich gerade von ihr abgewandt hat: »Bei ihr zu Hause ist die Mutter dann ganz lang beleidigt. Und bei einer anderen Freundin kriegt die Mutter keinen Ton raus. Der Vater hat das Sagen, und es muss alles immer schön friedlich zugehen.«

Dass sie selbst, auch Lehrern und anderen Autoritätspersonen gegenüber, kein Problem damit hat, Konflikte auszufechten, die anstehen, führt Letizia auf die »Streitkultur« mit ihrer Mutter zurück. »Sie hat sich halt immer für mich eingesetzt.

Ein Lehrer von mir, unter dem ganz viele Schüler leiden – sie ist diejenige, die hingegangen ist und gekämpft hat.« Überhaupt, findet Letizia, was Werte betrifft, hätte sie selbst ganz ähnliche wie ihre Mutter.

»Die Leute, auch in meinem Alter, denken oft, es sei so schlimm, keinen Vater zu haben. Vielleicht war das so, als ich klein war. Aber ich habe ihn nicht vermisst – ich kannte ihn ja gar nicht. Und heute kann ich ganz klar sagen, dass mir nichts fehlt dadurch, dass ich keinen Papa habe. Meine Mutter hat mir alles gegeben.«

Hier ist jemand gut gerüstet für die nächsten Runden, die das Leben ihr abverlangen wird. Mit diesem Eindruck und der Vermutung, dass dies eine ganze Menge mit gelingender Konfliktkultur zu tun hat, verlasse ich die Wohnung und gehe in den kühlen Herbstabend hinaus.

◆

Zwei Wochen später ist ihre Mutter von Indien zurück. Alva sieht blendend aus – schlank, erholt, entspannt. Drei Wochen Indien haben ihr mehr als gutgetan. Wir machen einen Spaziergang am See, und sie erzählt. »Es war an der Zeit, so was mal wieder zu machen. Zeit, mich als Individuum wieder zurückzuholen. Ich bin seit dreiunddreißig Jahren Mutter. Letizia wurde geboren, als Malte gerade mal aus dem Gröbsten raus war.« Sie sei einfach kein sehr symbiotischer Mensch, sagt Alva über sich. »Dies ›Wir‹ ist nicht so mein Ding. Ich war nie jemand, der stark dieses ›Mein Kind und ich‹ gelebt hat. Für mich war es ein Riesenschritt, diese Abhängigkeit zu akzeptieren.«

Die Reise stand gleichsam symbolisch für den Beginn einer neuen Zeit – für sie beide. »Ich hatte das klare Gefühl, dass sie das jetzt konnte, diese drei Wochen gut ohne mich zu bestehen.« Noch eineinhalb Jahre bis zum Abitur. »So lange möchte ich sie noch unterstützen und mich zur Verfügung stellen. Aber es ist eine andere Abhängigkeit, weil ich weiß, sie kommt im Grunde schon ohne mich aus. Ich kann mir jetzt Freiräume für mich nehmen, Reisen machen. Und diese letzte Zeit, die sie mit mir lebt, noch genießen.«

Das Thema Streiten beschäftigt sie immer wieder. Sie sähe es inzwischen noch klarer, sagt sie, dass ihr eigenes freiheitsliebendes, wenig symbiotisches Naturell bei Letizia in bestimmten Situationen möglicherweise Angst ausgelöst hat. »Sie fühlte sich dann nicht genügend beschützt. Und sie kann Ohnmacht nur mit Wut bewältigen. So sah ich ihre Hilflosigkeit gar nicht und erlebte sie meinerseits als fordernd – was bei mir wiederum das Gefühl ausgelöst hat, bedrängt zu werden.« Ein Teufelskreis, der erst mal verstanden werden will. Und der natürlich immer in Gefahr ist zu eskalieren – wenn man alles miteinander und aneinander ausfechten muss. »Ein Grundkonflikt, in dem immer wieder zwei ganz unterschiedliche Naturen aufeinanderprallen.« Wobei – sind sie wirklich so unterschiedlich? Feuer haben sie doch wohl beide. Alva nickt, ja klar. »Ich bin ein streitbarer Mensch, das stimmt, ich scheue Konflikte nicht so. Letizia sucht die Auseinandersetzung noch stärker als ich – sie stellt sich mitten in die Tür und regt sich auf, dass Leute durchwollen.« Aber die Ängste, die bei beiden dahinterstehen, sind verschieden. Geht es beim Streiten doch oft gar nicht so sehr um den aktuellen Anlass als vielmehr um tiefer liegende Ordnungen oder Unordnungen, die dem Zusammenleben zugrunde liegen.

Ein Wort fällt immer wieder im Gespräch: In der Rede von der »Triangulierung« verrät sich die langjährig erfahrene Familientherapeutin. Was heißt »triangulieren«? Ganz einfach gesprochen – so lasse ich es mir erklären und lese später in entsprechenden Fachbüchern nach – bedeutet es die sich während der ersten Lebensjahre langsam herausbildende Fähigkeit des Kindes, außer der ganz engen Beziehung zur Mutter ein »drittes«, Einfluss nehmendes Wesen wahrzunehmen: in der Vater-Mutter-Kind-Familie idealtypisch der Vater. Dieser Dritte bringt eine Art notwendiger »Störung« ins System, denn erst mit ihm erweitert sich der Raum. Dass es einen Dritten gibt, entlastet das Kind – es könne Liebe und Aggression gleichzeitig ertragen lernen, so beschreibt es Jürgen Grieser in seinem Buch »Triangulierung« (2015) – immer natürlich vorausgesetzt, die Eltern harmonieren und bekämpfen einander nicht. Alva erinnert sich, wie Malte in Streitsituationen zu seinem Vater flüchten konnte – und dieser sowohl seinen Ärger auf die Mutter akzeptiert hat als auch half, das Bild vollständiger zu machen. »Man verbietet dem Kind etwas – das Kind rennt zum Vater, und er sagt, ›ja, das musst du jetzt akzeptieren. Aber weißt du noch, dass die Mama dir gestern das und das erlaubt hat?‹« Das Kind, so Alva, hat in der »Triade« eher die Möglichkeit, widersprüchliche Gefühle auszuleben und auch aushalten zu lernen. »Es ist entlastend, wenn es aus der Zweierbeziehung mal raustreten kann, ohne jedes Mal die volle Verlustangst haben zu müssen.«

Wie aber kann diese Triangulierung in der Alleinerziehenden-Familie vor sich gehen? Diese schwierige Frage war Alva bewusst, als sie mit Letizia allein blieb. Und so suchte sie eine Tagesmutter nicht nur, weil sie durch ihre eigenen Arbeitszeiten einen flexiblen Ort für Letizia brauchte, sondern auch, um ihr einen zweiten Menschen zu geben, der ihre ersten Jahre kontinuierlich begleitete. Eine Beziehungsalternative, sozusagen. Vom neunten Lebensmonat an, bis sie dreieinhalb war und im Kindergarten anfing, war die Tagesmutter Letizias zweite Bezugsperson. So wichtig war Alva dieser regelmäßige Rahmen, dass sie sogar ins selbe Haus einzog, als eine Wohnung unter der Tagesmutter frei wurde. »Es geht ja darum, dass die Öffnung zur Welt auf eine gute Art passieren kann«, führt Alva aus. Letizias Tagesmutter war im selben Alter wie Alva, lebte mit Mann und Tochter und Hund ein ebenfalls nicht ganz konventionelles Leben; sie hatte künstlerische Ambitionen und kannte sich in verschiedenen Jobs aus. »In diesen Jahren war es wirklich gut, sie zu haben.«

Und dann geht es natürlich bald, je älter das Kind wird, auch um andere »Dritte«, die zum sozialen Netz der Familie gehören – oder dort hineinwachsen. »Geklappt hat das am besten mit Freunden, Familien, Paaren, bei denen ich uns nicht als Anhängsel empfinden musste«, erinnert sie sich, »also vor allem, wenn es in meinem und ihrem Alter jemanden gab.« Bis heute treffen sich beide mit vier Familien, die sie seit Letizias Grundschulzeiten kennen – dann haben die Jungen miteinander zu tun und die Eltern auch. »Wenn man das halbwegs hinkriegt, diese Dynamik der Triangulierung, ist das wirklich eine Riesenleistung«, sagt Alva. Verbraucht es doch manchmal schon alle Kräfte, je nach Konstellation, einen sicheren Rahmen für die Mutter-Kind-Zweisamkeit zu schaffen. »Die ganze Beziehungsarbeit aber auch noch zu leisten; ein tragendes Beziehungssystem aufzubauen und zu pflegen, das ist echt ganz schön anspruchsvoll…«

Kraft muss übrig sein, um das leisten zu können. Gibt und gab es doch genug andere Themen, die Kraft kosteten. Das leidige Thema Unterhalt zum Beispiel. Letizias Vater ist alles andere als arm. Zahlen wollte er dennoch nicht. Während der Kleinkindjahre konnte Alva es sich finanziell leisten, das Thema Unterhalt ruhen zu lassen. »Irgendwann hab ich den Kampf dann geführt.« Jugendamt, Anwalt in Italien. Sie hat diese harte Arbeit aufgenommen, als sie es sich zutraute. »Es war schwer, mit der Wut und Hilflosigkeit umzugehen« – und auch ehrlich damit zu bleiben, wie der abwesende Elternteil hineinwirkt in die Zweierbeziehung zwischen Mutter und Kind; selbst wenn er so radikal abwesend ist wie für Letizia, die ihn seit zehn Jahren nicht gesehen hat. »Ich war mir bewusst, dass es die Gefahr gibt, eine Wut, die eigentlich zum Vater gehört, aufs Kind zu projizieren – sie also für etwas büßen zu lassen, wofür sie nichts kann.«

Denn was heißt schon abwesend? Durch seine Weigerung, für Letizia zu zahlen – und auch eine Beziehung zu ihr aufzubauen –, war er natürlich immer wieder ›da‹, auch wenn er rein physisch weit weg war. »Mit jedem Kontakt zum Jugendamt oder zum Anwalt wurde diese Wut darüber, dass er sich aus allem rausgezogen hat, ja wieder aktiviert. Und es fiel mir manchmal schwer, nichts davon zu Letizia rüberzuschieben.« Was in den harten Jahren von Letizias Pubertät, wenn diese ihr Beschimpfungen vor die Füße warf, nicht leicht war. »Und trotzdem finde ich, man darf bestimmte Dinge einfach nicht sagen. Die muss man sich verkneifen. Einmal ist es mir doch passiert: Da hab ich zu ihr gesagt, ›dann geh doch zu deinem Vater, wenn du meinst, da ist es besser‹.«

Was Alva hier beschreibt, hört sich nach harter Arbeit an. »Es geht ja auch darum, sich die unterschwelligen Aggressionen bewusst zu machen und nicht einfach zu verdrängen. Und auch wenn es immer wieder gut ist, sich bei Freundinnen auszuheulen, hilft Selbstmitleid letztendlich nicht weiter. Man muss selbst dahin zurückkehren, wo man weiß: Es war meine eigene Entscheidung, ich wollte dieses Kind auf jeden Fall, und dazu stehe ich.«

♦

Samstagmorgen. Entspanntes Aufwachen, Noëmi lädt mich ans Fußende ihres Bettes ein, und wir trinken einen Morgentee, während sie mir vom gestrigen Babysitten erzählt. Entzückt berichtet sie vom Vorlesen und Spielen mit Toni und davon, wie diese sich ihre Banane viel zu schnell in den Mund gestopft hatte. Während ich zuhöre, verschütte ich versehentlich Tee auf die Bettdecke, aber auch das kann die Stimmung nicht trüben. Großzügig hilft Noëmi beim Aufwischen.

Als ich mich zum Einkaufen fertig mache, stellt sie fest, dass ich am Abend zuvor das WLAN abgestellt habe, das es ihr ermöglicht, Filme auf dem iPad zu sehen. Sie kennt den Code nicht. Empörung schießt hoch: »Mann, Mama! Wir haben vereinbart, dass du mich am Wochenende nicht die ganze Zeit kontrollierst! Dass ich da WLAN habe, wie ich will!« Ich erinnere sie daran, dass zu dieser Verabredung auch ein anderer

Teil gehört hatte, dass sie nämlich an bestimmten Wochenta-gen gar nicht schaue – »aber letzte Woche warst du jeden Tag im Netz, stimmt's?«, erinnere ich sie. »Mama, das lag ja an dir! Du hattest an drei Abenden was vor, und das war ja nur fair, dass ich da WLAN gekriegt habe. Und die anderen Tage waren meine normalen WLAN-Tage!«

Typisch Alltag: Das, was aus dem Ruder gelaufen ist, ist nicht mehr völlig rekonstruierbar. Regeln sind ins Rutschen ge-kommen. Es muss neu verhandelt werden. Noëmi aber ist stinksauer und kein bisschen verhandlungsbereit. »Das ist total ungerecht!«, schimpft sie. Ich muss langsam los. Wenn das Sprechen nicht klappt, versuche ich es manchmal mit Schreiben. Einen kleinen Brief, unter der Tür durchgeschoben, dass ich das nachher besprechen möchte. Als ich meine Ein-kaufstaschen gerichtet und mich selbst fertig angezogen habe, sehe ich den Brief in kleine Schnipsel zerrissen auf dem Boden vor ihrer Tür. Ihr Ärger ist nicht abgeflaut.

Ich rufe durch die geschlossene Tür, dass ich jetzt gehe. Unten, beim Fahrrad, bin ich angespannt. Im Streit zu gehen, finde ich nie leicht. Aber noch schlimmer empfand ich es selbst in meiner eigenen Jugend immer, wenn von mir erwar-tet wurde, Wut und Ärger beiseitezulegen, um die allgemeine Harmonie nicht zu stören. Heute möchte ich in meinem Leben Raum und Zeit dafür haben, im eigenen Tempo von einem Gefühlszustand zum nächsten zu gehen, und will dies auch anderen zugestehen. Mir scheint, Gefühle sind etwas wie autonome Räume, in denen man nicht manipuliert werden möchte – persönliche Räume.

Als ich nach Hause komme, eineinhalb Stunden später, sind die Schnipsel weggeräumt, und die Tür zu Noëmis Zimmer steht offen. Radio läuft, sie räumt auf. Anfangs reden wir nicht viel, aber wir machen zusammen Frühstück und sprechen über andere Dinge. Erst als ich wieder bei meiner Arbeit sitze, kommt das Thema WLAN nochmals auf: »Um vier erzählst du mir kurz den Stoff für die Geografie-Arbeit am Montag, okay?«, schlage ich vor. »Danach stelle ich das WLAN an.« Zu unserem oft so unregelmäßigen Alltag würde ein völlig starres Regelwerk nicht passen. Es würde zu mir nicht passen. Immer wieder suche ich nach Regeln, die zusammengehen mit den Realitäten unseres aktuellen Lebens. Die Realität heute ist eine anstehende Klassenarbeit einerseits, das Erfahrungswissen andererseits, dass ein zur Hälfte mit Aufräumen, Basteln, Reden, Lernen und Lesen verbrachter Tag Noëmi besser bekommt als ein kompletter Bildschirmtag.

Ich denke über »Triangulierung« nach – und wie wir beide das machen. In der jetzigen Lebensphase, in der verbale Auseinandersetzung und auch Argumentieren so wichtig sind, fällt mir auf, dass Sprache selbst und die Art, wie man miteinander spricht, ja jenes »Dritte« ist, über das man die teilweise zu große und auch konflikthafte Nähe reguliert. In Jürgen Griesers Fachbuch zum Thema hatte ich den interessanten Gedanken gefunden, dass nicht nur Personen, sondern auch etwas Symbolisches wie die Sprache ein »Drittes« sind, das regulierende Distanz zwischen Mutter/Vater und Kind bringt.

Die Kommunikation miteinander, denke ich, ist eine Art »Gesamtkunstwerk«, zu dem ein Schweigen im richtigen Moment genauso gehört wie zum Beispiel ein Brief. Ein komplexes Gebilde, über das Bewusstwerdung stattfindet – und über das man die Chance hat, dem Kind die eigene Persönlichkeit verständlich zu machen, und ihm die Chance gibt, sich selbst zu zeigen.

Ein Gesamtkunstwerk, an dem man möglicherweise in der Zweisamkeit der Eins-plus-eins-Familie noch härter arbeiten, noch sorgfältiger feilen muss als in der größeren Familie? Bei uns ist ja niemand da, um Fehler, die man selbst gemacht hat, auch mal auszugleichen. An diesem Wochenende habe ich das WLAN auf jeweils eine Stunde begrenzt. Noëmi, die ihrem Zimmer innerhalb weniger Stunden ein neues Outfit verleihen kann, hat eine neue Wand dekoriert, Tagebuch geschrieben und ein paar Hörbücher gehört. Sie hat blendende Laune. »Mama, echt, manchmal bringt's das voll, WLAN-Pause zu machen. Finde ich wirklich! Und heute Abend – wie wär's, wenn du da mal ausnahmsweise nicht vor deinem Computer hockst? Und dir nur Zeit nimmst für mich?«

Das Leben ist das Buch, das du selbst schreibst: Halten, ohne festzuhalten

Am Anfang stand eine E-Mail. Caroline schrieb mir: »Ich bekomme viel Bewunderung, dass ich es gewagt habe auszuwandern… Meine Antwort lautet dann: Falsch! Ich bewundere alle Alleinerziehenden, die unter den schweren Umständen in Deutschland überleben können. Für mich war es die Flucht nach vorne… genau so, wie man es NICHT machen soll, und doch habe ich es irgendwie geschafft, auf den Beinen zu landen.«

Caroline ist dreiundfünfzig, gelernte Floristin und alleinerziehende Mutter von Zwillingen. Seit acht Jahren lebt sie auf Åland, dieser zwischen Schweden und Finnland eingeklemmten Inselgruppe aus 6500 Inselchen in der nördlichen Ostsee.

Lebt auf Åland: Das schreibt sich so locker dahin – aber dahinter steht ein Weg, der nicht in Kilometern zu messen ist. Viel weiter als die Distanz zwischen der Schweiz, wo alles begann, und Finnland. Mit Zwischenstationen in Lörrach (Süddeutschland), Klixbüll (Norddeutschland), Vimmerby (Südschweden), Kumlinge (Åland, Finnland), Sund (Festland-Åland, Finnland). Fünfzehn Jahre extrem anstrengender Suche nach guten Schulen und einer guten Lebensumgebung für ihre Kinder.

Caroline ist eine zähe Träumerin. Sie hat jenes Stück Unerschrockenheit, das es vermutlich braucht, um Träume durch eine lange Strecke harten Lebens zu schleusen. Träume, die von vornherein aus stabilem Stoff sind – keine luftigen Hirngespinste – und doch oft so endlos weit entfernt von den Strickmustern, die das Leben in der Schweiz oder Deutschland für eine Mitte dreißigjährige frischgebackene Alleinerziehende vorgesehen zu haben schien. Caroline, so scheint es mir, hat sich vom harten Leben das Träumen nicht austreiben lassen.

Das weiß ich inzwischen – nachdem ich einige Tage mit ihr verbringen und viel von ihrer Geschichte erfahren durfte. Was ich zuvor von ihr wusste, waren Bruchstücke: eine Frau, die mit ihren Kindern durch viele Krisen und etliche Krankheiten gegangen war; die mit ihnen immer schon nach Skandinavien gewollt und es irgendwann tatsächlich auch geschafft hatte.

Åland also. Ein bisschen Schweden, ein bisschen Finnland. Man spricht dort Schwedisch und hat einen finnischen Pass. Caroline spricht schwedisch, aber ihre Pässe sind – wie die ihrer Eltern – deutsch und englisch.

Und so stehe ich im Frühsommer 2015 auf der Fähre, die in ein paar Stunden von Stockholm hinüber nach Åland fährt, um sie kennenzulernen. Als mir der Wind durch die Haare fährt und sich der glatte Meeresspiegel der Ostsee vor meinen Augen ausbreitet, denke ich wieder einmal, dass es so viel über jemanden aussagt, wo er oder sie lebt. Wohin jemand zieht im Laufe seines Lebens. Oder sich ziehen lässt. Oder auch nicht zieht. Die Leichtigkeit dieser Überfahrt gehört zu Caroline schon dazu, bevor ich sie kenne. Die frische Meeresbrise, das klare Licht des Nordens. All das ein Vorgeschmack auf Caroline und ihre Kinder; ein Vorzeichen, unter dem ich ihre Geschichte aufnehmen würde.

Später lese ich bei der Schriftstellerin Antje Rávic Strubel, die in der DDR aufwuchs, dass ihre eigene große Liebe zu Schweden mit dem sehnsüchtigen Blick ihrer Landsleute auf die Fähren begann: auf jene großen Schiffe, die man von Rügen hinüber nach Schweden fahren sah und denen die Menschen am Sassnitzer Strand nachwinkten. »Die Fähren zogen schmerzhaft langsam dahin. Sie wurden zu weißen Punkten, sie standen noch lange am Horizont, bevor sie verschwanden.«[24]

Seit der Wende hat Antje Rávic Strubel unzählige Male die Fähren genommen. Sie hat alle Strecken probiert und hat feststellen können, dass für Skandinavier die Fähren – egal ob die kleinen zwischen den Schäreninseln oder die großen von Festlandeuropa – »so selbstverständlich sind wie für uns die Deutsche Bundesbahn«. Sie hat wahrgenommen, dass »der Anblick von Fähren bei Skandinaviern Zufriedenheit auslöst« – und bei ihr selbst wieder und wieder »Sehnsucht neu entzündet«. Schweden, als sie es dann selbst besuchen konnte, hat ihre Sehnsucht nicht enttäuscht – unerwarteterweise hat sie sogar Bekanntes (wieder)finden können: »Menschen, die mich manchmal an meine Kindheit erinnerten. Ihre Rücksicht und ihre Eckigkeit waren mir vertraut. Die Selbstverständlichkeit, mit der Frauen Berufe ausübten und Kinder in Kindergärten gingen, hatte ich im vergleichsweise rückschrittlichen Gesamtdeutschland beinahe vergessen, bevor ich sie hier wiederfand.«[25]

♦

Nachts um halb zwölf kommt die Fähre in Mariehamn, der Hauptstadt von Åland, an. Dunkel ist es noch immer nicht. Es dämmert. Ich erkenne Caroline sofort: Zu Hause hatte ich ihren Namen gegoogelt und das Bild einer engagiert in einem Gemeindemeeting diskutierenden Frau gefunden, langes krauses weißblondes Haar, große dunkle Augen. Ernster, aufmerksamer, konzentrierter Blick. Genau das sehe ich nun vor mir. Als wir zusammen im Auto sitzen, fühle ich mich sofort wohl. Von Caroline geht keinerlei Anspannung; kein Bewerten oder Abchecken aus. Große lebhafte Augen, in denen ich in den folgenden Tagen leicht erkennen kann, was gerade Sache ist. Meist liegt Wärme darin, eine fröhliche Entschlossenheit. Aber manchmal spricht aus ihnen auch große Müdigkeit und Erschöpfung. Carolines Gang ist schwer – wie von jemandem, der viel trägt, ja, schleppt.

In dem flachen Häuschen ein bisschen außerhalb des Stadtzentrums, mit vielen Einbauschränken und mehreren Schlafzimmern, wohnen sie noch nicht so lang. Eine Wohnung, in der man schnell ein- und auch schnell wieder ausziehen kann. Grüner Rasen ringsumher, hinter dem Haus eine kleine Anhöhe, wo oben auf einem Spielplatz Kinder lachen und kreischen. Nebenan eine Kirche. Als wir uns im Wohnzimmer auf der Couch niederlassen, kommen auf leisen Pfoten zwei neugierige Katzen heran und überprüfen die Besucherin.

Bei einem späten Tee tasten wir uns ans Thema heran. »Meistens war ich froh, allein zu sein«, sagt Caroline. »Es eignen sich so wenige Männer als Väter. Jetzt – seit einem halben Jahr – bin ich zum ersten Mal mit jemandem zusammen, der sich eignen würde. Das ist sehr schön und entlastend.« Caroline legt die müden Füße hoch. Wo fängt die Geschichte ihres Alleinerziehens an?

Sie geht zurück bis zu einer Alp im Berner Oberland. »In der Schweiz hätte ich nicht bleiben können vom Aufenthaltsrecht her. Und ich habe mich selbst nach sechs Jahren dort immer als Ausländerin gefühlt. Das wollte ich dann meinen Kindern doch ersparen.« Mit Ende zwanzig hatte Caroline ihren eigenen Laden als Floristin geschlossen. Ein Lebensabschnitt, auch eine erste Ehe, waren zu Ende. Ihr Traum danach: ländlich zu leben, mit Tieren, körperlicher Arbeit, einsam, nah an der Natur. Als sie im Berner

Caroline

Oberland die Möglichkeit fand, als Sennerin auf einer Alp zu wohnen, Käse zu machen, Tiere zu versorgen, war dies genau das, wonach sie gesucht hatte. Sie befreundete sich mit dem Bauern. Beide kamen sich näher. Caroline wurde schwanger. Als sie sich eines Tages beim Alpabtrieb zwischen die Kühe drängte, um sie auseinanderzutreiben, drückte ihr eine Kuh das Horn in den Bauch. »Ich fing an zu bluten – und dachte, so, das war's mit der Schwangerschaft. Auch der Arzt, zu dem ich ging, dachte das. Aber dann sagte er, beim Blick auf den Ultraschall: Da ist ja noch eines! Und dann: und noch eins! Ich war also mit Drillingen schwanger gewesen – und Zwillinge waren noch da. Ich bin fast gestorben vor Schreck – er aber jubelte und schien innerlich schon mal die Sektflasche zu öffnen. Es war seine erste Zwillingsschwangerschaft.«

Der Gedanke an zwei Kinder löste immer wieder Panik aus: »Mir war klar, dass ich das allein würde durchziehen müssen. Und ich fragte mich verzweifelt, wie ich das schaffen sollte, beiden gleichzeitig gerecht zu werden. Ein Freund sagte damals zu mir: Sie werden nicht zur selben Zeit das gleiche Bedürfnis haben. Das tröstete mich etwas. Anfangs hatte ich auch noch die Hoffnung, dass der Vater doch zu den Kindern eine Beziehung aufbauen würde.«

Die Hoffnung erfüllte sich nicht. Zwar zahlte er – bis zum 18. Lebensjahr – Unterhalt. Aber er verbrachte nie Zeit mit den Kindern. Damals zog Caroline erst einmal nach Lörrach, wo sie ihre Schwester in der Nähe wusste. Aber die ersten Jahre waren meist eine schlimme Zeit. »Ich war endlos erschöpft. Stillte beide Kinder zwei Jahre. Du hast immer zwei Babys im Arm – keine Hand frei, um mal nur für dich einen Kaffee zu trinken.« Diese Erschöpfung mit zwei kleinen Kindern sei oft einfach der Horror gewesen, sagt Caroline. Und die Einsamkeit. Eine Zeit, in der man über nichts viel nachdachte, einfach handelte. Eine Zeit, in der sie sich der Willkür von Ärzten ausgesetzt fühlte: »die dann mal bei der Vorsorgeuntersuchung locker fanden, die Kinder wären nicht ganz normal. Damals habe ich stark empfunden, dass man als Alleinerziehende den Stempel weghat: Die schafft das nicht. Ist ja kein Wunder, wenn die Kinder einen Schaden haben.« Sie erlebte herzlose Unflexibilität: »Wir Alleinerziehenden mussten einen Kurs besuchen, um eine bestimmte finanzielle Unterstützung zu bekommen. Ich mit meinen zwei war so geschwächt, dass die Frau in der Gruppe mich beschimpft hat. Die Kinder waren zudem oft krank, ich war nur müde. Zu so was wie Babyschwimmen konnte ich einfach nicht gehen – sie waren nicht auf Zwillinge eingestellt.« Caroline hält inne. »Doch, die Babyzeit war traumatisch. Es gab Zeiten, in denen ich tatsächlich dachte, es ist zu viel, ich muss sie zur Adoption freigeben.«

Im Kindergarten in Lörrach sprachen die Kinder nicht. »Die Erzieherinnen wollten mir einreden, auch das wäre nicht normal. Dabei hatten die beiden untereinander ja ihre Zwillingssprache. Ich schwor mir, hier würden sie niemals die Schule besuchen.«

Dennoch konnte sie ab der Kindergartenzeit zum ersten Mal durchatmen. »Wir hatten einen großen Garten, das war gut… und dann hatte ich diesen Traum von einer Lebensgemeinschaft in Skandinavien. Ich wusste nicht viel. Es war eher eine Art Vorstellung, die mich aber nicht losgelassen hat. Und so habe ich damals in einer Bauernzeitung inseriert: ›Suche Lebensgemeinschaft.‹« Es meldete sich tatsächlich jemand: eine Frau aus Vimmerby in Schweden. Caroline fuhr hin und schaute es sich an – »aber ich hatte ein komisches Gefühl. Irgendwas stimmte nicht. So sagte ich ab und wusste: Ich musste in Deutschland eine Schule finden.« Als sie am Hafen gestanden habe, sagt Caroline, habe sie zu sich selbst gesagt: Ich komm wieder. »Es gab da einen Zauber. Auf dem Schiff spürte ich das auch. Und irgendwie wurde ich dann ruhig und sagte mir: Etwas wird passieren.«

Caroline hatte in diesen Jahren einen VW-Bus. »Die Kinder hätten viel lieber ein normales Auto gehabt. Aber wenn wir unterwegs waren, konnte ich anhalten und auch mal im Bus schlafen. Ich musste mir in diesen ganzen Jahren immer etwas suchen, das mir half, das Ganze kräftemäßig allein zu bewältigen.« Caroline suchte in ganz Deutschland nach einer öffentlichen Montessori-Schule. Der Wunsch, nach Schweden auszuwandern, lag erst mal auf Eis.

♦

Am nächsten Morgen bricht Caroline früh auf. Sie wird heute für deutsche Gäste von einem der vielen Kreuzfahrtschiffe, die in Mariehamn anlegen, der Guide sein. Den Besuchern einen halben Tag lang ein bisschen was von Åland zeigen. Das ist ein Nebenjob – sie macht ihn mit Stolz. So sehr zu Hause wie seit den vier Jahren, die sie nun in Mariehamn lebt, habe sie sich fast noch nie im Leben gefühlt.« »Wenn ich in Deutschland bin, sehne ich mich nach Åland.«

Ich radele währenddessen für eine erste Erkundungstour den gekiesten Radweg an der Autostraße entlang. Links von mir das Wasser, vertäute Boote, und jene dunkelrot getünchten Holzhäuschen, die das Markenzeichen Skandinaviens sind. Ålands Hauptstadt liegt auf einer schmalen Landzunge, die ist einen ganzen Kilometer breit. Irgendwann stoße ich auf eine Lindenallee, biege ein und kann unter Bäumen bis zur anderen Seite der Landzunge durchfahren. Mariehamn hält architektonisch die Waage zwischen schönen alten Holzhäusern mit ihren symmetrischen Fassaden und Erkern einerseits, sehr hässlichen Betonklötzen für Bürobauten und Einkaufszentren andererseits.

Später am Tag treffen wir uns. Caroline kennt viele Leute

hier. Rechts und links wird sie gegrüßt, steigt auch mal vom Rad, um jemanden zu umarmen. »Diese Frau hier ist vor Kurzem mit ihrem Sohn nach Åland gekommen. Sie haben Probleme mit den Nachbarn… Das da drüben ist meine Kollegin… Und da, das ist einer von meinen Heimatlosen.« Es dauert eine Weile, bevor ich kapiere, wen sie mit »meine Heimatlosen« meint. Seit nun zweieinhalb Jahren hat sie eine Stelle bei der Kirche als Diakonin und hat sich in dieser Zeit besonders der Obdachlosen angenommen. Die es in diesem äußerst wohlständigen Fleckchen Europa eigentlich gar nicht geben dürfte, wie Caroline findet – und die deshalb auch zwischen die Maschen des sozialen Netzs fallen. »Sie werden aus der Psychiatrie entlassen, weil sie dort nicht bleiben können – und wo gehen sie dann hin? Es gibt keinen Ort. In einer Gegend mit so hohem Lebensstandard ist das ein Skandal.« Sie erzählt von einer Frau, deren Depression ein Ausmaß angenommen hatte, dass sie kaum mehr laufen konnte. »Ich gehe mit ihr schwimmen. Setze mich mit den Obdachlosen auf die Parkbank. Besuche Gefangene, damit sie sich nicht vergessen fühlen.« Außer der Schwimmgruppe hat Caroline noch einen Chor gegründet.

»Ich wusste das nicht, dass ich diese Leute so lieben kann«, sagt sie. »Sie sind so weit unten, dass sie niemandem mehr etwas vormachen. Keine Maske tragen, keinen schönen Schein wahren.« Caroline hatte die freie Stelle ohne Ausbildung bekommen, die sie nun nachholt. Aber gerade jetzt kriselt es zwischen der Diakonin und dem Kirchenrat: Das achtköpfige Gremium agiert machtpolitisch und versperrt sich den menschlichen Anliegen, wie Caroline findet. Gestern Abend hatte sie mir einen ganzen Stapel von Zeitungsartikeln gezeigt, in denen ihr Name und ihr Bild auftauchen: »Meine Forderungen haben ganz schön Unruhe reingebracht. Ich halte der Kirche hier einen Spiegel vor, in den sie nicht so gern hineinschauen.« Zugleich scheint die Wertschätzung unter den Leuten selbst aber hoch zu sein. Sie hat sich einen Platz geschaffen.

Als wir zum Kaffee im Café »Bagarstugan« sitzen, Holz, Spitzendeckchen und Blümchentassen, kehren wir zu unserem Thema zurück. Ganz am anderen Ende des Landes: in Klixbüll, Schleswig-Holstein, fand Caroline damals eine staatliche Montessori-Schule, die passte. »Mit der Rektorin verstand ich mich sofort.« Und so kam es dann auch: »Die ersten drei Jahre waren fantastisch. Wir zogen dort oben mehrmals um. Irgendwann wohnten wir auf einem Grundstück, wo ich für die Kinder Tiere halten konnte.« Roman hatte sein Schaf und Selina ein Pony: »Das Pony und das Schaf konnte ich beide in ein Wäldchen hinter unserem Haus stecken. Mit dem Pony haben die Kinder auf Kinderturnieren mitgemacht – und bei allen anderen Kindern haben immer Leute geklatscht. ›Warum klatscht bei uns niemand?‹, fragte mich Roman einmal, und ich antwortete ihm: ›Weil wir hier keinen Verwandten haben.‹«

Das Geld wurde zum Riesenproblem. Caroline konnte in Teilzeit als Floristin auf Sylt arbeiten, aber der Job hatte keine Zukunft. »Ich war ökonomisch völlig runter. Konnte den Kindern nichts mehr bieten.« Bei Lidl hätte sie einen Job gefunden – aber da waren die Arbeitszeiten so, dass sie die Kinder ständig hätte allein lassen müssen. »Wie hätte ich das machen sollen? Wenn Kinder keine Verwandten haben und kein soziales Netz, ist das ein Problem.«

Caroline sagt so einen Satz ganz nüchtern und unverbittert. Dennoch spürt man, wie weh es ihr tat, dass trotz guter Schule, trotz Pony und Schaf auch hier keine Zukunft für ihre »kleinste Familie« lag. Die Härten ballten sich. Damals ging auch eine Beziehung in die Brüche – es war das einzige Mal, dass ein Partner in den Jahren des Kindergroßziehens mit ihnen lebte. »Ich musste mich von ihm trennen. Damals brach wirklich etwas zusammen. Es war klar – in Deutschland würde ich finanziell nicht mehr auf die Beine kommen. Und in dieser Situation meldete sich plötzlich die Lebensgemeinschaft aus Vimmerby noch einmal.«

Wir radeln am Wasser zurück. Boote liegen vertäut, das Restaurantschiff »Floating Molly«, daneben eine schnittige Jacht, die lange in den James-Bond-Filmen mitgewirkt hat. Wir kommen an einem Holzhaus vorbei, an dessen Veranda und Fenstern blitzendes Zeug hängt, »Silver Schmid« – das sei eine ganz spezielle Werkstatt, wie Caroline sagt. »Der Besitzer wird mir diesen Sommer Segeln beibringen!« Sie ist mit dieser Umgebung vertraut geworden. Wir laufen über einen Steg durch sumpfiges Gras, eine Herde Schafe blökt.

♦

Abends gehen wir etwas trinken mit Carolines Freundin Anne. Anne ist selbst mit zwei Töchtern allein, so reden wir viel über das Thema. Sie erzählt eine Anekdote: »Meine Tochter sprach jahrelang davon, wie ihr Vater sie von einem Krankenhausaufenthalt abgeholt hatte. Dass die Mutter tagtäglich zu ihr fuhr, sie bekochte und den ganzen großen Rest des Lebens meisterte, wurde nie erwähnt.« Anne lacht. »Es ist leichter, ein guter Papa als eine gute Mama zu sein. Wenn er zweimal im Jahr vorbeikommt, werden die Kinder den Rest des Jahres darüber sprechen.«

In vieler Hinsicht aber ist die Situation finnischer Alleinerziehender unvergleichlich viel besser als in fast allen anderen Ländern Europas. Durch Elternurlaub, Erziehungsgeld und garantierten Arbeitsplatz ist für die Berufskarriere gesorgt. Die Kinderbetreuung ist umfassend: Es gibt 24-Stunden-Kitas für Eltern, die Schichtzeiten arbeiten müssen. Zugleich können die Eltern sich auch auf die Qualität und die sorgfältige Betreuung verlassen: »Der Betreuungsschlüssel bei Kindern unter drei Jahren ist 1:4.« Kostenloser Vorschulunterricht erreicht 96 Prozent der sechsjährigen Kinder. Wenn ein Land so in Bildung und Erziehung investiert, wundert es nicht, dass die Geburtenrate deutlich höher liegt als in Deutschland. Es hat sehr wohl damit zu tun, wie finanzielle Hilfen, Betreuungsplätze und garantierter Arbeitsplatz ineinandergreifen. »Eltern können sowohl am Leben ihrer Kinder teilhaben, als auch sich beruflich entfalten«, erklärt mir Anne.

Dass ich extra nach Åland komme für das Thema, findet sie spannend. Als freie Mitarbeiterin der »Åland Dagstidning« fragt sie mich, ob sie einen Artikel schreiben darf.

Wir brechen auf. Caroline wird Roman von der Halb-elf-Uhr-Fähre holen. Er hat einen weiten Nachhauseweg ins Wochenende. Das Internat in Järna, das er seit einem guten halben Jahr besucht, liegt fünf Stunden von Åland entfernt, die er mit Bus, Zug und Fähre zurücklegt.

Dann steht er in der Tür: groß, kurze Haare, freundliche

Augen, feine schöne Gesichtszüge. Als Erstes geht er in die Küche und öffnet das Fenster. Blacky, die Katze, springt herein und sofort auf seinen Arm. Krallt die Vorderpfoten in sein Hemd und kuschelt das Köpfchen unter sein Kinn, wie ein kleines Kind, das lange auf »seinen« Erwachsenen gewartet hat. »Blacky ist noch aus Vimmerby«, sagt Roman und lächelt.

Die Verbindung dieser kleinsten Familie zu Tieren ist älter als die Kinder selbst – sie geht zurück bis zu Carolines Kindheit. Sie sei immer ein wildes Mädchen gewesen, erzählt sie. Kein Pony war ihr wild genug. Als sie aber einmal mit einer Freundin das Pony tauschte, ging ihres mit der Freundin durch, das geliehene raste hinterher und rutschte an einer scharfen Kurve aus. Die Zähne in Carolines Kiefer waren verschoben. »Trotzdem war das Erste, was ich meine Mutter im Krankenhaus fragte: ob ich weiter reiten darf.«

Es gibt ein Foto von Roman und seinem Schaf: Stolz und aufrecht mit Hirtenhut und Stock steht er da. Von diesem Foto geht etwas Zeitloses aus: Als hätte dieser kleine Mensch an diesem Ort selbst Wurzeln geschlagen. Mir kommt es vor, als bringe das Bild etwas Wesentliches von Roman auf den Punkt: eine Ausstrahlung von Stille, wie es sie vielleicht in den Wäldern von Åland gibt oder abends an einem der unzähligen finnischen Seen. Er ist ein Jugendlicher, zu dem man Landschaft automatisch hinzudenkt.

Am nächsten Morgen gehen Roman und ich in eine Eisdiele ein paar Straßenecken weiter. Dort hat sich ein lebhaftes italienisches Paar nach etlichen Jahren in Deutschland niedergelassen: »Wir wollten weniger Hektik als an der deutschen Bundesstraße. Hoffentlich wird es hier jetzt nicht zu einsam …«, meint die Frau lachend. Hier sitzen wir nun, löffeln Eis und knüpfen an das Gespräch von gestern Abend wieder an. Klixbüll in Schleswig-Holstein, wo Roman sich so wohlgefühlt hatte. Ein Stück Zuhausegefühl hängt irgendwie noch immer dort fest. Es gibt noch einen Freund, mit dem er in Kontakt ist und den er gern bald wieder besuchen würde. Roman lächelt auf seine etwas scheue, schöne Art: »Ich rede sehr gern deutsch.«

Roman erinnert sich noch gut, wie sie alle drei Schwedischunterricht nahmen, mit Blick auf den Umzug nach Vimmerby. Aber zunächst hatte Roman nicht aus Deutschland weggewollt. Es war auch die einzige Zeit in seiner Kindheit, in der er so etwas »wie einen Vater« hatte. Carolines Partner hatte richtig mit »dazugehört« und auch bei ihnen gewohnt. »Wir haben zusammen gebaut und so. Er hat echt viel mit mir gemacht. Die Zeit mit ihm war gut.« Es gab da einen Garten mit Hängematte drin, erinnert sich Roman und löffelt sein Eis. Als diese Beziehung zerbrach, verlor Roman eine Vaterfigur. Der leibliche Vater war für die Kinder ja nie »wirklich« geworden. »Es lagen ja immer Zeiträume von zwei, drei Jahren dazwischen, bis wir ihn mal wieder gesehen haben.«

Hat er ihn in diesen Jahren vermisst? »Nein«, sagt Roman und schüttelt den Kopf. »Ich hätte ihn vermisst, wenn ich es gekannt hätte, mit ihm zu leben. Aber so habe ich gar nie darüber nachgedacht, wie es ist, keinen Vater zu haben.«

Dieser Umzug war für ihn der schwerste? Nein, der einzig schwere, korrigiert mich Roman. »Die Umzüge haben mir nicht wirklich was ausgemacht – es wurde ja besser und besser.« Die erste Wohnung in Norddeutschland hatte Kellerasseln gehabt. Lächeln, Schulterzucken. »Ich glaube, ich hab das mehr als Abenteuer gesehen.«

»Leider hat Vimmerby dann ja nicht geklappt«, sagt Roman. Carolines ursprünglicher Eindruck von der Lebensgemeinschaft hatte sich bestätigt. Es waren ihr falsche Tatsachen vorgespiegelt worden. Sie wurde belogen. Am Schluss wurde ihr aus dem Zimmer das Geld geklaut. Roman erinnert sich an ihr Weinen. Die Schule dort war so schön gewesen. Der große Schritt nach Schweden – ein Traum zerplatzt?

♦

Ausgerechnet Vimmerby! Das hatte ich gedacht, seit Caroline mir von ihrem ersten Wohnort in Schweden erzählt hatte. Von allen Dörfern und Kleinstädten, die es in diesem nicht gerade kleinen Land gibt, ausgerechnet Astrid Lindgrens Märchenkinderwunderland.

Auch für mich war Vimmerby der erste und neben Stockholm immer noch fast der einzige Ort in Schweden, den ich kannte. Hier in Vimmerby, im südschwedischen Småland, hatte Lindgren – damals Astrid Ericsson – jene Kindheit verbracht, aus der sie später die »Bullerbü« oder »Madita« oder »Pippi«-Welten schöpfte und in die Welt trug.

Ich erinnere mich an den Moment, als ich selbst mit der sechsjährigen Noëmi an der Hand aus dem Zug gestiegen war, für eine Reportage zum 100. Geburtstag der großen Schriftstellerin. Ich war ausgestiegen und hatte mich zu orientieren versucht; ganz hilflos gemacht von dem Umstand, dass Vimmerby genauso hübsch war, wie ich es mir vorgestellt hatte – das *Stadshotellet* auf dem Platz, die Kopfsteinpflasterstraßen und putzigen kleinen Häuser.

Zur gleichen Zeit, im Juni 2007, kam Caroline mit ihren zehnjährigen Zwillingen in Vimmerby an. Und fand dort tatsächlich eine »traumhafte Schule mit traumhaften Lehrern und einer so liebenswürdigen Rektorin. Die schwedischen Kinder nahmen Roman und Selina mit offenen Herzen auf… es war wirklich ein Traum.« Auch Caroline gefiel es. Als sich die Lebensgemeinschaft dann aber tatsächlich als die früher schon geahnte Katastrophe herausstellte, stürzte Caroline in ein richtiges Loch. »Das war schlimm für mich… die Sorge, dass die Kinder ein zweites Mal entwurzelt werden. Ich habe am Morgen, als wir wegfuhren, bei der Rektorin gesessen und mir die Augen ausgeheult. Es war wirklich schrecklich, das hinter uns zu lassen, was wir schon angefangen hatten zu lieben. Und aufzubrechen in eine Welt, wo wir überhaupt nicht wussten, was uns erwartet. Die Kinder vertrauten mir natürlich, aber für mich war es fast unerträglich, auszuziehen ohne Reserve – kräftemässig und finanziell.«

Während Carolines Erzählung hatte ich die miniaturartigen Häuser wieder vor mir gesehen; die ganze Lindgren'sche Geschichtenwelt, die als »Astrid Lindgrens Värld« in einem Wald versammelt ist. Dort kann man von der Mattisburg zu Pippi laufen, nach Bullerbü oder zu den Brüdern Löwenherz. Wir waren damals beide verzaubert gewesen, Noëmi und ich. Sie war von Ort zu Ort gerannt und hatte alles wiedererkannt: obwohl Michels Hof Lönneberga im schwedischen Original Emils Hof namens Katthult ist und die Villa Kunterbunt Villa Villekulla heißt. Und obwohl in diesem riesigen Freilufttheater alles auf Schwedisch gespielt wurde, hatte meine Sechsjährige das gar nicht bemerkt. Sie erkannte alles wieder und war glücklich.

Erst jetzt – und in Verbindung mit Carolines Vimmerby-Geschichte – fällt es mir wie Schuppen von den Augen, dass ja auch für Astrid Lindgren selbst Vimmerby ganz und gar nicht nur der glückliche Kindheitsort gewesen war. Ganz und gar nicht nur Bullerbü und Madita. Sondern auch für sie Schauplatz erbarmungsloser Alleinerziehenden-Einsamkeit. Einsamkeit, die wir Alleinerziehenden von heute uns so nicht mehr vorstellen können – geimpft mit sozialem Stigma. Lindgrens Biografin Margareta Strömstedt erzählt davon: »1926, als Astrid Ericsson achtzehn Jahre alt war, wurde sie schwanger. In einer Kleinstadt, wo tausend Augen alles sahen und tausend Ohren mehr als bereit waren, Skandale aufzufangen, bedeutete dies eine Katastrophe. Und dieser prachtvolle Skandal traf nicht nur Astrid selbst, sondern genauso sehr die ganze hoch angesehene Familie … Für sie selbst war alles umso schlimmer, weil sie mit dem Vater des erwarteten Kindes definitiv nichts zu tun haben wollte.«[26] Der Vater ihres ungeborenen Kindes war Chefredakteur der lokalen Zeitung. Für die junge Mutter gab es 1926 keine andere Option, als Vimmerby zu verlassen und in Stockholm arbeiten zu gehen.

Später schrieb auch Lindgren selbst darüber und erzählt, dass noch nie »so viele so lange über so wenig getratscht«[27]

hätten wie damals die Leute in Vimmerby über ihr uneheliches Kind. Sie betont nachdrücklich, dass es keineswegs ihre Eltern gewesen seien, die sie aus dem Haus geworfen hätten. Nein, keine zehn Pferde hätten sie abhalten können davon, fortzugehen. Astrid Ericsson, die spätere Astrid Lindgren, ging in Stockholm zur Sekretärinnenschule, brachte in Kopenhagen – dem einzigen Krankenhaus in Europa, wo die Daten der Mütter nicht an Einwohnermeldeämter weitergegeben wurden – ihren Sohn Lasse zur Welt. Dort fand sie eine Pflegemutter für ihn, und sobald sie etwas Geld übrig hatte, fuhr sie von Stockholm nach Dänemark, um Lasse so oft wie möglich besuchen zu können.

Als die Pflegemutter drei Jahre später krank wurde und Astrid erneut nicht mehr ein noch aus wusste, sagte Astrids Mutter, sie solle Lasse nach Vimmerby bringen – dort gehöre er doch hin. Strömstedt schreibt: »Sie wurden am Bahnhof Vimmerby mit Pferd und Wagen abgeholt und fuhren offen durch die Stadt, um eventuellen Klatschbasen eine Freude zu machen.«

Lindgren fügt hinzu, dass es »eine Art Pioniertat war, als ich meinen unschuldigen Sohn in eine Kleinstadt brachte, wo man es nicht gewohnt war, dass ledige Mütter ihre Kinder als genauso große Wunder präsentierten wie alle anderen Kinder auch«.[28]

Wie alle anderen Kinder auch. Ich denke an Blacky, die Katze, die Caroline für ihre Kinder aus Vimmerby mitgenommen hatte. Ein kleines Stück Vimmerby. Ein erster schwedischer Glücksbringer – allem Anfangspech zum Trotz.

Ist er denn inzwischen gern in Schweden, frage ich Roman – und überspringe kurzerhand die acht Jahre, die seit ihrer Ankunft in Schweden vergangen sind. Ja, hier in Mariehamn habe er sich gut eingewöhnt, sagt Roman. »So gut, dass ich ohne Caroline Åland wohl nicht unbedingt verlassen hätte.« Die Internate in Schweden, die beide Kinder seit acht Monaten besuchen, sind die letzte Etappe auf jenem schulischen Weg, den Caroline mit so viel Zähigkeit verfolgt hat. Nach drei Jahren dort werden die beiden nicht nur das Fachabitur haben, sondern auch eine berufliche Ausbildung – Roman in der Landwirtschaft, Selina als Reitlehrerin. Diese Ausbildungsmöglichkeit gab es auf Åland natürlich nicht – und so warf Caroline sich ein letztes Mal in die Frage hinein, was schulisch für sie beide nun am besten wäre. Inzwischen ist Roman in seiner neuen Umgebung angekommen. Am letzten Wochenende hat er mit seinem Zimmernachbarn eine Paddeltour zu einer unbewohnten Insel gemacht. »Das war super ... wir haben Adler gesehen ... Rehe und Wildschweine sowieso.«

Dass ihm damals der Abschied von Deutschland so schwergefallen ist, hat ihm weder Schweden noch das Unterwegssein an sich verleidet. Für die Zeit nach der Schule stellt er sich eine weite Reise vor. »Work and Travel in Australien vielleicht? Mein Zimmernachbar hat die Idee, durch China zu wandern ... Auf Reisen jedenfalls habe ich viel Lust.« Später dann schon mal Familie haben und einen Hof mit Tieren – »aber nicht, bevor ich dreißig bin!«

Als Roman und ich zurück zum kleinen Häuschen der Familie laufen, erzählt er mir von seinem Begrüßungsritual, wenn er mal nach Deutschland reist – was gar nicht mehr so häufig der Fall ist: Er kauft sich als Erstes eine Laugenbrezel: eine kleine, salzige Deutschlandsehnsucht.

◆

Caroline hat sich ein paar Tage freigenommen. Wir werden heute ans andere Ende von »Festland-Åland« fahren. Auf dieser größten Insel der Inselgruppe, auf der auch Mariehamn liegt, wohnen 90 Prozent der Ålander: also rund 25 000 Menschen.

Roman kommt mit. Jetzt ist er nur über das verlängerte Wochenende da, aber in zwei Wochen, Mitte Juni, ist das Schuljahr zu Ende. Dann werden die Zwillinge beide für den Sommer aus den Internaten heimkehren und bei Sommerjobs Geld verdienen – in den zehn schönsten Wochen des Jahres, wenn die Nächte so kurz sind, dass ein Tag schon fast in den nächsten übergeht.

Wir fahren über die weitgehend flache Insel. Apfelbäume stehen in Blüte. Jenseits der Straße stößt der Blick auf Wälder, Kiefern und Birken. Roman freut sich darauf, im Wald zu arbeiten. Er hat den Motorsäge-Führerschein und wird mit Carolines Freund Torbjörn im Wald sein. Ach, apropos Führerschein: Roman beugt sich von hinten vor und fragt Caroline, ob sie ihm im Sommer nicht ein bisschen Fahren beibringen könne, als Vorbereitung zum Auto-Führerschein?

»Nein«, lehnt Caroline ab. »Das Problem ist, dass wir dazu eine zusätzliche Bremse im Auto einbauen lassen müssten. Und ich müsste eine Prüfung ablegen. Das ist mir zu viel. Du verdienst ja Geld im Sommerjob, oder?«

Für Caroline ist die Zeit des Loslassens gekommen, mit aller Entschiedenheit. Der Schritt in die Internate stellt eine klare Markierung dar: Jetzt darf sie loslassen. Den Kindern, die bestens ausgestattet ins Leben starten, mehr und mehr selbst in die Hand geben. »In diesem Alter gehören sie unter Gleichaltrige«, ist sie außerdem überzeugt.

Wir sind in einem idyllisch zwischen Wald und Teich gelegenen kleinen Gasthaus angekommen, wo wir etwas essen werden. »Komisch, mit dem Teich stimmt was nicht … die Seerosen sind alle tot«, sagt Roman. Wir sitzen am Wasser, bei blauem Himmel, in den Caroline jetzt mit zusammengekniffenen Augen schaut: »Roman, ist das ein Adler?«, fragt Caroline. »Nein, eher ein Bussard.« Sein Blick scheint immer auf Natur gerichtet. »Die schwedische Landschaft ist mir aber noch lieber«, sagt er, »die Laubwälder, das Moos …« – »Ja, das ist noch irgendwie lieblicher, verzauberter«, findet auch Caroline.

Später laufen wir durch knorrigen Wald aus niedrigen Kiefern, die der Wind in alle möglichen Richtungen gebogen hat. Vögel zwitschern. Von weit unten her rauscht das Meer. »Tannen würden hier sofort umfallen«, erläutert Roman, »hier halten sich nur Bäume mit tiefen Wurzeln.« Auch Eichen gibt es nicht. Der Boden besteht aus rund geschliffenem Felsen, auf dem trockene Flechten, Heidekraut, Kiefernnadeln einen Teppich bilden.

»Kannst du dich noch an die vielen Elche erinnern, die wir auf Kumlinge immer gesehen haben?«, fragt Caroline. Kumlinge ist eine der größeren Inseln von Åland, näher an Finnland gelegen. Dorthin hatte es Caroline und die Kinder erst einmal verschlagen, nachdem Vimmerby gescheitert war. Caroline hatte sich auf der Website eines deutschen Paars gemeldet, das Mitbewohner gesucht hatte – ein neuer Faden, nach dem sie griff, um in Schweden bleiben zu können. Wobei: Kumlinge war schon Finnland. Aber da die gesamte Inselwelt der Schären schwedischsprachig ist und der gegenseitige Schulbesuch innerhalb Skandinaviens überhaupt kein Problem, gab es keine praktischen Einwände gegen die finnische Schärenwelt. Also erneut »eine Reise ins Blaue«, wie Caroline sagt.

Åland, sagt Caroline, habe sie dann karger, rauer empfunden. Nicht so lieblich wie Vimmerby. »Ich habe noch lange getrauert…« Und schon wieder gab es etwas Schweres zu bewältigen: Die damals elfjährige Selina wurde schwer krank: Borreliose. »Das war eine heftige Zeit«, sagt Caroline und schüttelt den Kopf. Und zu allem Überfluss gab es wieder keine Möglichkeit zu bleiben. Nach nur wenigen Monaten wechselten die drei erneut den Standort: hinüber auf Festland-Åland, in ein kleines Dorf namens Sund.

Die dortige Schule fiel gegenüber jener in Vimmerby steil ab. »Die Mentalität war eine andere, nicht so herzlich und liebevoll wie in Vimmerby. Die Kinder draußen auf dem Land waren es nicht gewohnt, neue Schüler zu integrieren. Gerade Roman war wirklich gestraft damit. Es tat so weh zu sehen, wie er gemobbt wurde. Die Lehrer haben es nicht verstanden.« Es sollte dauern, bis es mit der Schule wieder besser wurde.

»Ich wollte ja immer aufs Land, wegen der Tiere und der Natur und so«, führt Caroline aus – »in dem Fall war das vielleicht ein Irrtum. Wenn ich sehe, wie es uns in den letzten Jahren in Mariehamn geht, denke ich: Hier wären wir besser aufgehoben gewesen.«

Es ist der einzige Ort, bei dem ich klar heraushöre: Hierher hätten wir früher gehen sollen. Aber in Sund kam auch die Zeit, wo Caroline total von ihren Kräften verlassen wurde. Sie hat es selbst gesagt: Nachdem auch Vimmerby nicht geklappt hatte, war sie einfach ausgebrannt. Nun erkrankte sie auch selbst noch an Borreliose, so schwer, dass sie zu Abklärung und Therapie nach Deutschland reisen musste. Dort wurde sie sofort ins Krankenhaus eingewiesen. »Dann waren die Kinder allein – sie waren zwölf und hatten Panik, weil ich gesagt hatte, nach einer Woche wäre ich wieder da. Sie kamen dann bis zu meiner Rückkehr in ein Heim.«

Was für tiefe Täler! Wie viel Einsamkeit. Aber natürlich war es in einer solchen Situation auch ein Glück, dass Roman und Selina einander hatten.

Mit dem Umzug nach Mariehamn wurde die Schule schlagartig besser. »Die Kinder waren viel offener und netter und auch gewohnt, neue Kinder zu integrieren. Roman und Selina bekamen endlich richtige Freunde.« Ich frage Caroline nach der bei uns vielgepriesenen finnischen Schule: Fand sie die finnischen Schulen besser? »Ich weiß es nicht. Sie sind anders, im Bezug darauf, was und wie viel sie lernen. Es ist weniger Stoff – der aber bleibt besser im Gedächtnis haften.«

Hat sie eigentlich irgendwann in diesen Jahren auch profitieren können von der finnischen Familienpolitik? Als Caroline mit ihren zehnjährigen Kindern nach Finnland kam, waren die betreuungsintensivsten Jahre ja bereits vorbei. »Ich hätte es leichter gehabt, wenn ich schon mit den kleinen Kindern hier gewesen wäre. Hier werden die Schwächeren besser versorgt als in Deutschland.« Hierzu legt das Familienhandbuch[29] eine Zahl vor, die so alarmierend wie – für deutsche Frauen – deprimierend ist: Die Armutsquote bei Alleinerziehenden – die bei uns in Deutschland viermal so hoch ist wie für den Gesamtdurchschnitt – liegt in Finnland kein bisschen höher als für den Rest der Bevölkerung. Eine Zahl, die ein Skandal ist. Nur Länder wie Finnland, Schweden, Dänemark oder Frankreich, die Frauen die problemlose Rückkehr in die Vollzeitbeschäftigung ermöglichen, hätten eine Chance auf solche Zahlen, schreibt die Publizistin Judith Schoenen.[30]

»Ich hätte in Deutschland keine Existenzchance mehr gehabt«, sagt Caroline. In der finnischen Gesellschaft hingegen sind nun ihre Kinder versorgt, und sie selbst ist wieder in den Arbeitsmarkt integriert. Kinder, sagt Caroline, haben in Skandinavien einen grundsätzlich anderen Stellenwert. »Die Wertschätzung für sie ist höher. Lehrer sind eher Partner, Freunde. Niemals würde jemand ein Kind runterputzen.«

Auf dem Rückweg will Caroline mir noch den Schauplatz ihres nächsten Traumes zeigen: wiederum nahe an einem Wald und einem Teich gelegen, ein weitläufiges Gelände, lauter kleine und größere rote Häuschen darauf verstreut – wie ein ausgedehnter Gutshof. »Das war hier die landwirtschaftliche Schule«, erklärt Caroline. »Sie wird aber nicht mehr genutzt. Hier würde ich gern eine Art integrierte Lebensgemeinschaft gründen.« Ein Ort für ihre Heimatlosen. Leute, die dann jemanden haben, der nach ihnen schaut und nicht mehr »die Tür in der Psychiatrie eintreten müssen«. Caroline hat das Bild einer Arche vor Augen. Menschen, die so weit beitragen zum Gemeinschaftsleben, wie sie das können – und die es auch deshalb können, weil sie sich sicher fühlen. Tiere natürlich. Garten und Anbau. Caroline stapft zielstrebig über das Gelände, als richte sie im Geiste schon die Häuser ein.

♦

Es ist noch eine Viertelstunde bis Mitternacht. Caroline kommt mit Selina herein, die gerade von ihrer Schule in Uppsala zu Hause eingetroffen ist: Ein Wirbelwind steht im Raum, lachend, glucksend. Selina ist klein, zierlich, sie hat lange Haare und ein strahlendes Gesicht. Ihre Schule ist in Uppsala, 160 Kilometer entfernt, wo sie auf ihrem Weg zum Fachabitur gleichzeitig zur Pferdepflegerin ausgebildet wird. Nach dem Abi möchte sie noch Krankengymnastin lernen und die beiden Berufe zur Reittherapeutin verbinden. Sie hat einen kürzeren Weg heim als Roman – und kommt auch jedes Wochenende. »Selina ist genauso aufmüpfig wie ich«, sagt Caroline. »Sie hat sich schon mit dem Hausmeister angelegt und darf am Wochenende gar nicht mehr in der Schule bleiben.«

Eine Minute später hat auch sie die Katze auf der Schulter – wie gestern um dieselbe Zeit ihr Bruder. Wenig später verzieht sie sich in Romans Zimmer. Gelächter dringt heraus – Selinas hohe Stimme und Romans tiefe, und als ich die beiden frage, ob ich ein Foto machen darf, sitzen sie aneinandergekuschelt im lebhaften Gespräch beieinander. »Man ist nie einsam als Zwilling«, wird mir morgen Selina sagen, und ich werde sie fragen, wie es denn dann ist, nun zum ersten Mal im Leben an einem Ort nicht nur ohne Mutter, sondern auch ohne Roman zu leben. »Am Anfang hab ich ihn sehr vermisst«, wird sie sagen. »Jetzt habe ich mich langsam gewöhnt. Aber wenn wir uns dann sehen, reden wir ganz viel. Wir erzählen uns gern unsere Sachen. Ich wollte ja sowieso immer mit ihm zusammen sein, hab ihn sicher oft genervt«. Für mich sieht es eher danach aus, dass diese beiden so unterschiedlichen Geschwister einander jeweils das geben, was der andere nicht hat.

Im Wohnzimmer hat Torbjörn, Carolines neuer Partner, ein Feuer im Kamin angezündet. Immer mal wieder in diesen Tagen war mir der Gedanke gekommen, dass man als alleinerziehende Mutter von Zwillingen noch eine ganz andere Härte zu bestehen hat als die doppelte Arbeit: eine verstärkte Einsamkeit. Zwillinge haben einander. Die oder der Erwachsene aber ist in der »Allein-Position«.

Roman und Selina

»Ich könnte das jetzt auch nicht mehr. Ich bin ausgebrannt.« Caroline schüttelt den Kopf, fast ungläubig über all das, was hinter ihr liegt. Jetzt hat Caroline wieder einen Partner; den ersten seit neun Jahren, und den ersten, den sie auf der ganzen Linie unterstützend findet. Die beiden haben sich vor einem Jahr in der Diakonie-Arbeit kennengelernt. Zusammengekommen sind sie dann, als Selina und Roman aufs Internat kamen – fast schon symbolisch.

Caroline ist innerlich längst unterwegs zu neuen Ufern. Zu

ihrem nächsten Traum. Seit ich das Gelände gesehen habe, auf dem sie ein Zuhause für »ihre Heimatlosen« erträumt, denke ich, dass dies vielleicht der Stoff ist, aus dem Caroline ganz grundsätzlich gemacht ist: Sie hat das Talent – und das Zeug – zur Visionärin, und ihre Visionen haben immer damit zu tun, ein Milieu zu schaffen, in dem Leben nach seinen eigenen Gesetzen gedeihen kann. Die Erschöpfung steckt ihr in den Knochen, man sieht ihr die Schwerstarbeiterin an. Die harten Jahre haben sie ausgelaugt. Aber ihr Elan, ihre Leidenschaft blitzen in ihren Augen – die Kreativität, etwas aufzubauen, was sie klar als Notwendigkeit erkennt.

Torbjörn, seit einem halben Jahr ihr Freund, hat sich von ihrer Begeisterung anstecken lassen. Ich habe ein Foto von den beiden gemacht: Beide lächeln strahlend in die Kamera, er hält sie im Arm, sie hat eine Hand auf seinen Bauch gelegt und den Kopf neben seinen geschmiegt. Weich und weiblich und sinnlich sieht sie aus. Das Bild bringt es gut auf den Punkt: Eine neue Zeit ist da. Eine, in der Muttersein nicht mehr die oberste Priorität hat. Eine, die sagt: Du bist lange genug total verfügbar gewesen. Jetzt darfst du abgeben und dich auch mal anlehnen.

»Ich habe geguckt, was die Kinder in jeder neuen Runde gebraucht haben, und habe versucht mich danach zu richten – vor allem, was Schule und Gemeinschaft betrifft. Diese Aufgabe ist jetzt getan. Ich kann nicht mehr, ich will nicht mehr.« Nichts mehr erstreiten. Um kein Badewanne putzen, kein Aufräumen kämpfen. Sich nicht mehr verpflichtet fühlen, Essen auf dem Tisch stehen zu haben. Mit dem Thema der Überanstrengung – einem Lebensmodus, den sie achtzehn Jahre hatte – erst einmal abschließen. Die große Linie, die Caroline mit ihren Kindern verfolgte, hieß: einen so guten Rahmen und so gute Bedingungen zum Aufwachsen zur Verfügung stellen, dass frühzeitige Selbstständigkeit gelingt. Das passt gut nach Skandinavien: Im Familienhandbuch hatte ich gelesen, »dass häufiger als in Deutschland als Ziele der Pädagogik ›Teamfähigkeit‹ und der ›Erfolg als Teammitglied‹ betont werden«.[31] Klug und weitsichtig kommt einem eine Politik vor, die diese Akzente setzt.

Carolines schöne Ausstrahlung hat auch mit ihrer Uneitelkeit zu tun, einer damit verbundenen echten Souveränität. Sie hat eine ganze Menge Ängste hinter sich gelassen und wirkt unabhängig von der Meinung anderer. Vielleicht ist diese Souveränität in den Jahren gewachsen, in denen sie oft mutterseelenallein dastand mit Krankheiten, Launen, Nöten, Entscheidungen. Eine Souveränität, die sie zum Teil sicher der Entscheidung verdankt, schlechte Verhältnisse nicht auszuhalten, sondern sie zu verändern – oder zu verlassen. Nein, Caroline ist kein »Opfer der Verhältnisse«. Dies Etikett, das sie sich angesichts ihrer schweren Startbedingungen als alleinerziehende Mutter durchaus hätte anheften können, scheint nie infrage gekommen zu sein. Obwohl es immer wieder um das schiere Überleben ging, hat Caroline kühn und hartnäckig nach Möglichkeiten guten Lebens gesucht. Sie hat es gewagt, den Weg ihrer kleinsten Familie an Träumen auszurichten.

♦

Als ich am nächsten Morgen mit Selina ins Café abziehen will, höre ich aus den Zimmern noch keinen Laut. Caroline ist unterwegs. Ich warte in der Küche, wo Blacky im Sonnenflecken auf dem Küchentisch ein Wärmebad nimmt. Kästen mit Tomatenpflänzchen vor dem Fenster. Dann steht Selina plötzlich da, in ihrer ganzen Frische und Fröhlichkeit. Wir radeln am Wasser entlang ins Zentrum von Mariehamn. Unterwegs erzählt die junge Frau von ihren Sommerplänen; einem Job auf einem Campingplatz in Åland – »da mach ich dann alles: putzen, servieren, Büroarbeiten. Ich muss jetzt unbedingt Geld verdienen, weil ich leider sehr faul war letzten Sommer.« Sie lacht fröhlich. »Außer einer Segeltour mit Freunden hab ich da nichts gemacht.«

Kommt sie eigentlich gern heim nach Åland? »Also, ich glaube, Schweden ist mein Zuhause«, sagt Selina, »Åland war sehr gut, als ich kleiner war. Jetzt, wo ich größer bin, ist es mir zu klein, ich fühle mich ein bisschen eingesperrt. Meine Freunde sind jetzt in Uppsala …«

Selina, das merke ich bald, ist eine schnelle junge Frau; fähig, sich rasch in neuer Umgebung einzuleben und wohlzufühlen. Wenn ich Roman zuhöre, klingt er »deutscher« als sie. Bei ihrem Deutsch ist eine kleine Anstrengung dabei, so, als müsste sie sich mühen, in ein Kleid zu schlüpfen, das ihr nicht mehr passt. Manches findet sie in Deutschland inzwischen auch irritierend: Wenn sie dort mit gleichaltrigen Jugendlichen unterwegs war, hat sie sich schon öfter gewundert, dass es aggressiver zugeht. »In Schweden hat man irgendwie weniger das Gefühl, etwas kaputtmachen zu müssen«, sagt sie. Roman sei immer besser in der Schule gewesen als sie, fügt sie noch hinzu. So sei es gut gewesen, dass sie in der Schule in Mariehamn in verschiedenen Klassen waren. »Aber vorher, in Sund, da ging es ihm gar nicht gut. Die Kinder waren nicht offen – erst später habe ich verstanden, wie schlecht er es da hatte.«

Inzwischen sitzen wir in der »Bagarstugan« – heute sogar draußen im Hof, zwischen Backsteinmauern und in der warmen Sonne. Selina spricht wie ein sprudelnder Wasserfall – ihr zuzuhören heißt, von ihrer Lebendigkeit angesteckt zu werden. Wie Roman sieht Selina die häufigen Umzüge in ihrem Familienleben positiv – sehr positiv sogar: »Man wird viel offener für Veränderungen als andere Kinder … eine Freundin, die mit mir von Åland nach Uppsala ging, hat es viel schwerer, weil sie ihr ganzes Leben mit Mama und Papa in Åland war. Ich war sehr gut vorbereitet auf diesen Wechsel, aber ich habe generell keine Angst, irgendwo anders hinzugehen … Mama hat immer gesagt: Es wird gut, es wird besser, und sie hat recht gehabt. Nach jedem Umzug fand ich es wieder spannend, einen neuen Ort kennenzulernen. Ich fand auch immer, dass wir eine sehr vollständige Familie waren. Ich habe mich nie nach Papa gesehnt. Es gab Briefe, zum Geburtstag, oder zu Weihnachten – aber eigentlich fand ich es eher komisch, einer fast fremden Person zu schreiben. Wir hatten nie einen Vater – es war immer Mama, die da war. Ich habe sie immer als starke Sicherheit empfunden, sie war ja auch immer da für uns. Eigentlich war sie wie zwei Personen. Sie hat uns nie allein gelassen. Ich glaube, sie selbst hat sich viele Sorgen gemacht – wie es für uns ist, ohne Vater. Aber sie hat das sehr gut gemeistert.«

Was für eine schöne Würdigung, denke ich, während ich Selina zuhöre. Bei all ihrer jugendlichen Unbekümmertheit ist sie doch reflektiert und nachdenklich und sich auf eine liebevolle Art äußerst bewusst, was Mutter und Bruder ihr bedeuten. Ich weiß von Caroline, dass die Temperamente von Mutter und Tochter oft zusammenstoßen und es Zoff um allerhand Alltagskram gibt. So staune ich jetzt über den klaren, eindeutig positiven Blick, den Selina auf ihre zurückliegende Kindheit und Jugend hat. Vielleicht fand die Ablösung genau zum richtigen Zeitpunkt statt?

»Sie wollte ja immer, dass wir viele Sachen selbst machen. Wenn ich jetzt von der Schule komme, ist es zum Beispiel ganz klar für mich, dass ich meine Fähre selbst buche. So Sachen erwartet sie von uns. Aber was sie nicht gemacht hat, ist, uns von ihren Problemen zu erzählen. Als ich klein war, hatte ich keine Ahnung, wie gestresst sie war. Es war immer so, dass sie uns schonen wollte, und das war, glaube ich, auch gut so. Sie hat uns nicht belastet. Nur manchmal hat man mitbekommen, wie schlimm etwas für sie war – als wir von Vimmerby wegmussten zum Beispiel. Die Schule dort war so toll, die Kinder kamen auf uns zu und haben uns in ihr Spiel einbezogen – genauso, wie Mama sich das gewünscht hatte, aber dann mussten wir trotzdem weg. Sie war so traurig. Und dann sind wir mit dem allerletzten Geld nach Åland gekommen.«

In ihren drastischen Tiefpunkten, aber auch in den vielen schönen Bildern hat diese Familiengeschichte etwas von einem Märchen, denke ich. Ein Entwicklungsweg voller Prüfungen und auch Schrecken. »Bei der Borreliose damals ging es mir so schlecht – das war auf Kumlinge, als wir gerade auf Åland angekommen waren. Ich konnte nicht schlafen und nicht essen, aber war völlig kaputt.« Die Borreliose war nicht die einzige schwere Krankheit, die Selina durchstehen musste. Vor einigen Jahren hatte sie einen Tumor im Arm, der größer wurde. Das aländische Gesundheitssystem war an seine Grenze gestoßen: Caroline wurde im Glauben gelassen, es handele sich um Krebs. Erst als sie Gewebe an eine Uniklinik in Deutschland schicken ließ, gab es Entwarnung. Aber auch diesen Schrecken hielt Caroline weitgehend von Selina fern.

»Und dann die ganzen Tiergeschichten, in die uns Mama reingezogen hat…« Jetzt strahlt Selina wieder. »Hier, bitte sehr, ein Pony! Dann später gab es ein anderes Pferd, das hieß Kaspar. Ich bin immer viel geritten – aber wir hatten auch die anderen Tiere, Kaninchen, Enten, Katzen… Tiere waren immer sehr wichtig.« Später einmal wünscht Selina sich selbst zwei Kinder – »zwei wäre schön – nicht mehr. Aber erst will ich alles klar haben, meinen Job, wo ich wohne und so.«

Das Leben in dieser »kleinsten Familie« ist an jenem Punkt angekommen, an dem die Wege sich erstmals wirklich trennen. Dem Punkt des Loslassens. Für Caroline der Punkt ihres abenteuerlichen Lebens, an dem sie – auch das wie im Märchen – endlich mal für viele schwere Jahre belohnt wird. »Mama ist eine Kämpferin, und ich finde das sehr positiv«, sagt Selina abschließend. »Sie ist keine, die einfach so aufgibt. Sie hat keine Angst vor etwas. Und sie sagt ganz offen, was sie schlecht findet. Jetzt endlich ist vieles richtig gut, auch für sie. Sie hat einen Job, den sie mag, und einen Freund, der ihr hilft.«

◆

Mein letzter Tag auf Åland. Bevor Caroline morgen mit Torbjörn die Fähre nimmt, erst zu einem Seminar, dann zu einem Fest, holt sie die große Kiste mit Fotos aus der Abstellkammer. Zusammen mit Selina und Roman hocken wir auf dem Wohnzimmerboden, und ich schaue zu bei diesem Ausflug der drei in die Familienerinnerung.

Da ist Caroline vor achtzehn Jahren, als junge Frau, braunlockig, zart irgendwie, in jedem Arm einen Zwilling. Sie nimmt die Geburtsanzeige aus dem Karton und liest vor: »Das Leben ist wie ein Schiff auf hoher See, und ich bin der Kapitän. Mein Schiff hat nun Besatzung bekommen, und sie wird meinem Leben einen ganz neuen Wind geben.« Dann lacht sie: »Von wegen Kapitän ... Das habe ich mir so gedacht. Was war ich? Ein Blatt im Wind.« Bilder von Hängematten im Garten, einem Wasserpool, einer Rutsche, mittendrin die Kinder. Eine Badewanne draußen. Wald. Das Pony. »Ich hab immer versucht, kleine Paradiese zu schaffen«, sagt Caroline. Selinas Katze. Romans Fisch. Die Kinder beim Eisangeln. Beim Trampolinhüpfen. Pferde. Ein Chihuahua. »Wisst ihr noch, die Elche im Wald, beim Pilze- und Beerensammeln?« – »Da ist ja Lenni, das Schaf!«, ruft Selina aus. »Und die Ente! Was ist aus der eigentlich geworden?« Die Zwillinge, Selinas Kopf auf Romans Schulter. »Die zwei mussten sich immer schon berühren«, sagt Caroline. Ein Ponyturnier – was macht das Schaf? »Das Schaf war mit dabei – Roman hat es am Seil geführt.« Ein Turnier im Regen. Das Schaf mit Mütze. Die Kinder im Pferdehänger. »Ach, das war kurz vor Vimmerby – als ich die Miete nicht mehr zahlen konnte.«

O ja, denke ich, das Leben ist ein Schiff auf hoher See! Aber auch jene Arche, von der Caroline schon sprach: ein geschützter Raum, voller Menschen und Tiere. Und nun sitzen sie da, zwei junge Menschen, freundlich, sensibel, klug und lebensfroh. Perfekt zweisprachig, vielfältig kompetent, den Wechselfällen des Lebens gewachsen, in ein paar Jahren mit Abitur sowie Ausbildung. Mir erscheint dies Bild, das Caroline für die Geburtsanzeige ihrer Zwillinge wählte, ahnungsvoll – und den Job eines Kapitäns, den hätte wohl niemand besser machen können.

◆

Loslassen – das ist die komplexe Arbeit der Liebe. Dann, wenn Liebe längst nicht mehr nur »einfach« ist in dem Sinne, dass es identisch ist mit Brauchen und Gebrauchtwerden. Wenn die Kinder älter werden, wird Lieben komplizierter. Lieben heißt dann: akzeptieren, dass man immer öfter auch nicht gebraucht wird. Dass Lieben noch viel mehr Seiten hat als Gebrauchtwerden. Eine eigenwillige Persönlichkeit lieben. Einen Menschen, der sich (logischerweise) ganz und gar nicht immer nur toll verhält – so wie man selbst ja auch. Einen Menschen, den man (logischerweise) nicht immer versteht. Der uns aber trotzdem deutlich macht, dass es ihm (ihr) sehr wichtig wäre, verstanden zu werden.

Was Loslassen betrifft, bin ich mit meiner Vierzehnjährigen noch längst nicht dort, wo Caroline mit ihren beiden Achtzehnjährigen steht. Und doch gibt es Momente, in denen ich fast schon mit einem kleinen Schock begreife, was Loslassen ist.

Los Angeles, Januar 2013. Wir waren ein paar Tage zuvor ange-kommen. Heute sollte Noëmi in der Schule starten. Wir war-teten im Sekretariat, wo zwei Sekretärinnen mexikanischer Abstammung lautstark fröhlich zwischen Telefonen und he-reinströmenden Kindern hin und her liefen und dazwischen in ihre Sandwiches bissen, die auf ihren Schreibtischen stan-den. Wir hatten noch einmal wegfahren müssen, Kopien ma-chen, dicke Formulare ausfüllen.

Und dann, plötzlich, schneller, als ich gucken konnte – war Noëmi weg. Sie hatte sich nicht mehr umgeschaut. Hatte die vier bleischweren Bücher kommentarlos genommen und in den geblümten Schulrucksack gestopft, zwei in die neue Sport-tasche – und war dem Mädchen gefolgt, das ihr ein Schließ-fach zeigen und sie dann ins Klassenzimmer bringen sollte. Vermutlich habe ich fassungslos hinterhergestarrt und gar nicht kapiert, wieso ich nicht dabei war, um meine damals Elfjährige in ihr neues Klassenzimmer zu begleiten und die Lehrerin zu begrüßen. Jedenfalls legte mir die Sekretärin mit einem breiten Lächeln die Hand auf den Arm und sagte, »so, mom – you go home now, mom«. Energisch, fürsorglich, mit Witz lachte sie meine Mutterängstlichkeit weg. Und ich ka-pierte. Heulte dann zwar auf dem Weg zum Auto – aber ich kapierte, dass ich mein Kind machen lassen musste. Dass Noëmis ängstliche Stimme von gestern – warte dann vor der Schule auf mich, ja? – nicht mehr zum Kind von heute ge-hörte. Dass dies ein Moment des Hinter-sich-Lassens war und ihrer Fähigkeit, im richtigen Moment nicht mehr zurückzu-schauen.

Im Paket »Liebe« ist »Loslassen« immer schon irgendwie eingepackt. Was Lieben und was Loslassen jeweils konkret bedeutet, ist je nach Lebensstadium – und oft genug von Moment zu Moment – anders.

Heute Nachmittag – zweieinhalb Jahre später – heißt Lieben ganz eindeutig: viel mehr loszulassen, als ich eigentlich will. Wir sind seit einigen Monaten von unserem zweiten Amerika-Aufenthalt zurück – und sie hat noch nicht alles optimal nachlernen können. Was ich gut verstehe. Ist sie doch in Amerika einem anderen Lehrplan gefolgt, hat andere Klassenarbeiten mitgeschrieben.

Nun steht eine Spanischarbeit an, und ich habe versucht, ihr eine Art »Schnellkurs« zusammenzustellen. Es ist eher die Ausnahme als die Regel, dass ich mit Noëmi lerne. Aber ich fühle mich verantwortlicher gegen Ende dieses Schuljahres – war ich es doch gewesen, die entschieden hatte, dass sie noch einmal für zweieinhalb Monate die Schule in Amerika besuchte. Und so hatte ich Blätter vorbereitet und eine genaue Vorstellung, wie der Nachmittag sich aus Arbeitsabschnitten und Pausen gestalten sollte.

Da hatte ich mich gehörig vertan. Als meine Vierzehnjährige von der Schule kam, würdigte sie die Blätter keines Blickes. Aß ihren Salat, schnappte sich dann selbst das Spanisch-Lernheft und verließ die Wohnung. Und ich verstand: Erzwingen kannst du gar nix. Und glaub bloß nicht, dass du für deinen schönen Plan jetzt auch noch einen Preis kriegst.

Ich muss zugeben, dass mir an diesem Tag das Loslassen sehr schwerfällt: das vertrauensvolle Loslassen, mit dem ich sie nicht nur (gezwungenermaßen) gehen lasse – sondern in dem Gefühl, sie wird es für sich und auf ihre Art richtig machen. Ich weise alle Symptome des Nicht-loslassen-Können-nens auf: auf diffuse Art unzufrieden mit meiner Tochter – und mit mir selbst. Diffuse Schuldgefühle: Ich hätte es vorher so hinkriegen müssen, dass die Situation »auf den letzten Drücker« gar nicht erst entstand. Es gelang mir nur schwer, klarzubekommen, bis wohin meine Verantwortung reicht und was das heute bedeutet.

Nach zwei Stunden stand sie wieder vor der Tür: strahlend. »Kann ich jetzt ein bisschen Computer schauen und Pause machen?« Aber ich haderte. Sagte: »Nein.« – »Wieso denn?«, gab Noëmi zurück. »Vertraust du mir nicht? Traust du es mir nicht zu?«

Es gibt kein Rezept – in der Pubertät noch viel weniger als vorher. Vielleicht muss ich das als Mutter wissen, dass ich unerwartet oft – und in unerwarteten Momenten – Dinge loslassen muss.

Am Tag nach der Klassenarbeit schlage ich ihr vor, dass wir abends zusammen auf dem Gelände des Zeltfestivals, das direkt am See liegt, essen gehen. Ein unvergleichlich schöner Sommerabend, der Mond geht rot über dem Wasser auf. Wir arbeiten uns vom indischen Essensstand über den arabischen bis hin zum Kaiserschmarrn zum Nachtisch durch. Noëmi hat das immer gemocht: »Beziehungszeit« zusammen. Wenn wir manchmal auf einen »Apero« am Nachmittag zusammenhocken, Chips knabbern und sprechen. »Lass uns das jetzt regelmäßig machen, einen Mama-Tochter-Abend, okay?«, fragt Noëmi.

Immer wieder muss ich begreifen, wie viel Misstrauen und Ängste hinter so vielem stehen, was man als »normale« Erziehung und Umgang mit Jugendlichen ansieht. Als Jugendliche lassen sie einem oft nicht mehr die Wahl. Und so musste ich gestern davon ausgehen, dass für Noëmi das »allein machen« das Wichtigste war.

Loslassen – aber nicht fallen lassen. In Ruhe lassen – aber nicht ganz aus den Augen lassen. Lassen – ohne gleichgültig zu werden. Halten – ohne festzuhalten.

Caroline hat eine Vermutung in mir geweckt: dass man möglicherweise umso entschiedener, umso einfacher loslassen kann, je besser man gehalten hat. Gehalten – nicht festgehalten.

♦

Ich hatte von Åland einen einzigen schwedischen Satz mitgenommen: mir eingeprägt, auswendig gelernt. Er hatte, gestickt auf ein Spitzendeckchen und in einem Rahmen ausgestellt, im Café »Bagarstugan« gestanden, wo ich mit Caroline und später mit Selina, Kuchen gegessen hatte. »*Livet är bokan du själv forfättan*«: »Das Leben ist das Buch, das du selbst schreibst.« Caroline hatte mir den Satz gezeigt und übersetzt. »Schön, nicht?«, meinte sie.

Auf der Fähre zurück dachte ich: Roman und Selina zu erleben, heißt, zwei jungen Menschen dabei zuzusehen, wie sie begonnen haben, am Buch ihres eigenen Lebens zu schreiben.

Ein paar Tage später noch eine Überraschung: Anne schickte mir den kleinen Artikel online, den sie über meinen Besuch geschrieben hat. Caroline und ich sind im Bild zu sehen, die wehenden Haare erzählen vom Wind auf Åland, und ich versuche, mir auf den schwedischen Text einen Reim zu machen. Ein Wort springt mich an – und scheint mir wie für Caroline gemacht: »*Ensamversörjere*«, das schwedische Wort für Alleinerziehende. Einsamversorgerin.

Wir mailen uns weiter. Kürzlich schrieb sie: »Roman und Torbjörn arbeiten im Wald zusammen. Selina macht ihren Kellnerinnenjob. Ich genieße ein neues und ungewohntes Gefühl von Familie.«

Never Change a Winning Team.
Alleine weitergehen, verbunden bleiben

»Pass auf dich auf, Mama!«, sagt Noëmi fast immer, wenn sie zu Hause bleibt und ich gehe. Egal, ob es nur dreihundert Meter die Straße runter ist zum Elternabend an ihrer Schule oder ein bisschen weiter in die Stadt, um mich mit einer Freundin zu treffen. Oder für einen Arbeitstermin in Zürich oder für eine Reise ins Ausland.

Pass auf dich auf – und ich verspreche, auf mich aufzupassen. Höre ich doch in ihren Worten dasselbe, was ich auch empfinde, wenn sie geht: Pass auf dich auf, du bist ja mein Ein und Alles.

Ist dies doch nicht nur eine Liebeserklärung: Du bist mir endlos wichtig. Es ist auch die Aussage, die das ganze Ausmaß des Brauchens umreißt. Nur ein Kind zu haben – oder umgekehrt, nur einen zuständigen Elternteil: Das radikalisiert die Situation. Diesen einen Menschen darf man nicht verlieren – denn man würde mehr verlieren als nur »einen« Menschen. Man würde Familie verlieren.

♦

Dass ich Marion an diesem blauen Augusttag in Meersburg kennenlernen würde, kam unerwartet. Ich war für später mit ihr verabredet: einen Monat weiter, in London, wo sie lebt und arbeitet. Eine gemeinsame Freundin hatte uns einander vermittelt, und wir hatten den Termin vereinbart.

Als diese Freundin mir von Marion erzählte, kam mir das bekannt vor: Ich hatte in der englischen Tageszeitung *Guardian* einen Artikel der Schriftstellerin Jeannette Winterson gelesen, in dem sie über die extremen Belastungen und Beschwerden der Wechseljahre schreibt und wie eine Ärztin sie regelrecht gerettet und wieder zurück zu Gesundheit und Kraft gebracht habe. Diese Ärztin war jene Marion, die ich jetzt kennenlerne.

Und jetzt Meersburg als weiterer Zufall: Sie hatte in einer unserer Mails eine Kurklinik erwähnt, in der sie sich gerade aufhalte – und mir hatte gedämmert, dass genau diese Kurklinik am anderen Ufer des Bodensees liegt und ich, um sie zu treffen, also nur einmal über den See fahren müsste.

Der Anfang dieser Geschichte faltet sich also in ein paar Anfänge auf: Marion ist nicht mit einem, sondern gleich mit mehreren Orten und Bildern assoziiert. Das sagt sehr viel aus über sie – die Weltreisende und Weltbürgerin, die unruhig Suchende.

Marion in Meersburg: Ein Panamahütchen auf kurzen dunklen Locken, darunter lebhafte dunkle Augen, forsch und entschieden, interessiert. Sie erwartet mich an der Fähre. Wenn ich sie über ein einziges äußeres Kennzeichen beschreiben sollte, dann würde ich sagen: ein Gang wie eine Tänzerin. Kerzengerade, Rücken durchgedrückt, Füße ausgestellt, Kopf stolz erhoben. Krone zurechtgerückt. Ein Gang zum Beneiden und einer, der es völlig ausgeschlossen scheinen lässt, dass sie fünfundsechzig ist.

Wir spazieren durch Meersburg, den malerischen, hübschen,
touristischen Annette-von-Droste-Hülshoff-Ort. Laufen durch
die alte Ritterburg. Starren mit zusammengekniffenen Augen
auf die weite Fläche des Bodensees. Ihr Sohn Sam habe mal
kurz hier gelebt, erzählt sie, 2007, für ein Auslandsjahr sei er
drüben in Konstanz an der Uni gewesen. Einmal habe sie ihn
dort besucht. Dass sie eine Kur mache, wie jetzt, sei das erste
Mal in ihrem Leben. »Ärzte sind oft so, dass sie sich nicht gut
um sich selbst kümmern…« Ein Schulterzucken. »Aber Sam
ist froh, dass ich endlich mal was für meine Gesundheit tue. Er
hat sich Sorgen gemacht.«

Heute will ich sie nicht ausfragen. Sie ist in Kur, und ich bin
nicht auf Recherche. Es ist ein Sommertag, den man auch gedankenlos genießen kann. Aber natürlich fragen wir uns gegenseitig Dinge, die man bei einem Kennenlernen eben so
fragt. »Wo ich zu Hause bin? Ganz sicher London.« Marion
zögert. »Ich nehme an, dass wir unter einem Zuhause sicher
etwas anderes verstehen als andere Leute.«

◆

Wo bist du zu Hause? Eine jener Fragen, an denen sich Menschen – und Schicksale – radikal scheiden. Eine Frage, die für
manche schneller beantwortet ist, als sie nachdenken können;
weil sie gar nicht nachdenken müssen. Zu Hause ist, wo man
hingehört. Wo man immer schon lebt. Wo man vor dreißig

Jahren hingegangen ist und sich niedergelassen hat. Wo man Familie gegründet hat. Oder so ähnlich. Der Name eines Ortes. Einer Gegend. Oder auch der eines Menschen – wie ich neulich zum ersten Mal auf diese Frage hörte. »Zu Hause ist, wo meine Frau ist«, sagte mir der große Schriftsteller Richard Ford auf meine Frage. Auch diese Antwort lag schneller bereit als jedes Überlegen.

Andere antworten lang – weil es keine kurze und unkomplizierte Antwort gibt, sondern nur Erklärungen und Geschichten, mit denen sie sich an ihre Antwort heranarbeiten. Geschichten, die mit der Herkunftsgeschichte zu tun haben und dem, was man daraus gemacht hat. Und natürlich sind es die großen Vertreibungen und Verschiebungen im Europa des 20. Jahrhunderts, in denen diese Kompliziertheit und schwierige Beantwortbarkeit ihren Bodensatz hat.

Als ich gehört hatte, dass Marions Eltern sich 1944 in London kennengelernt hatten; London, wo sie seit acht Jahren lebt und sich jetzt gerade entschlossener niederlässt als je irgendwo anders, hatte ich gedacht – aha! Dann sei es ja wohl kein Zufall, dass es sie nach London verschlagen hat und sie ausgerechnet dort Heimatluft schnuppert. Doch, es sei sehr wohl Zufall, widerspricht mir Marion in bestimmtem Ton an diesem Sommertag in Meersburg. Erstens sei das ja vor ihrer Zeit gewesen. »London spielt für die Geschichte meiner Familie keine Rolle.« Außer vielleicht, dass es die Sprache vorgegeben hat, in der die Familie kommunizierte. Marions Vater stammte aus Wien, ihre Mutter aus Breslau, mit schwedischen Vorfahren – aber die Familiensprache Englisch wurde gesprochen, als Marions ältere Schwester in London geboren wurde und Marion selbst 1950 als mittleres von drei Kindern in Warschau zur Welt kam. Dann Israel, wohin die Familie – inzwischen staatenlos, denn man hatte ihnen die polnischen Pässe abgenommen – 1955 zog. Dann Österreich, wo Marion eingeschult wurde. 1958 ging die Familienodyssee weiter nach Australien. Dort verbrachte Marion die folgenden zehn Jahre ihrer Jugend. 1968 starb die schwedische Großmutter, die Familie kehrte nach Europa zurück und ließ sich in Hamburg nieder, um von dort aus den Grundbesitz in Schweden zu verwalten. Hamburg wurde der Boden für die junge Erwachsene, die hier Medizin studierte und ihren Berufsweg als Ärztin begann. Das Leben bis zu dem Zeitpunkt eine unentwegte Bewegung nicht nur zwischen drei Kontinenten und mehreren Kulturen, sondern auch ein Hin und Her zwischen den beiden Sprachen Deutsch und Englisch, die sie beide fließend spricht, aber beide mit einem leichten Akzent.

Was hat diese komplizierte Heimat- und Zuhausegeschichte für Marions eigenen Weg als Erwachsene bedeutet? Für ihren Sohn?

♦

Die Sommerferien haben begonnen. Wir haben gezeltet mit Verwandten. Nächste Woche breche ich nach London auf, um Marion und Sam zu treffen. Drei Tage vorher wird Noëmi ins Pfadfinderlager fahren. Aber am Nachmittag vor ihrem Aufbruch gibt es Streit zwischen ihr und mir, der sich nicht ganz leicht auflöst. Das Ende des Schuljahrs und andere Lasten stecken uns beiden in den Knochen. Nicht zuletzt eine Unsicherheit über die Zukunft. Seit den beiden Los-Angeles-Zeiten treibt uns der Wunsch nach Erweiterung um: wie es wäre, in der großen Stadt zu leben. Nicht Los Angeles, nein. Aber Berlin? Es kehrt keine Ruhe ein, und ich vermute irgendwie, dass die anstehende Trennung durch ihr Sommercamp uns vielleicht ganz guttut.

Als ich sie morgens zum Gemeindehaus bringe, von wo der Kleinbus mit den Pfadfindern losfährt, hat sich der Knoten immer noch nicht gelöst. »Mama, du schreibst in deinem Buch schon, dass du mir auch manchmal nicht hilfst, oder?«, sagt Noëmi. Upps. »Was meinst du damit?« Ich frage nach. Tatsächlich hatte sie mich am Morgen um Hilfe mit dem Packen gebeten, aber ich hatte ihre Gereiztheit nicht ausgehalten und hatte sie stehen lassen. Tja, es hilft nichts, das zu leugnen.

»Okay, ich werde es schreiben. Aber du kannst dir auch vorstellen, dass es keinen Spaß macht, die Sachen an den Kopf geworfen zu kriegen, die du mir heute Morgen gesagt hast?«, halte ich dagegen. »Ja, aber das hatte ja noch mit gestern zu tun«, erwidert sie. »Wie, gestern?«, frage ich verblüfft. »Das weißt du nicht mehr? Du hast mich angemeckert, weil ich dir nicht sofort Bescheid gesagt hatte, dass bei meinem Fahrrad die Kette runter war. Aber stell dir vor, du warst nicht zu Hause! Später hab ich daran nicht mehr gedacht! Und trotzdem sagst du mir diesen gemeinen Satz über WLAN.«

Ja, daran erinnere ich mich in der Tat. Ich hatte ziemlich gereizt zu ihr gesagt, »Hauptsache, die WLAN-Welt ist in Ordnung, was? Der Rest interessiert dich dann nicht.«

Okay. Wenigstens ist das jetzt ausgesprochen. Das erleichtert, dreihundert Meter und zwei Minuten, bevor ich mein mit

schwerem Rucksack beladenes Kind in die Obhut ihrer Pfad-
findertruppe abgebe. Wir umarmen uns. »Hab dich lieb, pass
auf dich auf, Mama, okay?« Dann schaue ich den Rücklichtern
hinterher.

◆

»Zu Hause? Was meinst du genau damit?«, fragt Sam, 30.
Schon wieder das Thema. Es regnet in London. Ich bin vor
ein paar Stunden angekommen und habe – fluchend, mit San-
dalen an den Füßen – viel zu lang nach Marions Praxis in den
Straßen von Marylebone gesucht.

Nun bin ich angekommen, ein schönes Londoner Stadt-
haus mit elegantem Eingangsbereich, Stimmengewirr aus
dem Untergeschoss – und da ist sie: Marion am Schreibtisch,
der weiße Kittel lässig offen
über einem schicken Pulli,
kerzengerade, konzentriert.
Neben dem Schreibtisch an
der Wand lehnt ein junger
Mann an der Wand – ihr
Sohn Sam. Groß, schlank,
jungenhaft schlaksig, gut
aussehend. Unter den kur-
zen dunkelblonden Locken
feine Gesichtszüge – er
sieht aus wie ein Künstler,
denke ich, als ich ihn sehe.

Sam und Marion

»Geht ihr einen Kaffee trinken?«, fragt Marion. Sam wird später am Tag Besuch von einem Freund bekommen, der sich

kurzfristig angesagt hat. Jetzt wäre der beste Zeitpunkt, um mich mit ihm auszutauschen.

Stichwort Zuhause – Sam wiegt den Kopf. Er hat uns Kaffee geholt, wir sitzen an einem der Tischchen, um uns die brummende Stadt. Sam ist freundlich und zugewandt; scheu und selbstsicher zugleich; offen im Gespräch, interessiert, er macht es mir leicht. »Ich bin mir nicht sicher, ob ich weiß, wo ich zu Hause bin. Vermutlich London?« Sam ist vor dreißig Jahren in Hamburg geboren, dort, wo Marion in den 1980er Jahren als junge Ärztin arbeitete. Mit Daniel, Sams Vater, hatte sie nicht zusammengelebt. Es war eine kurze Beziehung gewesen.

Sams Kindheitserinnerungen gehören nach Australien. Dorthin war Marion mit ihm gegangen, als er zweieinhalb war; nach zwanzig eigenen Lebensjahren in Deutschland. Sie war zurückgegangen ins Land ihrer Jugend, weil ihre Eltern und Geschwister dort inzwischen wieder lebten. »Ich wollte Sam Familie geben«, hatte Marion gesagt. Welche Erinnerungen hat Sam an dieses Familienleben?

Er sei viel allein gewesen, wenn Marion arbeitete. »Als Kind hatte ich große Trennungsängste«, erinnert er sich. »Sie ging ein paarmal auf Reisen, ich war bei meinen Cousinen, aber wollte meine Mutter eigentlich gar nicht gehen lassen.« Marions Mutter und Schwester lebten auch in Sydney, wenngleich nicht gerade um die Ecke. »Ich hätte sie gern näher gehabt. Mit ihnen zusammen zu sein, war das, was einer Geschwistererfahrung am nächsten kam.« Doch Marion und ihre Schwester verstanden sich nie gut. »Es gab viele Kämpfe. Das färbte meine Familienerfahrung natürlich ein.« Als einziges Kind seiner Mutter, so erinnert sich Sam, hatte er sehr viel Freiheit. – »Ich war verwöhnt, bekam viele tolle Dinge; lernte, mich allein zu beschäftigen.« Sam war wissbegierig, er erinnert sich an Dinosaurier-Magazine, an gemeinsame Besuche in Kunstgalerien zusammen mit seiner Mutter, an jährliche Reisen nach Europa.

Ich erinnere mich daran, dass Marion mir schon in Meersburg erzählt hatte, dass sie Australien im Grunde gar nie mochte. Weder als Jugendliche noch später als Mutter. Sie war widerstrebend zurückgegangen – mit dem Gefühl, für Sam sei es gut, Familie zu haben, und für sie selbst, eine gewisse familiäre Unterstützung als alleinerziehende Mutter zu bekommen. Dann aber, so hatte sie erzählt, sei alles anders gekommen. Die Differenzen mit der Schwester waren unüberwindlich. Man kam sich nicht wirklich nah. Während diese mit Mann und fünf Kindern ein klassisches Familienleben führte, erkämpfte Marion – nahezu ohne Unterstützung – einen Weg als alleinerziehende, alleinverdienende und arbeitende Mutter.

»Sie war immer eine sehr unabhängige Frau«, sagt Sam. Unabhängigkeit – ein großes Thema für berufstätige, alleinerziehende Frauen. Gerade für Mütter, die nicht die Erfahrung mitbringen, in ihrer eigenen Herkunftsfamilie wertgeschätzt und in der Entfaltung ihres Wesens gefördert worden zu sein: Gerade für sie wird Unabhängigkeit zum Hoffnungsträger; zur Eintrittskarte in eine Welt selbst gewählter Werte und Identität.

Unabhängigkeit also als Passierschein, der aus einer »falschen« Familie herausführt – aber natürlich nicht als hinreichende Ausrüstung, um den eigenen Platz in der Welt für sich, und erst recht noch für ein Kind, zu gestalten.

Hier liegt, so nehme ich das oft wahr, gesellschaftlich ein großer blinder Fleck. Selbst in unseren aufgeklärten Zeiten, in denen »kleinste Familien« längst keinen Seltenheitswert mehr haben, gibt es noch genug Leute, die denken (und mitunter auch sagen): »Wenn sie das so gewollt hat, ist sie doch selbst schuld. Wenn Unabhängigkeit ihr wichtiger ist als Familie, dann soll sie sich nachher nicht beklagen.« Und es ist diese gesellschaftliche Unbewusstheit, die stark dazu beiträgt, das Thema Unabhängigkeit zur »Sollbruchstelle« in manchen Frauenleben werden zu lassen. Denn wenn ich als Frau die Unabhängigkeit von traditionellen Familienmodellen wähle, habe ich damit nicht gleichzeitig den Verzicht auf Unterstützung gewählt! Ich habe nicht dafür optiert, aus tragenden gesellschaftlichen Zusammenhängen herausgenommen zu werden. Ich habe nicht dafür gestimmt, dass mein Weg in fast jeder Hinsicht ein härterer sein muss.

Je mehr ich von Marion erfahre, desto mehr sehe ich das Ausmaß an Erbarmungslosigkeit, auf das sie in ihrer Umgebung stieß. Die australische Gesellschaft ließ sie nur widerstrebend und nach härtesten Kämpfen hinein. Australien zwang Marion, die ganz harte Version von Unabhängigkeit zu erleiden: Es geschah, womit sie nie gerechnet hatte; als Immigrantin wurde ihre ärztliche Qualifikation nicht anerkannt. Sie durfte nicht arbeiten. Es folgten vier Jahre unermüdlichen politischen Kampfes. »Sie hatte definitiv mehr Verantwortung, als ein Mensch allein haben sollte«, sagt Sam. »Unter den Bedingungen war das Leben als Zweier-Familie ganz schön hart.«

♦

Zurück in Marions Praxis, nehmen wir zu dritt ein Taxi nach Islington. Vorbei am Bahnhof King's Cross, an Euston Square – hinein in einen Stadtteil mit vielen kleinen Geschäften und malerischen Kanälen, der über die letzten Jahre zu einem der angesagtesten geworden ist. Wohnen und arbeiten am Wasser und zugleich mitten in der Stadt.

Marion hatte sich hier eine Wohnung im Rohbau gekauft, die letztendlich nicht so wurde, wie sie gehofft hatte. »Toll für junge Leute«, sagt Marion, was Sam mit zustimmendem Nicken bestätigt, während er aus dem Taxi aussteigt. Er wohnt nun hier, und ihm gefällt sie. Noch zwei Kurven, dann sind wir dort, wo Marion sich eingemietet hat – auch nur übergangsweise. Einen Ort zum Bleiben hat sie sich zwar gekauft, er muss jedoch noch umgebaut werden. Vorerst wohnt auch sie in einem Loft hoch oben über dem Regent's Canal. Als sie die Tür aufschließt, kommt ihr die Katze Spooky entgegen, schwarzes Fell mit weißen Stiefelchen. Drinnen ein hoher Raum, eingezogene Galerie mit offenen Schlafräumen, eine ganze Fensterfront zum Himmel über London. »Das hier ist kein Ort, an dem ich mich geborgen fühlen könnte«, schüttelt Marion den Kopf, während sie sich hinhockt und Spooky krault.

Großformatige Bilder stehen an die Wand gelehnt, als wären auch sie bereit zu Aufbruch und Weiterreise. »Ich kenne die Künstler«, sagt Marion, die meinem Blick gefolgt ist. Auf grobem Sackleinen sind zwei Figuren skizziert, die Köpfe zueinander geneigt, die Körper in einer Art Kutte. Diese Wohnung ist eine Durchgangsstation, nicht mehr. »Eine Festung«, hatte Marion gesagt, als wir durch das hohe helle Treppenhaus aus Beton und Glas gestiegen waren, und dass es nicht das sei, was sie brauche. »Aber das weiß ich erst jetzt, nachdem ich es probiert habe.« Über die Länge der Fensterfront im Wohnzimmer zieht sich ein Balkon. Unten liegt der Regent's Canal, dunkelgrün; wie längliche bunte Nussschalen sehen von hier oben die Hausboote aus, die unten »parken«. Dahinter ein Blick auf jenes London, das in den letzten zehn, fünfzehn Jahren in Windeseile gewachsen ist – die alten backsteinernen Häuserfronten der Lagerhäuser, von rechts und links eingefasst in moderne Architektur; hinter den Fenstern ein wimmelndes Leben, in dem Büro und privat gar nicht leicht zu trennen ist.

Auch im Flur steht ein Bild an die Wand gelehnt; ein junger Mensch mit Lockenkopf, die Augen geschlossen, die Hand versonnen an den Hals gelegt, hinter ihm die Umrisse eines Flugzeuges im Abflug. Beim mehrfachen Draufschauen war ich mir sicher gewesen, dass es Sam zeigt. »Nein«, sagt Marion, »das bin ich. Mein Freund hat es früher von mir gemalt. Er sagte von mir, wenn andere Leute zum Psychotherapeuten gingen, ginge ich stattdessen zum Reisebüro.« Mit diesem Freund war sie in ihren späten Zwanzigern, frühen Dreißigern sechs Jahre zusammen gewesen. »Die Liebe meines Lebens«, sagt Marion lapidar. Nein, es sei keine gute Entscheidung gewesen, zu genau dem Zeitpunkt zurück nach Australien zu gehen, als dieser Freund von einem Auslandsaufenthalt zurückkam und den Großteil seiner Zeit bei ihr und dem zweijährigen Sam verbrachte. Mit Sams Vater zu leben war ohnehin keine Option gewesen. »Als ich schwanger war, hat er sich sofort verabschiedet ... morgens verliebt, mittags verwirrt, abends getrennt«, erinnert sich Marion. Sie erinnert sich auch daran, wie verliebt sie in ihr Kind war – »die kurzen Nächte, das fand ich überhaupt nicht schwierig. Aber ich habe es vermisst, meine Freude mit jemandem teilen zu können. Was mich damals antrieb, war das Gefühl, mit so einem kleinen Kind müsse ich ›nach Hause‹ gehen – wo immer das war.« Und tatsächlich setzte sie sich mit Sam ins Flugzeug nach Australien und brach die Zelte hinter sich ab. Marion, die Reisende, die Unruhige: wie es das Bild zeigt, das der Freund von ihr gemalt hat.

Vom Balkon herunter, über das algenschillernde Wasser hinweg, sieht man ein paar hundert Meter Luftlinie weiter die Rückseite jenes Mietshauses, in dem Sam wohnt. »Hey, ich kann ihn sehen.« Marion winkt rüber. Ich sehe drüben einen Arm sich bewegen. Ein Spiel mit Nähe. »Ich brauche ein Fernglas«, sagt Marion.

Abends sitzen wir bei einem Wein in ihrer Wohnung, und Marion erinnert sich an diese schwierigen Jahre. Damals wieder nach Australien gegangen zu sein, sagt sie, sei der größte Fehler ihres Lebens gewesen. »Es ging mir ja gut in Hamburg. Ich hatte eine Stelle als Ärztin, hatte gerade eine Ausbildung zur Kinder- und Jugendtherapeutin begonnen. Ich habe alles aufgegeben und nichts dafür bekommen.« Die Katastrophe: nicht als Ärztin arbeiten zu dürfen. »Man hat mir in Australien die Existenz weggenommen. Niemand sprach mich mit meinem Titel an. Stattdessen sollte man eine Prüfung bestehen, die so gemacht war, dass man sie gar nicht bestehen konnte.« Jahre des politischen Kampfes für die Anerkennung der hochqualifizierten Immigranten folgten. »Ich wurde sehr laut, war ständig im Fernsehen. Vier Jahre ging das! Australien ist äußerst ausländerfeindlich. Ich bekam Sozialhilfe. Hockte zu Hause und lernte. Ich musste immer lernen und war überhaupt nicht für Sam verfügbar.« Ein Zurück nach Deutschland gab es nicht, weil sie keinen deutschen Pass hatte und auch von keiner Stelle Überbrückungsgeld bekommen hätte. Für eine Übergangszeit ging sie zum Arbeiten nach Papua-Neuguinea. Sie schrieb Sams Vater, er möge ihr Geld schicken.

Nach vier Jahren bestand sie die Prüfung. »Dann musste ich noch darum kämpfen, eine Krankenhausstelle in der Nähe zu bekommen.« Marion erinnert überwältigendes Alleinsein. »Es gab überhaupt keine Community von Müttern, der ich mich hätte zugehörig fühlen können. Kaum andere Alleinerziehende. Keine öffentliche Betreuung.« Marion kämpfte. Für Sam engagierte sie Au-pair-Mädchen. »Das waren Jahre voller Kompromisse. Mein Ritual mit Sam war, dass ich ihn immer zur Schule brachte. Ich war irrsinnig traurig, als das vorbei war. Wir sind auch viel zusammen gereist. Aber im Alltag war er viel allein. Und dann die Schulferien – ein Albtraum. Er blieb allein zu Hause. Er konnte gut allein sein.«

Ein hoher Preis für die Karriere? »Nein, für den puren Existenzkampf«, korrigiert Marion. »Es war nie so, dass ich von diesem Beruf besessen war. Die Arbeit mit Menschen hat mir immer gefallen. Aber zunächst bin ich da reingerutscht. Meinem Vater war ein Psychologiestudium nicht wissenschaftlich genug. Also bewarb ich mich für Medizin und verließ mich darauf, keinen Studienplatz zu bekommen. Ich habe nur reagiert, nie geplant.« Sie überlegt. »Dann bin ich in diese Helferin-Position geraten. Das wurde mein Standard. Ich konnte das immer gut, empathisch sein.«

Das Leben in Australien erscheint in Marions Rückblick als eine einzige Enttäuschung, mehr – als eine Leidensgeschichte. »Ja, das war Australien für uns«, sagt Marion. »Keine einzige Freundschaft aus diesen vielen Jahren ist geblieben. Ich habe viel zu viel Zeit damit verbracht, am Idealbild einer Familie festzuhalten.« Als Sam achtzehn war, hielt sie nichts mehr dort.

♦

»Meine Mutter war weg, und ich wusste nicht, was ich mit meinem Leben anstellen sollte«, so hatte Sam es ausgedrückt. Er studierte »Arts and Communication« und »International Studies« und schloss beides in Australien ab. Zwischendurch Konstanz, Berlin, ein Praktikum, zu dem Marion ihn drängte – »alles in allem etwas richtungslos, aber ich hab's genossen«. 2009 dann, Sam war vierundzwanzig, zog er seiner Mutter nach London hinterher. »Warum, weiß ich gar nicht so genau«, erzählt er mir später. Dann aber schrieb er sich für ein Masterstudium in Wirtschaft an der Uni Nottingham ein. In dieser Zeit baute Marion ihre Praxis auf. »Sie brauchte jemanden, der den betriebswirtschaftlichen Teil der Arbeit übernahm. Die Software schrieb, und so weiter. Das hab ich dann übernommen.«

Dann kam eine Erfolgsgeschichte, die sich keiner von beiden hätte träumen lassen. »London war so gut zu uns«, resümiert Sam die letzten acht Jahre. Marions Spezialisierung auf Hormontherapie mit bio-identischen Produkten schien genau das, worauf Londons Frauen gewartet hatten. Ihre Praxis wuchs, ja, boomte, bald entstand die Notwendigkeit, zusätzlich eine Apotheke zur Herstellung der Medikamente aufzubauen. Marion hatte das schon in Singapur einmal gemacht. »Das war eine Lücke, in die ich einsprang. Finanzierung – das ist ja das, was so ungefähr jeder in London macht. Ich warf mich also ziemlich ins Zeug, und es klappte alles sehr gut.« Das erste Jahr, berichtet Sam, war super. »Es war eine Herausforderung… aber nach einem Jahr hing es mir zum Hals raus. Ich stellte einen Geschäftsführer ein, und jetzt geht es darum, mich langsam wieder herauszuziehen.«

Auch Sam hat Ruhelosigkeit in sich – aber bei ihm steht logischerweise die Fragestellung des jungen Menschen dahinter, der in sein eigenes Leben aufbricht. Die eigene Berufsidentität, die noch gefunden werden will. Heraus aus der Praxis also – und wohinein? »Das ist die Frage… mir stehen alle Wege offen. Einen PHD? MBA? Ich weiß es nicht.« Mit dem Freund, der später am Tag ankommt, wird Sam eine Geschäftsidee diskutieren. Geld wird nicht das Problem sein. Zwischen 2012 und 2014 haben sich die Einkünfte durch die Praxis verdoppelt. Marion hat es – zusammen mit Sams Einsatz – in kurzer Zeit geschafft, reich zu werden. »Wir haben das gut gemacht zusammen, wir sind ein gutes Team. Wir ergänzen uns perfekt, sind wie zwei Seiten einer Münze. Sie hat die Leidenschaft, die Power, die Impulsivität. Ich habe das geschäftliche Know-how, das Kalkül. Es ist auch eine ganz andere Art von Intelligenz, sie ist gut als Ärztin, aber nicht praktisch genug, um so einen Betrieb aufzubauen.« Er sei ein kühler Kopf, sagt Sam von sich. »Sehr kalkulierend. Ich riskiere wenig.«

Wenn Sam über sich spricht, analytisch, um Genauigkeit bemüht, macht er seine eigenen Talente und Leistungen eher kleiner als größer. Er ist kritisch sich selbst gegenüber, was ihn sympathisch macht, aber auch verletzlich. Vielleicht ist es jene Empfindsamkeit für sich selbst und andere, die mich gleich an einen Künstler denken ließ. Sam steht in den Startlöchern; bereit, noch vieles über sich selbst kennenzulernen und zu erfahren. Begierig, zu wissen, ob er ein eigenes »business« auch so erfolgreich aufbauen wird wie das seiner Mutter. Und neugierig, denke ich, auch auf andere Schichten in sich selbst – Talente wie das Schreiben; Wünsche nach Gemeinschaft und Teamfähigkeit, die ihn an Orte führen können, von denen er noch nichts weiß.

◆

Liebe Noe, gibst du kurz ein Lebenszeichen? Danke und viele Küsse, Mama (21:20)

Sorry, Mom, aber ich hab kein Netz, love you!! (23:31) Hast du die sms bekommen? (23:37)

Ja, juhu. Danke & schlaf gut. Lots of Love, Mom (23:43)

Well arrived! Rain! Fog! Brits! Love it! Love you! Mom (14:04)

Sorry, wir waren den ganzen Tag ab 10 am Wandern, sind jetzt erst zurück! Please greet London from me, have a good time! Love you! Bye bye (& please buy something for me!!!)

Liebe Noe, soll ich dich morgen anrufen? Ich liege auf dem Sofa und Spooky die Katze springt gerade rauf. Vor dem Fenster die Dächer von London. Wie ist die Gemeinschaft?

Actually I don't want you to call me today. Here everything is ok. Sounds very good what you tell me about London.

♦

Am nächsten Tag zeigt Marion mir die Umgebung. Wir laufen am Kanal. Malerisch liegen die Hausboote dicht an dicht im Wasser, jedes ein kleiner Kosmos für sich. Radfahrer sausen auf dem schmalen Weg vorbei, manchmal eine Haaresbreite von uns entfernt. »Man arrangiert sich, niemand ist aggressiv«, sagt Marion. »Hier geht es weniger rechthaberisch zu als in Deutschland, das gefällt mir.« Marion erlebt das Glück, endlich in einem Land zu sein, in dem sie sich mit vielem identifizieren kann.

Jene Ruhelosigkeit, die sie mit ihrer eigenen Kindheit und Jugend mitbekam, ist zugleich ihre Beweglichkeit. »Als Sam achtzehn wurde, verließ ich Australien. Ich hatte keinen Plan – Hauptsache weg.« Die erste Station war Singapur. »Schon mal der halbe Weg nach Europa.« Als sie dann in Berlin war, erzählt Marion, hätten alle geglaubt, in einem halben Jahr sei sie wieder da. Sie lebte bei einer Freundin in Kreuzberg und streckte die Fühler aus in Richtung London. Der Zuspruch war sofort enorm. Sie fing in einem Wohnzimmer an, Patientinnen zu empfangen.

Bei einer Brücke verlassen wir den Weg am Kanal und stoßen auf einen großen Platz. Die U-Bahn-Station »Angel« ist
hier, das Leben brummt, die roten Busse kommen und gehen
in atemberaubendem Tempo. Unseren Kaffee trinken wir bei
einem mobilen Kaffeeverkäufer. »Hier komme ich am liebsten her«, sagt Marion. Der Kaffeeverkäufer ist ein fitter Typ,
auf Treppenstufen stehen Leute, er bedient sie in Windeseile, weiß von jedem, was er möchte. Marions Augen glänzen.
»London hat etwas Magisches für mich«, sagt sie, »die Stadt
selbst vibriert in mir.« Das habe natürlich auch mit Londons
Internationalität zu tun. »Es ist das Gefühl, dass weiße unbe-
schriebene Seiten vor mir liegen. Hier fragt mich niemand,
woher ich komme. Oder woher mein Akzent kommt.« Ich
versuche, eine Ahnung von den unzähligen Neuanfängen in
Marions Leben zu bekommen. Immer haben Dinge nicht zu-
einandergepasst: In Hamburg, wo der Job gut war, hätte sie
sich ohne deutschen Pass nie als Ärztin niederlassen können.
In Australien wurde ihr deutsches Examen nicht anerkannt.
Aus Polen stammt zwar der Pass, aber sie hat keine Sprache
für dies Land. Mit dem Prinzip Bewegung aufgewachsen, sagt
sie: »Ich passte nie ganz irgendwo rein.« Das Umziehen ist ihre
zweite Natur – »ich wuchs auf mit dem Gefühl, dass das Gras
auf der anderen Seite immer grüner ist – immer dort, wo ich
nicht bin«. Es sei, vermutet sie, eben dieses Gefühl, überall in
irgendeiner Hinsicht Ausländerin zu sein.

Jetzt, da ich die biografischen Daten, die enormen Wege über
die Kontinente und Länder, die Marion auf ihrem Lebensweg
zurückgelegt hat, halbwegs erfasst habe, kommen wir eine
Schicht tiefer. In ihr brächen plötzlich Dinge auf, sagt Marion.

Noch bis vor Kurzem habe sie immer über all das leichthin sprechen können – dieses internationale Leben, ihre polyglotte Biografie. Aber langsam werde ihr das Gewicht klar, das all dies auch bedeute. Wie viel Kompliziertheit, wie viel Verstörung.

Und jetzt, in England, die Überraschung – willkommen zu sein, sogar mehr als das. »Ich kann manchmal immer noch nicht glauben, wie einfach das war. 2009 bekam ich plötzlich einen Kredit, um die Apotheke aufbauen zu können.« Vorher habe sie lange nicht mal eine Kreditkarte gehabt.

Der 30er-Bus bringt uns wieder nach Marylebone. Marion führt mich durch die Geschosse ihrer Praxis. Ewig hohe Räume, Stuck an den Decken. Zertifikate an den Wänden, Artikel: »The Hormone Doctor«. Sie sei in den letzten Jahren durch die Etagen gewachsen, scherzt sie, immer mehr Räume kommen hinzu, sie kann immer mehr Ärzte anstellen. »Die Leute nennen das hier mein ›Empire‹ … Ich selbst bin einfach stolz, dass ich fünfzehn Leuten Arbeit gebe.«

Zu ihrer Spezialisierung war Marion gekommen, als ihr über die Jahre aufgefallen war, wie häufig und heftig Frauen Beschwerden erleben, die sie aus dem seelischen und körperlichen Gleichgewicht bringen und zu einer regelrechten »hormonellen Hölle« führen können – ob während der Menstruation oder der Wechseljahre oder im Wochenbett. Ihr Schlüssel zur Heilung oder Besserung dieser Beschwerden liegt in der genauen Analyse des jeweils individuellen Hormonspiegels und in der Behandlung mit bio-identischen Hormonprodukten, gewonnen aus Pflanzen wie der Yamswurzel oder Soja. Während Marion mit einer Mitarbeiterin spricht und sich bei mir für zehn Minuten entschuldigt, lese ich diese Dinge in den ausliegenden Informationsbroschüren nach. An den Wänden hängen gerahmte Zeitungsartikel – auf Fotos die bildschöne junge Marion mit wilder Lockenmähne, »Dr. Marion G.: Time to stop the Abuse«. »Das Recht auf Arbeit. Neue Hoffnung für Einwanderer, die um Anerkennung kämpfen«. Marion war Präsidentin der »Overseas Trained Doctors Association«. Ich überfliege die Artikel, erfahre, dass sie in der Zeit damals auch noch in Nepal und im Irak gearbeitet hat. Lese Sätze wie: »Was für eine arrogante Haltung ist es, davon auszugehen, dass fremde Ärzte niedrigere Standards haben und der australischen Gesellschaft nicht zugemutet werden können?« Marion kommt zurück. »Die Artikel hat Sam für mich aufgehängt«, sagt sie mit Stolz in der Stimme.

Ein paar Straßen weiter zeigt sie mir von außen die Wohnung, in der sie die meiste Zeit in London gewohnt hat. »Siehst du, da unten ist mein Frisör, drüben mein Café, das mochte ich total gern!« Ein bisschen Wehmut. Das Café gehört einem Australier. »Haven't seen you for ages!«, sagt die junge Bedienung und bringt einen Flat White, auch das typisch australisch. Australien, soweit es in London liegt, scheint okay zu sein.

Ist sie eigentlich stolz auch auf Sams Arbeit?, will ich wissen. »Ich habe mich sehr gefreut, dass er sich auf diesen ganzen Praxisaufbau so einlässt. Er hat sich vertieft in die Materie und macht es sehr gut«, sagt Marion sofort. »Ich wusste ja, dass das nicht seine Passion ist. Ich wollte, dass er mir während eines halben Jahres hilft, bei IT und Finanzen, und faktisch hat er dann das Ganze total nach vorne gebracht. Er war derjenige, der die Apotheke aufgebaut hat.« Es war Sam, der seiner Mutter irgendwann sagte, Mama, wir haben jetzt richtig viel Geld.

Und er ist auch derjenige, der nun seine Mutter in Rente schickt – jeden Monat einen Tag mehr; der ihr einen sanften Weg in den Ruhestand bahnt. Sam sorgt dafür, dass sie sich aus der Praxis zurückziehen kann. »Er managt das. Ich selbst kann nie Nein sagen. Er wollte, dass ich aufhöre.« Und Marion genießt es, auf einmal viel weniger Verantwortung zu haben. »Ich darf delegieren, das ist herrlich. Ich habe Freiheit bekommen, jetzt muss ich schauen, wie damit umgehen. Ich habe Pläne für ein Institut, das ich aufbauen will. Ich möchte gerne Ärztinnen in meinem Schwerpunkt ausbilden. Ein Buch schreiben, das über das Thema Hormone hinausgeht: Frauen Mut machen und sie an ihre Ressourcen erinnern.«

◆

Das Sorgen des Kindes für die Mutter: Das kenne ich auch von Noëmi, die ja erst vierzehn ist. Dass sie sich nicht nur *um* mich sorgt – pass auf dich auf –, sondern auch *für* mich. Eigentlich muss ich nur an letztes Wochenende denken. Viel Stress und Schlaflosigkeit ließen mich wohl so zerknittert aussehen, dass Noëmi einfach beschloss, sie müsse mir eine ausführliche Gesichtsmasken-Behandlung zukommen lassen. Mit Zeit und Hingabe bürstete und schrubbte sie an mir herum, brachte Tee ans Bett – und sie hatte einige Widerstände zu überwinden, bevor ich meinte, es mir erlauben zu können, eine Stunde vom Computer wegzubleiben. Um nachher beschämt und erstaunt vor mir selbst zugeben zu müssen, wie viel diese Zwischendurch-Erholung zu meinem Wohlbefinden an dem Tag in Wirklichkeit beigetragen hat. Und wie falsch es ist, zu meinen, ich könne auf diese kurzen Erholungsphasen immer verzichten.

Neulich schlug ich mir sehr heftig den Kopf an einer Kante an. Als Noëmi dann nach meinem ersten Schreckensschrei gleich mit Kühlpack und Arnika dastand, mich zudeckte und so liebevoll bei mir saß, wie es auch meine besten Freundinnen getan hätten, konnte ich das nur als Glück betrachten. Und dann ist da der Haushalt. Meine – sich in all den Alleinerziehenden-Jahren nicht wesentlich ändernde – Situation, oft bis spät in die Nacht am Computer zu sitzen; immer der Arbeit einerseits, dem Kontakt mit Noëmi und auch Freunden andererseits Priorität einzuräumen, hat manchmal ein ziemliches Chaos in der Wohnung zur Folge. Noëmis »Dienst« besteht schon seit einiger Zeit darin, die Spülmaschine auszuräumen und nach den Mahlzeiten den Tisch aufzuräumen und abzuwischen. In den letzten Wochen geht sie weit darüber hinaus – die Küche sieht manchmal so schön und aufgeräumt aus, dass ich in Tränen ausbrechen könnte vor Erleichterung. »Mama, du musst das nur sagen, wie wichtig meine Hilfe für dich ist.« Sie kann das klar ausdrücken – wie viel die Wertschätzung für sie zählt; das Gefühl, gebraucht und wichtig zu sein.

Wenn ich also ehrlich bin, muss ich zugeben, dass das Leben zu zweit genug Situationen mit sich bringt, in denen ich nur zu dankbar bin für ihre Hilfsbereitschaft und ihr hohes Mitgefühl. Das sind die – relativ – kleinen Dinge. Aber auch in den größeren findet Mitsorge statt – und da wird es dann gleich schwieriger.

Uns begleitet seit Längerem die Frage, ob wir unsere Lebenssituation verändern wollen. »Gehen wir jetzt nach Berlin, oder gehen wir nicht?«, fragt mich Noëmi alle paar Tage, manchmal äußerst genervt. »Mama, wann weißt du es endlich?« Manchmal bekomme ich Mails von ihr mit Immoscout-Anzeigen. »Wäre die Wohnung nicht super, Mama? Sag mal, gehst du gar nicht mehr auf Immoscout?«

Manchmal werde ich dann ärgerlich. Fühle mich bedrängt. Das Mitsorgen geht dann für mein Empfinden zu nah an die Grenze heran, die den Bereich des Kindes und seine Zuständigkeit von meinem Bereich als Erwachsener trennt. Aber etwas später verstehe ich auch, dass es ja gar nicht anders sein kann, als dass sie die Grenzen zwischen jener Hilfe, die willkommen ist, und der, die ich nicht haben will, ständig neu auslotet. Kinder und Jugendliche übernehmen immer wieder erwachsene Aufgaben – und woher sollen sie so genau wissen, wann dies erwünscht ist und wann nicht einmal erlaubt? Gerade in Momenten, in denen wir Eltern schwach sind – aus welchen Gründen auch immer –, springen Kinder in die Bresche. Wachsen über sich hinaus. Und sollen dann plötzlich wieder nicht mehr auf Augenhöhe sein dürfen?

Ich finde das verzwickt. Soweit ich sehe, gibt es darauf keine einfache Antwort. Die einzige einfache – im Sinne von »simple« – Antwort, so scheint mir, gibt die autoritäre Tradition: Klappe halten, gehorchen, unterordnen, Pflichten erfüllen. Dabei wird aber die für das Kind höchst komplizierte Logik »wo soll ich groß sein und wo nicht?« schlicht missachtet. Nun sind wir Eltern längst nicht mehr beim autoritären Modell –

auch wenn ich, wie andere vielleicht auch, in gewissen Momenten die Versuchung dazu durchaus kenne. In Überforderungsmomenten sag ich durchaus: Schluss jetzt. Ich will nichts mehr davon hören. Aber ich denke dann trotzdem weiter über das Verwirrungspotenzial nach, das im Hin und Her zwischen »Macht geben« und »Macht verweigern« enthalten ist. Und wie ich es wieder auflösen kann.

Was ich nicht glaube: dass es einen Weg völlig um Machtkämpfe herum gibt – eher, dass ich mich als Mutter rüsten muss, sie so zu führen, dass wir nicht beide erschöpft und unglücklich aus ihnen hervorgehen.

Ich kann auch nicht finden, dass »Machtkampf« etwas grundsätzlich Negatives ist. Man wird ja auch nicht den Drang zu wachsen an sich negativ finden. Vielleicht kommt es mehr darauf an, in welchem Zusammenhang jeweils die Lust, zu »machen«, und die Lust an der Macht stehen.

Aber geht es darum, Macht zu teilen? Abzugeben? Abzutreten?

Mein erwachsenes Ich weiß aus langer Erfahrung, dass es schwer erträgliche Phasen des Übergangs gibt. Die – je länger sie sich ziehen und vor allem, wenn sie eine wirkliche Schwebe bedeuten – absolut qualvoll sein können. Innerlich sind wir in einer Aufbruchsbewegung, aber der Aufbruch ist gebremst. Man kann nicht in zwei Wirklichkeiten gleichzeitig leben. Man muss entweder hier funktionieren – oder dort, auch wenn man sich innerlich vielleicht schon in Berliner Cafés fantasiert oder geistig an der Havel statt am Bodensee sitzt.

Und spätestens, wenn Noëmi dann wieder mit gequältem Gesicht vor mir steht und diskutieren möchte – verhandeln, klagen, sich beschweren –, dann denke ich: Ich müsste ihr diese Last abnehmen können. Es wäre meine Aufgabe. Ich fühle mich elend, weil ich denke: Sie braucht Zeit und Kraft für ihre Arbeit. Ihre Theatergruppe. Ihre Freundschaften. Ihre Pubertät. Aber es gibt bei großen Entscheidungen manchmal keinen schnellen Weg.

Entlastung kommt, als ich ihr eines Abends sage, weißt du was – überlass es komplett mir. Ich bin die, die entscheiden muss. Du wirst die Erste sein, die es erfährt. Damit bin ich wieder angekommen bei der Klarheit, dass ich verantwortlich bin und nicht sie. Dass ich entscheiden muss – und darf. Dass es gefährlich ist, sie in Situationen zu bringen, die suggerieren, sie könne mitentscheiden. Denn neben den erwachsenen »Wann bist du mal endlich wieder auf Immoscout«-Momenten gibt es ja die gegenteiligen, ganz kindlichen: Wenn sie die Unklarheit nicht aushält, darüber schimpft und weint und sich beschwert. Sie darf das: Empörung und Stress und Ambivalenz ausdrücken. Sie darf fordern, dass das jetzt bald ein Ende haben soll. Die emotionale Bandbreite des abhängigen Kindes reicht von Anmaßung und Selbstüberhebung bis zu ängstlicher Unsicherheit. Ich will ihr ermöglichen, diese Bandbreite innerlich zu erleben – was nicht gleichbedeutend damit ist, sie auch tatsächlich auszuagieren. Es geht um die seelische Bühne, auf der alles Platz haben soll.

All dies – das Sich-Verirren im Labyrinth von Sollen und Müssen und nicht Dürfen – ist ja ein Indiz von Nähe und der damit auch verbundenen Abhängigkeit. Eine Nähe und Abhängigkeit, die in der »Eins plus Eins«-Familie radikaler sind. Und so sind vielleicht auch die Kämpfe um die gleiche Augenhöhe radikaler. In dieser Weise zu zweit zu sein, wie man es als »kleinste Familie« vor allem dann ist, wenn kein Ex-Partner verantwortlich mitwirkt, keine Großeltern um die Ecke wohnen und miterziehen, heißt, ob man will oder nicht, ein Team sein. Das hat sehr starke – und stärkende – Seiten. Aber es birgt, ob man will oder nicht, auch verwirrende Untiefen in sich.

◆

Wie ist das alles für Sam? Am dritten Tag treffe ich ihn wieder, und wir gehen in ein anderes Café. Wie ging und geht es ihm mit der Verteilung der Rollen und der Macht? Auch bei ihm ist Ambivalenz spürbar. Wenn er sagt, »Jetzt sind die Rollen bei uns manchmal vertauscht«, höre ich Stolz auf die eigene Kompetenz. »Wir haben in den letzten Jahren, durch die gemeinsame Arbeit für die Praxis, viel Zeit miteinander verbracht, aber nicht unbedingt nahe Zeit. Aus der Mutter-Sohn-Beziehung ist jetzt mehr ein Team geworden. Es war vor allem die Arbeit, die uns zusammengehalten hat. Und die mich in eine sehr verantwortliche Rolle gebracht hat.« Da gibt es Stolz einerseits – Rebellion andererseits: »Ich bin ja der Sohn, nicht der Partner.«

Nähe und Liebe, Macht und Abhängigkeit sind ein schwer auflösbares Gestrüpp – und je nach den Bedingungen, unter denen eine Kindheit stattfand, kann es manchmal lange dauern, die Abhängigkeit zu verabschieden. Sam redet so gewandt und scharfsinnig über diese Themen, als habe er darüber schon viel nachdenken und sortieren müssen. Ich frage ihn, ob er bereit wäre, mir seine Gedanken zu den Dynamiken in der »Kleinsten Familie« aufzuschreiben.

»Ich hatte als Kind wohl mehr Macht, als mir in einer größeren Familie zugestanden worden wäre. Ich konnte oft meinen Willen durchsetzen und musste Dinge, die ich nicht machen wollte, auch nicht tun. Von heute aus gesehen, finde ich das nicht gut – denn natürlich ist das, was man als Kind will oder nicht will, nicht unbedingt das, was auf die lange Sicht gut für einen ist.

Das ist schwieriger, wenn ein Elternteil das allein leisten muss – besonders, wenn es sich wie bei mir um ein Kind mit starkem Willen handelt. Dass ich Grenzen überschritten hatte, merkte ich oft erst dann, wenn meine Mutter zusammenbrach. In diesem Sinne war meine Kindheit emotional ziemlich strapaziös. Was das alles wirklich bedeutete, begriff ich erst viel später: Heute bedaure ich es, dass ich nicht Sport machen musste oder gezwungen war, Dinge durchzuhalten – denn das sind ja Grundbausteine für dein Erwachsensein, von denen ich immer wieder das Gefühl habe, dass sie mir fehlen. Andererseits: Konnte ich wirklich von meiner Mutter erwarten, dass sie die Zeit und Energie auch noch dafür aufbrachte? Die Antwort ist: Nein.«

Sam hadert mit manchem, vor allem aber trauert er um bestimmte Dinge, die er – von heute aus betrachtet – gern erlebt hätte: klarere Grenzen, klarere Verpflichtungen und Herausforderungen. Reflektierend sortiert er – wo es ein Zuviel an emotionaler Last und wo ein Zuwenig an altersgemäßer Forderung gegeben hat. Zugleich sieht er, in welcher Lage seine Mutter war. Während ich seinen Text lese, frage ich mich, was dies heute für ihn bedeutet. Holen sie beide über die Zusammenarbeit vielleicht eine Erfahrung nach, die unter den krassen Bedingungen in Australien nicht möglich war?

»Meine Mutter und ich, wir sind eine Einheit. Wir haben nur einander – was nicht heißt, dass wir so super miteinander auskommen. Wir streiten viel. Als Team sind wir ziemlich gut, wir haben so viel zusammen erreicht, wir sind ein Winning Team. Aber sind wir auch eine Familie? Ich weiß es nicht.« Diese Standortbestimmung ist viel schwieriger – was nicht verwunderlich ist. Sam hat »Familie« immer als schwierige Größe erlebt. Die Großfamilie als potenziell tragende Kraft war so wenig für ihn da wie sein Vater. Zu ihm hat Sam inzwischen ab und zu Kontakt. Ich frage nach, er antwortet zögernd. »Ja, es ist nett, ihn zu treffen. Es ist gut zu wissen, dass ich ihm nicht egal war. Vermisst habe ich ihn nicht – man kann ja nichts vermissen, was man nie hatte. Nein, das ist keine Tragödie, so ist das Leben. Vielleicht schaffen wir das ja, eine Beziehung aufzubauen? Das wird dann keine Vater-Sohn-Beziehung sein, aber etwas anderes.«

Familie ist für Sam in vielerlei Hinsicht eine ungelöste Frage. Und so hat er auch Angst, selbst mal in eine Familie »reinzurutschen«, der er sich nicht gewachsen sieht. Seine nächste Perspektive ist eine erfolgreiche Berufslaufbahn. Beim Sprechen darüber wird er lebhaft, fröhlich. Seine Talente, sein

Können liegen auf der Hand. Nur er selbst scheint noch zu zögern, wie sehr er an sich glauben kann.

◆

Am zweitletzten Tag will Marion mir den Straßenmarkt in Hackney zeigen. Wieder geht es entlang der Kanäle, diesmal in die andere Richtung. Heute sind die Hausboote in Bewegung, schieben sich wie große Spielzeugboote vorsichtig aneinander vorbei. Bei einer Schleuse bleiben wir stehen und schauen zu.

Auf dem Rückweg zeigt Marion mir eine kleine entzückende Wohnung in einem altem Backsteinhaus in einer hübschen Seitenstraße von Angel. Schräge Holzböden, alte Mauern, eine Dachterrasse hinein in die Dächerlandschaft der Großstadt. »Ist das nicht ein schöner Ort? Klein und geborgen.« Marion hat diese Wohnung vor zwei Jahren gekauft und wird sie demnächst nach ihren Vorstellungen umbauen lassen. Sie schaut mich an. »Ich musste erst meine Familie loswerden, um eine Chance zu haben, so einen Ort zu finden.« Einen Ort wie London, wo einmal ganz vieles stimmt. »Mein schwieriges Leben hat ja mit der Familie zu tun, aus der ich komme.« Aber das schwierige Leben mit der Herkunftsfamilie hatte natürlich Konsequenzen für das Leben mit ihrer eigenen kleinsten Familie. Überforderung, Einsamkeit, Verlassenheit. Das Gefühl, dem Kind Dinge vorenthalten zu haben. Sorgen, die sich bis ins Heute ziehen. Dass Sam oft negativ ist und melancholisch. Dass er sich nicht wehrt. »Er hat auch diese Heimatlosigkeit. Da ist ja auch Beziehungslosigkeit dabei – sich nirgends zugehörig zu fühlen.« Marion fährt fort: »Und wir haben auch diese großen Streits. Er arbeitet noch nicht so diszipliniert, wie er es meines Erachtens tun sollte. Er hat es noch nicht gelernt, Verantwortung voll zu übernehmen.« Vor einigen Monaten gab es einen großen Krach, weil Sam von einer kurzen Reise mit Freunden nicht am versprochenen Tag zurück war. »Ich bin fast durchgedreht vor Sorge. Und auch bei der Arbeit hätte er auftauchen müssen.« Sam ist ganz anderer Meinung – dass sie überreagiert und ihren Stress an ihm herausgelassen habe. Seine Meinung ist, dass sie seinen Stress bei der Arbeit unterschätze, von dem er sich in diesen Tagen habe erholen wollen. Sind dies nicht Momente, in denen deutlich wird, dass sich ein Winning Team, wenn es denn aus Mutter und Sohn besteht, trennen muss? »Es war ja gar nicht geplant, dass wir ein Team werden.« Marion hört dem Wort »Team« hinterher. »Man tut manchmal, als ob das Leben des anderen einem noch gehört. Wenn Sam sagen würde, er will jetzt was ganz anderes machen, wäre es mir total recht.«

Später fügt sie noch an: »Ja, wir haben eine große Nähe, das würde ich schon sagen. Aber diese Nähe hat nie bedeutet – und bedeutet auch jetzt nicht –, dass er der Erste ist, dem ich persönliche Dinge erzähle«. Die Trennlinie ist klar. »Er gehört in eine andere Generation. Er ist mein Sohn und muss nicht noch mehr mit meinem Leben belastet werden als sowieso schon. Aber er ist sicher der Mensch, dem ich am meisten von allen vertraue. Er ist empfindsam, nimmt alles auf und fühlt sich extrem verantwortlich. Was die Zukunft betrifft, bin ich ganz klar … wenn er seinen Weg geht, ist das gut. Unsere Arbeit ist, unseren Kindern einen guten Start zu geben. And then let them fly.«

◆

Ist das jetzt also eine Zeit des Bilanzierens? In gewisser Weise ist es doch das erste Mal für Marion, dass sie Zeit – und den Ort – hat, um zur Ruhe zu kommen. Die ganzen vergangenen Jahre erstehen vor Marion auf. Der Albtraum Australien verliert langsam seine Kraft. »Für mich war das dort, als hätte man mir die Existenz weggenommen. Als hätte ich kein Recht zu leben. Die Leute dort sagen über mich: Du warst immer so wütend! Ja klar – was konnte ich sonst sein als wütend?« Innerlich durchläuft sie die Strecken ihres Lebens. »Momentan fühlt sich das alles ziemlich schmerzhaft an ... aber lebendig.« Sie formuliert etwas Wichtiges: Wieso steht bei diesen Frauen, die wie sie ein – oder gar mehrere – Kind(er) völlig ohne Zutun der Väter großziehen, nicht der Stolz und die eindeutige Freude darüber, was man über viele Jahre geschafft hat, im Vordergrund? »Sam hat so tolle Schulen besucht. Das habe ich alles allein gestemmt! Wo sind die Komplimente?« Marion lacht.

Eine Zeit der Revision. Des zur Ruhe Kommens. Und endlich auch mal eine Zeit des Genießens. Vor ein paar Monaten ergab sich die Möglichkeit für Marion und Sam, an einer Expedition in die Antarktis teilzunehmen. »So etwas Schönes hatte ich noch nie gesehen. Alle, die dabei waren, teilten das Glück, auf ein Stück Natur zu blicken, das so ist, wie es vor Tausenden von Jahren war. Es war schön, zu sehen, wie gut das auch Sam tat. Schön, das miteinander zu teilen, auch wenn er natürlich ganz andere Kontakte hatte und beim Essen woanders saß als ich.« Mutter und Sohn arbeiten zusammen, sie reisen zusammen – gehört das in eine Phase, in der sie beide endlich irgendwo ankommen? In getrennten Wohnungen lebend, verschiedene Freundeskreise aufbauend – beide in dem Empfinden, dass dieser Ort eindeutig richtig für sie ist? »Auf vielen Ebenen werden die Dinge plötzlich leichter. Geld ist auf einmal kein Problem mehr. Die teure Antarktis-Reise – das Geld war einfach auf dem Konto, es musste nur überwiesen werden. Keine schwierige Familie im Hintergrund. Das ist für mich gerade die Luft der Freiheit.« Marion findet eine Formel dafür: »We are family inside a homeless family.« Sie seien Familie innerhalb einer heimatlosen Familie.

Eine Phase also des Ankommens auch in der Familienform der kleinsten Familie. »Ich glaube, wir mögen es beide, in Gesellschaft des anderen zu sein.« Eine gute Grundlage auch für Sam, in sein eigenes Leben zu starten, oder? »Sam hat hier in London begonnen, sich zu verändern. Vielleicht weil die Dinge sich auch für ihn zum Besseren gewendet haben.«

◆

Die Sommerferien sind vorbei. Wir bleiben in Kontakt. Sam hat seine Gedanken zur kleinsten Familie fortgeführt.

»Der andere Punkt, um den es geht, ist Verletzbarkeit. Wenn man keine größere Familie um sich herum hat, auf die man vertrauen kann, kann das ein Gefühl erzeugen, als stünde man nah an einem Abgrund … So habe ich einerseits gut gelernt, auch allein klarzukommen – zugleich aber bin ich auch misstrauisch geworden und öffne mich schwer gegenüber anderen. In der Welt, in der ich jetzt lebe, bräuchte ich etwas anderes als diese Defensive. Ich glaube, sie hat mich schon um einige gute

Erfahrungen gebracht. Um es im Bild zu sagen: Ein dickes Fell zu haben, mag eine gute Verteidigungsstrategie sein, aber es lässt auch weniger Gefühle durch.«

Ich erinnere mich zurück an einen Moment in unserem Gespräch, in dem Sam sagte: »Ich will nicht an etwas Falsches glauben...« Seine kritische Auseinandersetzung mit sich selbst macht ihm klar, wie viel Misstrauen in ihm steckt. Misstrauen, für das es gute Gründe gab. Und er kämpft mutig darum, auch anderes zur Verfügung zu haben. Ich bin bei ihnen beiden, Marion und Sam, beeindruckt von der Ehrlichkeit, mit der sie ihr Verhältnis und die Bedingungen ihrer kleinsten Familie anschauen. Die Bereitschaft, sich mit Wahrheit zu konfrontieren, auch wenn sie wehtut. Marion hat gelesen, was Sam geschrieben hat. Auch sie weicht den Schmerzen, die damit verbunden sind, nicht aus. »Wenn er es so erlebt hat, ist das so.« Vielleicht folgen sie ja beide dem Wissen, dass dies inneres Aufräumen auch ein Ausräumen sein kann? Die Chance, etwas hinter sich zu lassen, indem man es noch einmal in voller Größe da sein lässt und anerkennt – jetzt, da die Bedingungen für die nächste Runde Leben so gut aussehen. London, das wurde für mich greifbar und spürbar, ist das Beste, was ihnen beiden passieren konnte. Sam hat es auch ganz klar gesagt: »Ich wusste immer nicht, wo ich wirklich gut hinpasste. Ich weiß es noch immer nicht sicher, aber es stört mich nicht mehr. London ist voller Leute, die von irgendwoher kommen – eine Community von Einwanderern. Ich bin einer von ihnen.«

◆

Noëmi steht in diesem Herbst auf der Werkstattbühne des Theaters in unserer Stadt. Sie wird das Aschenputtel in einer modernen Version spielen. Seit einem Jahr probt ihre Theatertruppe dafür. Es ist ihr drittes Jahr. Als sie vor zwei Jahren bei der ersten Premiere auf die Bühne trat, die ganze Power ihrer Persönlichkeit in der Rolle, dachte ich plötzlich: Ich kenne dieses Kind nicht. Da steht noch jemand ganz anderes, von dem ich nichts weiß. Ich war so stolz, und gleichzeitig war da auch etwas wie Ehrfurcht vor dem unbekannten Teil in meinem eigenen Kind. Seither sehe ich sie in die Proben gehen und oft so glücklich und erfüllt heimkommen mit dem Gefühl, Teil einer Theaterfamilie zu sein. Sie geht so in einer Rolle auf, dass für eine Weile nichts anderes auf der Welt existiert.

Bald nach ihren Aufführungen sind Herbstferien, und wir fahren noch einmal nach Berlin. Und plötzlich ist, meinen Erwartungen und bisherigen Erfahrungen zum Trotz, eine schöne und sogar bezahlbare Wohnung da – dank einer Freundin, wie vom Himmel gefallen. Und der Moment ist gekommen, in dem ich entscheiden muss. Voller Ängste wähle ich das Abenteuer, einen neuen Ort zu erobern.

Aufregende Tage gehen zu Ende, anders aufregende Tage beginnen: Fieberhaft richtet Noëmi im Geist ihr neues Zimmer ein, rückt Möbel um, zeichnet Skizzen und Pläne und akkurate Wohnungsgrundrisse. Und sie richtet – nebenbei – auch den großen Rest der Wohnung ein. Weiß genau, was wohin gehört – dass die Garderobe auf keinen Fall mitdarf – »hässlich!!« Welches Regal ich keinesfalls mehr in der Küche aufhängen darf – »nein, Mama, das ist nicht dein Ernst!« Und wie wir den Stauraum über dem Flur füllen – »da gibt es ganz tolle Blümchenkartons von IKEA!«

Ich werde ungeduldig, dann sauer. Wir streiten. Ich grenze mich ab. Mache mir Gedanken, zum tausendsten Mal, über das Verschwimmen der Grenzen zwischen Kind und Erwachsenem. Um irgendwann zu denken: So ist es eben. Die Rollen verschwimmen immer mal wieder. Und nach dreizehn Jahren alleiniger Verantwortlichkeit – erleichtert durch Freunde, die Familie wurden – sollte man vielleicht einfach zugeben, dass Rollenunklarheit eine vielleicht nicht vermeidbare Folge der Art von Nähe ist, die man als kleinste Familie erlebt. Eine Nähe, in der Kinder mitunter eine Verantwortung übernehmen, die über ihr Alter und ihre Rolle hinausgeht. Das ist riskant. Aber soll ich wirklich als Mutter auch dafür noch Verantwortung übernehmen? Mich womöglich dafür schuldig fühlen? Es erscheint mir nicht mehr das Wichtigste, die Rollenverwirrungen um jeden Preis zu vermeiden – sondern stattdessen zu vermeiden, dass daraus eine feste Rolle wird. Dass sich falsche Routinen einschleichen. Ich versuche, dankbar zu sein, wenn sie in schwierigen Momenten in eine Bresche springt – und ihr umgekehrt Grenzübertritte nicht wirklich zu verübeln. Ich versuche, Rollen wieder klarzustellen, sobald ich kann.

Als ich mit Alva, der Psychologin und Mutter von Letizia, darüber spreche, sagt sie: »Diese Rollenunklarheit gibt es in den traditionellen Familien doch genauso!« Sie kenne das zur Genüge aus ihrer Praxis: »Eltern haben Lieblingskinder. Oder Kinder werden zum Partnerersatz, weil die Ehe nicht gut ist.«

Natürlich, denke ich – wie recht sie hat. Und wie bereit ich war, etwas als Thema der »kleinsten Familie« zu sehen, was in Wahrheit ein Thema für jede Familienform ist: Dass es Mühe und Bewusstheit kostet, Rollen beweglich zu halten. Dass es nicht schlimm ist, wenn in manchen Momenten ein Durcheinander, ein Einspringen und Übernehmen stattfindet, sondern dass dies vielmehr ein Zeichen jener emotionalen Nähe ist, durch die Familie nun mal definiert ist. Aber diese Rollen-Durcheinander müssen reflektiert werden. Es muss klar sein, dass Kinder in Rollen hineinschlüpfen dürfen – und auch wieder hinaus. Sie müssen Kinder – und Jugendliche – bleiben dürfen.

♦

Sam hat Fotos geschickt von einer Reise nach Chile. Marion und Sam strahlend und glücklich in zerklüfteten Berglandschaften. Marion mit einer knallbunten Mütze auf dem braunen Haar, Sam gebräunt und sehr schön.

♦

»Noëmi, ich sag dir was: Ich bin fast viermal so alt wie du. Ich schleppe viel mehr Leben und also auch viel mehr Zeug mit mir herum. Ich werde unsere neue Wohnung einrichten. Du kannst mich beraten, du kannst mir deine Ideen sagen – aber ich werde entscheiden. Und was dein Zimmer betrifft, werde ich dir nicht hineinreden.«

Klarheit, endlich. Und sofort bei beiden nachhaltige Erleichterung. Immer wieder brauche ich Zeit – manchmal nicht zu knapp –, bis ich bei jener Klarheit angekommen bin, die zu mir und zu unserer kleinsten Familie passt.

Das Schwerste für Noëmi ist der Abschied von der Theaterfamilie. Da bricht ihr die Stimme. »Morgen, Mama, wenn ich es ihnen sage, dass ich gehe, das wird der schwerste Tag in meinem Leben. Die Theatergruppe, das ist Familie, Mama! Das sind Geschwister!« Und etwas später: »Ich will mit Kindern zusammen sein, mit Leuten in meinem Alter. Weil die mich am wenigsten einengen.«

Ich denke noch einmal an Sam und seine Suche nach guter Gemeinschaft. Und denke, vielleicht ist das für beide – den einen mit dreißig, die andere mit vierzehn – überhaupt das allerwichtigste Stichwort für die jeweils nächste Lebensphase.

Zur Unruhe geboren: Familie als Netzwerk

Wird das Olivenöl reichen, bis wir ausgezogen sind? Oder werden wir es in den verbleibenden vier Wochen gar nicht mehr aufbrauchen? Während ich in der Küche stehe und koche, läuft mein Blick die Regale hinauf und hinunter, scannt die Bestände. Soll ich die Vase mit dem Schachbrettmuster und den nicht gerade meisterhaft geklebten Stellen wirklich zum dritten Mal umziehen, nur weil sie ein Geschenk war? Und wann wäre das beste Timing, um den Fairkauf zu informieren, dass er Noëmis Jugendbett abholen kann? Derart sind die Gedanken, bei denen ich momentan durch unsere Wohnung laufe. Ruhelos und ruhiger zugleich. Die Entscheidung für Berlin ist gefallen. Der Abschied ist nicht nur schwer, sondern fast unmöglich. Unser Netzwerk, unsere Familie – wie soll das gehen? Wie kann ich das überhaupt machen? Oft frage ich mich das. Nehme wahr, dass ich Schmerz zufüge und auch einiges riskiere. Zwar werde ich aus Arbeitsgründen regelmäßig wieder hier sein. Trotzdem: Umzüge sind Einschnitte, es hilft nichts, das klein- oder wegzureden.

Heute Morgen war ich bei einer befreundeten Krankengymnastin, auch alleinerziehend und mit Tochter ein Team von klein auf. Sie erzählte mir, dass ihre Siebzehnjährige gerade ziemlich Hals über Kopf ausgezogen sei – so überstürzt, dass sie selbst es noch gar nicht fassen könne, nun allein in der Wohnung zu sein. Sie versteht ihre Tochter einerseits, aber die Härte des abrupten Weggangs macht ihr doch zu schaffen. »Und plötzlich 500 Euro weniger zu haben«, sagt sie kopfschüttelnd. Neben ihrer Arbeit als Krankengymnastin muss sie noch im Service arbeiten, um finanziell hinzukommen. Sie wird jemanden für das Zimmer ihrer Tochter suchen. »Um das zu verdauen, würde ich so gern über Weihnachten verreisen«, sagt sie. Aber keine Chance. Null. »Urlaub mache ich schon lang nicht mehr.«

70 Prozent aller Alleinerziehenden arbeiten, 45 Prozent von ihnen Vollzeit; das ist deutlich mehr als unter verheirateten Frauen. Wie kann es sein, dass dennoch die Armut unter ihnen stetig zu- statt abnimmt? Denn das ist Armut: es über Jahre hinweg normal finden, dass man sich keinen Urlaub leisten kann. Mir ist das selbst gut bekannt. Über die Runden kommen, oft so gerade eben. »Damit komme ich klar. Was ich nie, nie machen würde, wäre Hartz 4 beantragen«, sagte sie noch.

Ich kann jedes Wort nachvollziehen und bestätigen, was sie sagt. Und ich merke, dass mein geplanter Aufbruch nach Berlin auch damit zusammenhängt; diesem Wissen, dass man als Alleinerziehende in der perfiden Kopplung von kinderfeindlicher Arbeitswelt, ungerechtem Steuersystem und den vielen Schlupflöchern, durch die unterhaltsunwillige Ex-Partner ihrer Pflicht entkommen können, damit rechnen muss, nie »auf einen grünen Zweig zu kommen«. Bis ins Alter hinein den Pfennig zweimal umdrehen zu müssen – und im Alter nur in seltenen Fällen für das viele Arbeiten eine würdige Rente zu erhalten.

Wenn es also so ist, dass man diese ans Alleinerziehenden-Leben gekoppelte Härte hinnehmen muss, dann will man – dann will ich – wenigstens auch jene Freiheit in die Hand nehmen, die im Zweier-Team als Möglichkeit existiert. Die positive Kehrseite der Medaille, sozusagen. Darüber dachte ich heute Morgen nach: als ich über das Wagnis nachgrübelte, das es auch beinhaltet, meiner – unserer – Aufbruchssehnsucht nachzugeben.

Und sofort denke ich an die Basis, auf der ich mir diesen großen Schritt auch erlaube: unser Netzwerk mit Moni und Dschonnie und Martin. Für die kleine Noëmi gab es noch die Patentanten Sanna und Evelin, es gab meinen alten Freund Urs, sie alle ebenfalls immer ansprechbar und erreichbar: Meine Dankbarkeit dafür, dass sie mich nicht nur immer wieder entlastet haben, sondern Noëmi auf jene verbindliche, verlässliche Art in ihr Herz geschlossen, die »Familie« im besten Sinn auszeichnet, ist unendlich.

Familie geht weiter: Dschonnie bot, noch bevor ich fragen konnte, an, den 7,5-Tonner-LKW nach Berlin zu steuern. Moni rief an und sagte, dass sie Arbeitstermine so umgelegt habe, dass auch sie mitkommen – und die ersten fünf Tage bei Noëmi bleiben – könne, während ich zurück in Süddeutschland die Wohnungsübergabe mache. Martin und Urs werden in zehn Tagen einen ersten Möbel-Transport mit mir stemmen. Wie es aussieht, werden wir auch trotz – und in – diesem Sprung geborgen sein. »So ist das, wenn man Familie ist«, sagte Moni vor ein paar Tagen.

Was wird Berlin für uns sein? Für Noëmi das Terrain, auf dem sie flügge wird. Kein Kindheitsort mehr.

♦

»Auch ich war, als ich nach Berlin umzog, meiner Vorstellung von Freiheit ein wenig näher gekommen. Die Staatssicherheit fand mich allerdings schon einen Monat später und holte mich zum Verhör ins Polizeipräsidium am Alexanderplatz. Man konnte sich auch in den unübersichtlichen Hinterhöfen des Prenzlauer Bergs nicht wirklich verstecken. Dennoch fühlte ich mich wohl hier, unter Gleichgesinnten. Leuten, die Performances, Gedichte, Ohrringe oder einfach nur Humbug machten, die entweder auf die Ausreise nach Westberlin und ein Leben dort warteten, das sie sich wie eine einzige Kreuzberger Dauerparty vorstellten, oder die bleiben wollten, weil sie noch eine Rechnung offen hatten mit dem Land, in dem sie lebten.«[32]

Das schreibt Annett, Schriftstellerin, in »Heimatkunde Berlin«, einem ihrer achtzehn Bücher. Dokumentarische Bücher, die zum größeren Teil von Berlin handeln; Romane, die auch auf die eine oder andere Weise Berlin in sich haben.

Kennengelernt hatte ich Annett vor ein paar Jahren, als wir zusammen ein öffentliches Gespräch im Literaturforum im Brecht-Haus geführt hatten über den schriftstellerischen Umgang mit biografischem Schreiben: Wie erzählt man fremdes Leben? Wir trafen uns in der Überzeugung, dass der Respekt vor dem anderen Leben die Verpflichtung beinhaltet, so dokumentarisch wie möglich – und darin so genau wie möglich zu sein.

Annett ist groß und aufrecht; sie hat langes braunes Haar und extrem blaue Augen. Eine stolze Frau mit einer Ausstrahlung von Autonomie. Die im Gespräch mit Worten karg sein kann. Weil Worte Gewicht haben und ihr am Gewicht der Worte liegt.

Bis dahin hatte ich sie nur gekannt als Autorin des Buches »Mit der Linie 4 um die Welt« (2012), das ich rezensiert hatte, weil ich in dem Buch einen »Orts-Menschen« erkannte; jemanden mit der feinen Witterung für die Gesichter von Orten, Plätzen, Städten; eine Autorin, die akribisch Spuren folgte. Eine Geschichte war mir vor allen anderen geblieben: wie sie, deren Eroberung der Welt begonnen hatte, als sie als Kind im heimischen Magdeburg mit der Straßenbahn 4 von Zuhause in die Stadt gefahren war, viel später bei einer Reise ins rumänische Klausenburg ihren Ohren nicht traute, als sie plötzlich exakt jenes kindheitsvertraute, unverwechselbare Quietschen der Magdeburg Straßenbahn von der Straße her zu hören meinte. Und dann erfuhr, dass tatsächlich alte DDR-Straßenbahnen nach Rumänien verkauft worden waren: Die 4, nach der sie suchte, war ihr vorangereist.

Annett und Friedrich
mit Lilli (li.) und Luca (re.)

Was ich zu dem Zeitpunkt noch nicht wusste, war, dass Annetts Ortssinn sich in Berlin geschärft hatte; in und an Berlin zu dem geworden war, was ich nun bewunderte. In meinem Bücherschrank rückten weitere Bücher von ihr nach, mit so ausdrucksstarken Titeln wie »Hier beginnt die Zukunft, hier steigen wir aus. Unterwegs in der Berliner Verkehrsgesellschaft« (2002) oder »Grenzgänger. Wunderheiler. Pflastersteine. Die Geschichte der Gleimstraße in Berlin« (1998). Ich verstand, Buch um Buch, dass ich es mit einer, vielleicht auch mit »der« Berlin-Chronistin zu tun hatte. »Na ja, sagen wir Ostberlin. Oder sagen wir Prenzlauer Berg«, schränkt Annett, der es immer um Genauigkeit geht, selbst ein.

Dass sie auch Romanautorin ist, die man, ähnlich wie die fast gleichaltrige Kathrin Schmidt, in der Nachfolge der großen Erzählerinnen der DDR sehen kann: etwa der Abenteurerin und »Trobadora« Irmtraud Morgner, die mit dem ganzen Reichtum einer barocken poetischen Fantasie schreibt, begriff ich noch später. Dass Irmtraud Morgner, wie Annett auch, einen Sohn allein großgezogen hatte, erfuhr ich, als wir nach dem Gespräch im Brecht-Haus in der Kneipe zusammensaßen. Da wurde ich dann innerlich fast kurzatmig: Wie hatte sie das alles denn bitte geschafft – neben ihren Büchern hatte sie noch Zeitschriften mitgegründet, schrieb journalistisch, sie bloggte, kuratierte Ausstellungen, macht Theater …? Wie ging das?

◆

Es ist ein strahlender Spätsommermorgen in Berlin. Über den mächtigen Wohnblock-Palästen auf den Magistralen des

Prenzlauer Bergs steht ein sehr blauer Himmel. Licht funkelt in der Kugel des Fernsehturms. Ich bin zu früh. Ein Frisör hat Stühle vor die Tür gestellt und stört sich nicht daran, dass ich hier kurz Sonne tanke.

Die Wohnsiedlung, in die Annett vor Kurzem gezogen ist, ist ein großer, gelb gestrichener kompakter Bau, U-förmig und nur ein paar Stockwerke hoch. 1937 gebaut, hatte sie erzählt. Drinnen laufe ich durch einen Büchertunnel-Flur auf einen Balkon, der ins Grüne schaut.

Annett trägt ein bodenlanges Kleid. Sie stellt Frühstückssachen auf den Tisch, kocht Kaffee, gleich wird ihr Sohn Friedrich zum Gespräch dazustoßen. Als ich in der gemütlichen Küche sitze – buntes Geschirr, Bücher und Zeitschriften, so weit das Auge reicht –, ist es leicht, die Atmosphäre wiederzuerkennen. Mein erster Besuch bei ihr vor ein paar Monaten hatte noch in ihrer vorigen Wohnung stattgefunden. »Genau, es sieht schon wieder aus, als würde ich Jahre hier wohnen«, murmelt Annett mit Blick auf die Bücherwände in Flur und Zimmern. Nur die Decken sind nicht mehr hoch wie in dem Gründerzeitbau von vorher, wo sie in den Raum zwischen Regalen und Decke noch einige der vielen Archivschachteln geklemmt hatte. Ein Archiv, im Wesentlichen voll mit Berlin. Als die Neunzehnjährige 1983 von Magdeburg in die Hauptstadt der DDR gezogen war, hatte sie sich schon seit einer Weile »ein Berliner Leben zusammengesehnt« – aus Filmen, Musik und nicht zuletzt den Fantasien über die »Berlin (West) genannte weiße Fläche« auf den Ostberliner Stadtplänen. In den Jahrzehnten seither sind ihre achtzehn Bücher entstanden; geschrieben in einem Radius, der sich nicht mehr als zwei Kilometer von ihrem ersten Berliner Ausgangsort entfernte.

Obwohl sie »seit siebenundzwanzig Jahren durch die Stadt streife und sie fast so gut kenne wie ein Taxifahrer oder Gasableser, ist mein Blick doch immer subjektiv, ein Blick aus dem Osten auf die Stadt. Von hier aus ziehe ich meine Kreise«, schreibt sie in »Heimatkunde Berlin«. Berlin Heimat zu nennen, würde ihr trotzdem nicht im Traum einfallen: Von zu vielen Ideologien missbraucht, tauge das Wort allenfalls noch zum Alltagswort – »etwas, was ich kurz denke, wenn ich dienstags von der Arbeit aus der westdeutschen Provinz kommend mit dem Zug in den Hauptbahnhof einfahre, vor mir das Panorama des Spreebogens mit den Silhouetten von Fernsehturm, Reichstag und Potsdamer Platz, und aufatme, um mich im nächsten Moment zu korrigieren: Heimat? Wie klingt das denn? Sind wir hier im Regionalfernsehen? Kannst du nicht Zuhause sagen?«[33]

Zuhause also. Wenn auch längst kein unbedrohtes Zuhause mehr, in Zeiten von Luxussanierung und Spekulation. Aus ihrer letzten Wohnung in der Pasteurstraße war sie aufs Hässlichste wegen Eigenbedarf rausgesetzt worden. Sie wehrte sich lange, aber musste letztlich gehen. Die neuen Wohnungseigentümer zogen alle Register. Der drohende Auszugstermin nahte, ohne dass sie eine neue Wohnung gefunden hatte. »Ich hätte nicht gedacht, wie sehr einem das den Boden wegziehen kann«, sagt sie. Und dass sie vor Panik nicht mehr arbeiten konnte. »Zum Glück bin ich Schriftstellerin«, lächelt sie versonnen vor sich hin, während sie den Kaffee aufgießt.

294

»Ich kann das alles aufschreiben, wenn die erste Wut verflogen ist.« Die Vertreibung ging weiter: Auch einer neunzigjährigen Frau, die seit dem Krieg im Haus ist, ging die Kündigung zu. »Ich muss dranbleiben«, sagt sie vor sich hin, und: »Mir erscheint es inakzeptabel, dass Wohnen Ware sein soll. Dass Eigentum nur mit Macht verbunden ist und überhaupt nicht mit Verpflichtung.«

Als ich Annett in der Pasteurstraße besucht hatte, war es mir schwer vorstellbar erschienen, dass sie diesen Platz verlassen würde. Ihr Arbeitsplatz in einem Erker, Gegenlicht war über den Schreibtisch geflutet, um sie herum jenes Maß an Licht und Luft, das die hohen Räume einer Gründerzeitwohnung oft zur Verfügung stellen. An den Wänden neun Bücherreihen untereinander, und dort, wo keine Bücherregale standen, eine Schreibfläche aus einer Art Packpapier mit Skizzen und Schaubildern für den nächsten Roman. Ich konnte die Denkwelt sehen, die in den fünfzehn Jahren in dieser Wohnung gewachsen war. Auch die Geschichte des Hauses hatte sie durch das ganze 20. Jahrhundert zurückdekliniert; in Adressbüchern in der Landesbibliothek recherchiert und Hausbewohner gefunden, die schon vor 1943 im Haus wohnten. Letzte Woche sei eine Frau verstorben, die hier im Haus vor über neunzig Jahren geboren sei: »Sie hat ihr ganzes Leben in diesem Haus verbracht.«

»Für mich ist es mit den Gründerzeitwohnungen vorbei«, sagt die Einundfünfzigjährige jetzt nüchtern. »Als Künstlerin mit wechselnden Einkommen bin ich vielleicht nicht gerade Unterschicht, aber untere Mittelschicht.« Die im Rhythmus der fortschreitenden Gentrifizierung luxussanierten Altbauten sind für die Künstler und Intellektuellen, die Berlin über lange Zeit ihr besonderes Gesicht gaben, so gut wie nicht mehr erschwinglich. Ich finde das erschreckend: Annett, die für alle großen Zeitungen schreibt und als Dozentin an der UDK lehrt; die eine große Ausstellung über die Mauer kuratiert und laufend Berlin-Geschichte erforscht; sie, die sich die Berliner Unter- und Hintergründe erarbeitet hat wie kaum jemand sonst, kann sich eine typische Berliner Wohnung nicht mehr leisten? »Na ja, so ist es. An einem Tag bist du im Kanzleramt eingeladen, am nächsten musst du ins Jobcenter. In einer völlig auf Gewinn ausgerichteten Gesellschaft bin ich eine Art Clown, den man duldet. Aber klar: Dass das möglich ist, jemanden wegen Eigentum aus seiner Nussschale zu entfernen … da werde ich dann schon zur heftigen Kapitalismuskritikerin. Wir haben den Unterschied zwischen Besitz und Eigentum erst nach der Wende wirklich kennengelernt. In der DDR hast du deine Wohnung renoviert und in Schuss gehalten, und das war deine. Da kam niemand rein, den du nicht haben wolltest. Oder nur heimlich. Aber dass du mit einem gültigen Mietvertrag aus der Wohnung fliegst – undenkbar.«

♦

Es klingelt an der Tür – »das ist Friedrich«. Groß, sehr schlank, sehr lebhaft, helle Haare und heller Bart: Friedrich, 26, von sprudelnder Offenheit. Er erzählt, dass er mit Lilli, seiner zweieinhalbjährigen Tochter, schon auf dem Spielplatz war. In Aussehen und Ausstrahlung ist Friedrich ganz anders als seine Mutter. Erst im Nachgang denke ich – ja, anders, aber auch ähnlich: Sie sind beide Denkmenschen. Der eine, der auch laut nachdenkt und dabei sein Gegenüber in die Denk- und Erzählzusammenhänge verwickelt, einbindet, äußerst kommunikativ und lebendig. Bei Annett merke ich erst auf den zweiten und dritten Blick, wie locker und witzig sie ist – weil es auch einen Ring des Schweigens gibt, der sie umgibt. Ein Ring, in dem sich die Schriftstellerin aufhält, und niemand sonst. Lebenslang in Sprache unterwegs und nach Worten suchend, die den Kern von Verhältnissen treffen. Eine Absage an Geschwätzigkeit, die auch ihre Bücher auszeichnet; an Worte, die nichts meinen und nichts bedeuten. Eine Intensität an Denk- und Wissenszusammenhängen; eine Rückbindung an etwas, dem möglicherweise der Begriff »politische Bewusstheit« am nächsten kommen würde: das Wissen, dass es um etwas geht.

»Willst du eine Stulle? Ich hab dir das Cashewmus gekauft.« Wir sitzen am Frühstückstisch, es gibt Kaffee. Friedrich und sein Vater haben hier kürzlich die Regale angebracht; den Riesenumzug unterstützt. Eine Freundin hatte Annett die Logistik des Umzugs zum Geburtstag geschenkt: »Ich durfte nichts einpacken. Das haben sie für mich gemacht.« Jetzt ist sie langsam wieder angekommen – wieder und immer noch in jenem Zweikilometerradius von dort, wo sie vor mittlerweile zweiunddreißig Jahren angekommen war. Eigentlich habe sie mal weggewollt – »das ist nicht mehr mein Prenzlauer Berg«. Nicht weg von Berlin, natürlich: »Das wäre eine grässliche Vorstellung.« In der Nähe lebt Friedrich mit seiner Familie, lebt ihr Partner. »Meine Wurzeln sind hier.«

Ihr Prenzlauer Berg, das war zunächst das »lichtarme Berliner Zimmer« 1983, Außentoilette mit durchgefaultem Fußboden, wie sie in »Heimatkunde Berlin« erinnert. 30 Mark, »illegal, aber geduldet«. Damals, sagt Annett, sei der Prenzlauer Berg »der freieste Ort der DDR« gewesen. Einer, an dem man sich, soweit es in der DDR überhaupt ging, verstecken und entziehen und eine Gegenkultur leben konnte. Ein anderer Prenzlauer Berg als jener der Nach-Wende-Jahre, in denen er zum hippen Lieblingskiez der Medien wurde – aber immer noch für eine Freiheit stand; die große »Freiheit des Unfertigen«.

Am Raum des neu zu gestaltenden Landes arbeitete Annett mit – intensiv, wie es ihre Art ist. Sie holt Exemplare einer Zeitschrift mit großformatigen Frauenportraits auf der Titelseite, »Ypsilon. Die Zeitschrift aus Frauensicht«. Sie stellte das Romanschreiben zurück: Die Wirklichkeit war fantastischer als das, was man sich hätte ausdenken können. Sie ließ sich einfordern von der Wirklichkeit der Wende, und das war in vieler Hinsicht mehr und anders, als man je hätte planen können. »Was mich an der Wende interessierte, war, dass die Archive sich öffneten.« Der Fall der Mauer – okay. »Aber ich hatte auch das Reisen nach Ungarn und Polen spannend gefunden.«

Ihr hatte das Jahr 1989 nicht nur die politische, sondern auch eine persönliche Wende gebracht: Im Januar 1989 wurde Friedrich geboren. »Es gab noch Glückwünsche für das neue sozialistische Baby«, erinnert sich Annett schmunzelnd. »Dann kam die Fürsorge vorbei und kontrollierte, ob er ein eigenes Bett hatte.« 1000 Mark gab es zur Geburt, Krippen- und Kindergartenplatz waren eh gesichert. »Wobei – das war ja nicht, weil die DDR so eine Vorreiterin der Frauenrechte gewesen wäre.

Sondern weil die Frau als Produktivkraft trotz Kindern voll zur Verfügung stehen sollte.« Ein Jahr hätte sie zu Hause bleiben können – »aber da hatte ich Pech. Ich war ja Studentin, 215 Mark im Monat, das war knapp. 1990 erhielt ich ein Forschungsstipendium, das ich vor der Wende nicht bekommen hätte, weil ich nicht in der SED war.« Annetts Plan, eine Dissertation über die Lyrikerin Inge Müller zu schreiben, musste »zugunsten der Beschaffung des Familieneinkommens« beiseitegelegt werden. »Ich kenne viele Frauen, die viel mehr nicht machen konnten wegen der Kinder«, betont Annett. »Ich habe immer versucht, innerhalb der Möglichkeiten maximal viel zu realisieren.«

Friedrich war ungeplant. »Ich hatte nicht so früh ein Kind bekommen wollen.« Aber ein Arzt riet ihr zu, die Schwangerschaft auszutragen: »Es war nicht klar, ob ich wegen einer Operation später noch würde Kinder bekommen können.«

Also kam alles gleichzeitig: das »neue Deutschland«. Europa, das sich für sie bald westlich bis Paris dehnen würde. Und sie selbst, die für ein Kind mitzusorgen hatte. Nach den ersten schwierigen anderthalb Jahren organisierte Annett sich mit zwei anderen Frauen zu einer WG: »Ich wollte das auf keinen Fall, in einer Kleinstfamilie zu zweit leben.« Zwei der Frauen, Annett und Sylke, wohnten zusammen, bis ihre Kinder Friedrich und Meta acht waren: »Die beiden sind wie Geschwister aufgewachsen. Zwei Tage war Meta bei mir, zwei Tage Friedrich bei Sylke, später dann noch einmal die Woche.« An diese Frauen- und Kinder-WG scheinen sich beide gern zu erinnern. »Wir hatten männerfreie Tage«, lacht Annett. »Das reibt mir mein damaliger Freund heute noch unter die Nase.«

Für die letzte Phase ihres Literaturstudiums wurde Annett 1991 eine der ersten Studentinnen im europäischen Erasmus-Austausch-Programm und ging nach Paris, um einen Abschluss in Germanistik zu machen. »Ich habe damals das harte Paris kennengelernt.« Im Uni-Wohnheim wohnte »der ganze Maghreb«, und manchmal konnte das Nachhausekommen wie Spießrutenlaufen sein. Das Geld reichte nicht für ein eigenes Zimmer, in dem sie hätte mit Friedrich wohnen können. Also blieb sie nur zwei Monate, während derer Friedrich in Magdeburg in eine Krippe ging. Anschließend machte sie als Fernstudentin weiter und fuhr alle vierzehn Tage nach Paris zum Seminar.

Überhaupt gab es viele Reisen in Friedrichs Kindheitsjahren. Ganz symbolisch gab Annett Friedrich als Patinnen eine Schweizerin und eine Italienerin: »Es war ja, als Friedrich geboren wurde, nicht abzusehen, dass zehn Monate später die Mauer fallen würde. Ich brauchte zwei Leute aus der Welt, die ihm zeigten, dass es noch was anderes gibt als die DDR, in der man ja klaustrophobisch werden konnte.« – »Wann haben wir die eigentlich das erste Mal besucht?«, fragt Friedrich seine Mutter. Sie rekonstruieren gemeinsam: »Weißt du noch, als ich mir in Rom den Finger einklemmte, und in Paris fiel dann der Nagel ab?« Beide lachen. Der Inbegriff des internationalen Kindes! Magdeburg war neben Berlin der zweite Fixpunkt in Friedrichs Kindheit. Dann gab es für wenige Sommer noch ein Bodenreformhaus in Mecklenburg, das eine Freundin gepachtet hatte: »Sylke baute einen Lehmofen, wir haben eine Kastanie gepflanzt und versucht, des Topinamburs im Garten Herr zu werden«, erzählt sie. »Stimmt ... da würde ich gern mal wieder hinfahren und es mir ansehen«, sagt Friedrich.

Annett: »Ich habe damals den Führerschein gemacht und das uralte Auto meiner Mutter bekommen, das dauernd liegen blieb, aber wir haben es gemocht ...« – »Damit haben wir unsere Abenteuerfahrten gemacht«, ergänzt Friedrich. – »Ja, nur leider habt ihr beide, Meta und du, im Auto immer kotzen müssen ...« – »Weißt du noch, Budapest, wo wir was recherchiert haben? Je älter ich wurde, desto weniger Lust hatte ich, auf deine Recherchereisen mitzufahren.« 2003, als Friedrich vierzehn war, hatte Annett ein Stipendium in Warschau. »Friedrich kam nur für einen Teil der Zeit mit und blieb sonst bei meinem damaligen Freund ...« – »... den ich überhaupt nicht leiden konnte«, ergänzt Friedrich mit einem Augenverdrehen. »Genau. Zur Strafe hast du uns gegeneinander ausgespielt. Aber in dieser Zeit, als ich nicht da war, hast du bei uns in der Wohnung eine Jugendweihe-Feier für einen Jungen organisiert, der keine bekam. Das hat mich wirklich gerührt.«

Zu diesem Zeitpunkt wohnten die beiden in jener Gründerzeitwohnung in der Pasteurstraße, die ich bei meinem ersten Besuch kennengelernt hatte. Das Leben im Rhythmus von Annetts Recherche- und Reiseabenteuern hört sich vertraut an, meinem eigenen ähnlich. Es gab für Friedrich den festen Ankerplatz Berlin; außerdem Magdeburg und – die Welt. »Mein Opa war mein männliches Vorbild«, sagt Friedrich. »Ein totaler Familienmensch, der sich immer um mich gekümmert hat.« – »Wenn mein Vater in den Sechzigerjahren allein mit dem Kinderwagen durch die Stadt gelaufen ist, haben die Leute ihn gefragt, ob seine Frau gestorben ist«, schiebt Annett hinterher. Sein eigener Vater, sagt Friedrich, sei eher ein Kumpel gewesen. »Als Friedrich zwölf war, durfte er sich entscheiden, ob er lieber mit dem Vater und den Stief- geschwistern leben wollte oder mit mir«, sagt Annett. »Ja, es gab so eine Sehnsucht, mit in einer Familie zu sein«, bestä- tigt Friedrich. – »Aber es wurde ihm abgesagt, was mir, ehr- lich gesagt, lieb war, denn ich habe gerne mit Friedrich zusam- mengelebt. Aber ich wollte ihm die Entscheidung offenhalten, nicht klammern als Mutter.« Annett hält es ihrem Exfreund zugute, dass er für Friedrich da war und auch für ihn zahlte, wann immer er konnte. »Dafür hat er das ziemlich toll ge- macht.« – »Er hat sich nicht so interessiert für das, was ich ge- macht habe. Als Kind wünscht man sich das natürlich«, hält Friedrich dagegen. »Er war jedenfalls nicht so ein Show-Vater wie die, die heute mal mit den Kindern auf den Spielplatz ge- hen, und dann kommt gleich die Bild-Zeitung vorbei.« Annett nimmt Friedrichs Vater in Schutz, der seinen eigenen Vater nie kennengelernt hatte. »Toll war, dass ihr beide euch ver- standen habt«, sagt Friedrich. »Dass es möglich war, zu dritt essen zu gehen und mal nicht über die Arbeit zu reden. Das ist euch gut gelungen. Darauf konnte man sich verlassen.«

Leben im Netzwerk. »Bei uns waren immer Leute. Mein Freund Robert hat den Ausdruck ›Hotel Gröschner‹ einge- führt. Es gab immer so etwas wie eine größere Gemeinschaft«, beschreibt Friedrich sein früheres Zuhause. – »Ich mag offene Häuser«, führt Annett aus, »aber ich ziehe mich dann bei Gelegenheit auch zurück, kann völlig abschalten.« – »Ja, du kamst von irgendwoher nach Hause, hast mal kurz geguckt, wie viele sind auf dem Hochbett oben, und bist zu dir arbeiten gegangen.« »Mein Arbeitsraum war tabu, das war das Woolf- sche Zimmer für mich allein. Aber es war auch immer klar, dass Friedrich das große Zimmer kriegt.« An das Zusammenleben mit Sylke und Meta haben beide positive Erinnerungen. »Wenn ich an all die Kinder denke, die bei uns übernachtet haben, damit die alleinerziehenden Mütter tanzen gehen konnten!« Annett lacht. Sie würde das wieder genauso machen. »Ich hatte echt Glück – und die Entscheidung, diese Zeit nicht allein zu stemmen, war genau richtig. Ich hätte vieles nicht machen können, wenn ich nicht in einer WG gewohnt hätte.« Sie überlegt. »Letztendlich ist es das, was übrig geblieben ist von unserer ganzen politischen Arbeit. Feministinnen, die in einer WG gelebt und sich die Kinder geteilt haben. Das hat gut geklappt.«

Friedrich hört zu. »Ob meine Generation dazu auch bereit ist? Ich weiß es nicht.« Er lebt mit seiner Freundin und der gemeinsamen Tochter Lilli zusammen. »Für sie ist es wunderbar, dass sie uns beide hat. Ich finde es toll, dass wir eine Familie sind – aber ich finde es auch toll, was ich mit Annett hatte.« Meta sei immer noch wie eine Schwester, sagt Friedrich. »Ich vermisse diesen solidarischen Geist ... ich hätte gern den Prenzlauer Berg gekannt, wie er damals war.«

Annett sagt: »Ich wollte damals lieber die Unsicherheit, auch mit dem Risiko zu scheitern. Kind und Schriftstellerin, dachte ich, ja, das schaff ich.« Wenig Geld, dafür keine Kompromisse, was die geistige Freiheit und die Richtungen gesellschaftlicher Mitgestaltung betraf. »Es gab so viele Räume damals, die niemandem gehörten – die durch Gedanken und Taten besetzt werden konnten.« Immer wieder entschied sich Annett im Zweifelsfall gegen lukrativere Jobs, wenn sie eine Einschränkung ihrer geistigen Selbstbestimmtheit bedeutet hätten. »Ich bin immer noch sehr begeistert, wenn Projekte zustande kommen, ohne dass jemand daraus Kapital schlagen will. Aber mir kommt es gerade oft so vor, als seien alle Projekte kommerzielle Projekte.«

Friedrich hört nachdenklich zu. »Mir scheint heute die Angst zu scheitern größer zu sein. Gibt es weniger kreative Köpfe als früher? Und ist wirklich das Risiko höher, der Fall tiefer, wenn man das macht, was man machen will?« Friedrich hat Politikwissenschaft studiert und ist im Masterstudiengang. Nebenbei hat er Jobs bei der Friedrich-Ebert-Stiftung und im Bundestag. »Ich habe das gemacht, was mich in der Schule interessiert hat. Aber werde ich bei Stiftungen unterkommen? Kann ich die Miete weiter stemmen? Als Student geht das noch prima, mit BAFÖG, aber ich fände es furchtbar, in diesem Arbeitslosensystem drinzuhängen.« Das ist nicht so leicht mit Kind. Noch kommt seine eigene Familie mit BAFÖG und Hartz 4 durch. Ab und zu helfen die Eltern. Die Sorge ist ihm anzuhören – auch wenn er ein klares Einverständnis mit seiner Lebenssituation hat. Als Lilli auf die Welt kam, war er vierundzwanzig. »Ich hatte das Gefühl, dass es schön wäre, schon ein Kind zu haben. Mit Annett hatte ich ja auch eine junge Mutter gehabt. Wir haben es geplant, aber Lilli kam auch dem Plan noch zuvor, und nun ist jeder Tag mit ihr wunderbar. Ich vermisse es nicht, auf Partys zu gehen.« Annett murmelt: »Das ist völlig anders als bei mir.« – »Es ist mir schon wichtig, Freunde zu treffen«, schiebt Friedrich nach. »Nachts mal mit Freunden durch die Gegend zu spazieren, zwischendurch Rennrad zu fahren, abends ab und zu Leute zu treffen.« Er macht eine ausholende Bewegung: »Mein Leben hat sich einfach erweitert, umgestellt, ohne dass das ein Big Deal wäre … Ich finde es optimal, dass wir so jung sind.«

Friedrich muss aufbrechen. Vaterpflichten rufen. Helm auf, er schiebt das Rennrad, wir laufen ein Stück mit durch den Kiez, noch bei seiner alten Krippe vorbei. Der Grundschule, wo er in der Integrationsklasse war – »Er sollte lernen, dass es verschiedene Kinder und Situationen gibt«, beschreibt Annett. – »Ja, das war gut«, sagt Friedrich. »Hat meine soziale Ader gestärkt.« Lilli ist jetzt bald im Kindergartenalter. Friedrich und seine Partnerin werden sie wahrscheinlich nicht anmelden. »Nee, eigentlich wollen wir das nicht, dass sie da drinnen bis zwei, drei Uhr rumhängt, mit vierzig anderen Kindern auf nur zwei Erziehern. Was kann sie da lernen? Wir wollen, dass sie teilhaben kann am echten Leben, mit inspirierenden Vorbildern … Wir haben seit Lillis Geburt viele andere Eltern kennengelernt und planen mit einigen anderen Müttern ein Eltern-Kind-Büro.«

Hier gehen die Meinungen von Mutter und Sohn auseinander. Annett bedauert es für sich, nicht im Kindergarten gewesen zu sein und dieses Training in sozialer Kompetenz nicht erlebt zu haben. Friedrich hingegen findet, dass soziale Kompetenzen gerade nicht in einem Kindergarten erlernt werden: »Die Kleinen schubsen, hauen und beißen, weil sie überfordert sind mit der Anzahl der Kinder, der Lautstärke und dem Mangel an ungeteilter Zuwendung.« Aber die Zeit rennt davon: Friedrich schwingt sich aufs Rennrad und saust davon.

♦

Leben im Netzwerk, Kinder großziehen im Netzwerk: Für Annett ist dies ein Aspekt, eine logische Folge auch ihres gesellschaftspolitischen Weges. Und nicht zuletzt ein kreatives Nutzen – und Erfinden – von Strukturen im Interesse größtmöglicher Freiheit. Das ist nicht das symbiotische Mutter-Kind-Modell, sondern eher das Gegenteil: das Kind in seiner Generation verankern und vernetzen und sich selbst in jenen Zusammenhängen, die man für sich wählt. Um den eigenen beruflichen Weg kämpfen und darum, dies im Rahmen der politischen Überzeugungen zu tun. »Es klingt nach Nostalgie«, sagt sie mit ihrer rauen Stimme, während wir die Prenzlauer Allee hinablaufen, »aber mir fehlt das Anarchische, Bunte, das Nebeneinander der vielen verschiedenen Lebensentwürfe, das es in den Jahren nach der Wende noch gab. Geld spielte nicht so eine Rolle. Ich lehne den neoliberalen Umbau der Gesellschaft ab. Die Gesellschaft differenziert sich auf eine Weise, die für das Zusammenleben nicht gut, sondern zerstörerisch ist. Das geht in eine völlig falsche Richtung. Mich belastet das.«

Klare Worte. Ihr fehlt, was es schon mal gab. »Es gab ja damals auch heftige gesellschaftliche Konflikte. Das Gefühl zu versagen. Aber es gab Freiräume. Die erste Generation, die komplett in Friedenszeiten groß geworden ist, geht jetzt in Rente: mit 500 Euro! Da fragt man sich schon, findet man noch mal Räume, um so was gemeinsam und solidarisch zu gestalten? Werden wir bald wieder Häuser besetzen? Das ist heute gefährlicher und kaum noch erfolgreich. Das Gefühl für Eigentum ist viel stärker als vor zwanzig Jahren. Aber wir werden wahrscheinlich gar keine andere Wahl haben.« Das sei ihr kürzlich klar geworden, in der Phase, als sie plötzlich ohne

Wohnung dastand und fast keine bezahlbare finden konnte. »Du verlierst jede Leichtigkeit. Bist kein bisschen cool mehr. Und das soll der Boden sein, auf dem du die nächsten Jahre stehst?«

Wir laufen die Prenzlauer Allee hinunter, im Blickfeld die runde Kugel des Fernsehturms, auf dem Mittelstreifen bimmelt die gelbe Straßenbahn. Ich hatte Annett gefragt, welches für sie in diesem »Zweikilometerradius« ihrer letzten zweiunddreißig Jahre die »magischen Orte« seien – Orte von besonderer Bedeutung, und sie hatte geantwortet, dass es oft Wege, nicht Orte sind. »Mein beharrliches Wohnen im Prenzlauer Berg hört sich ja eher nach Sesshaftigkeit an. Aber eigentlich geht mir Sesshaftigkeit auf den Keks. Eine Wohnung ist für mich der Ausgangspunkt, von dem aus ich Wege suche. Wo man Ruhe hat, bis man wieder unruhig wird.« Annett zitiert Franz Jung, der oft auch in ihren Büchern vorkommt: »Was suchst du Ruhe, wenn du zur Unruhe geboren bist?«

Wir stehen vor einem mit Graffiti übersäten gemauerten Rundbau. Hier, erzählt Annett, habe sich das 1991 eröffnete Prenzlauer Berg-Museum befunden, in dem sie vier Jahre mit einer ABM-Stelle gearbeitet habe. Ursprünglich die Kapelle eines Siechenhauses, wie immer noch zu erkennen ist. Wir laufen die Treppe an der Seite hoch. Später war in dem Gebäude die sowjetische Kommandantur untergebracht. Oben lang gestreckte gemauerte Gebäude – »und noch später zog dann die Stasi ein«.

In den späten Achtzigerjahren wurde Annett zur Spurenleserin. »Die ganzen Kriegsspuren. Der Prenzlauer Berg war völlig kaputt. Unter einer Tapete habe ich mal Geldscheine aus Inflationszeiten gefunden. Und dachte immer, irgendwann finde ich auch noch ein Hitlerbild.« Jahre voller Entdeckungen. »Für mich war das damals der Inbegriff der Freiheit. Wohnungen mit Außentoilette, kaputtem Kachelofen, aber ich mochte dies Morbide. Ich fand es viel lebendiger als alles, was ich bis dahin kannte. Der Prenzlauer Berg war das größte zusammenhängende Gründerzeitgebiet, angeblich Europas. Schlechte Bausubstanz, nicht gepflegt, die Wohnungen verfielen, und man war froh, dass überhaupt jemand sie bewohnte.« Sie erinnert sich an viele Künstlerexistenzen und viele alte Frauen, die so lebten. »Kaum Familien. Die lebten in den Plattenbauten.«

»Heute kommt es mir so vor, als hätte der falsche Ort den Zaubertrank getrunken. Man hat die Leute, die hier lebten, bei der Modernisierung zwar oberflächlich mitbestimmen lassen, wie es werden soll, aber als alles fertig war, hatten sie ihre Wohnungen nicht mehr, und ganz andere Leute partizipierten an den Sanierungen.« Ausgerechnet der Prenzlauer Berg, dies ehemals »freieste Stück DDR«, ist auf der atemlosen Strecke von dreißig Jahren Geschichte zu dem »am krassesten gentrifizierten« Stadtteil geworden. »Bio-Biedermeier« sei das geworden, was sie selbst noch kennenlernen konnte als große Brachlandschaft verdichteter Geschichte. Selbst wenn neben aller Analyse auch Trauer dabei ist – diese Geheimnislandschaft entziffert zu haben, wird für Annett immer das Fundament ihrer Schriftsteller-Identität sein. »Hier kenne ich jeden Stein. Kann dir alles über die letzten hundertfünfzig Jahre Geschichte erzählen.« Annett ist keine Romantikerin, eher eine, die sich schon von Berufs wegen immer abverlangt, die Augen offen zu halten für das, was ist, auch wenn sie manches ganz und gar nicht gerne sieht. Hinschauen. Sehen, »wie viele Städte innerhalb einer Stadt leben«. Was sonst sollte eine Schriftstellerin tun? »Es geht was weg, es kommt was Neues hinzu. Viele der Leute, die in den letzten fünfundzwanzig Jahren dazugekommen sind, würden mir fehlen.«

◆

Zwei Tage später verabreden wir uns im Café Hilde, Ecke Prenzlauer Allee/Metzer Straße noch einmal. Ich möchte noch mehr sehen von Annetts Prenzlauer Berg, von ihren Stationen hier und den damit verbundenen Geschichten. Auf dem Mittelstreifen, wo die Straßenbahn hält, sehe ich sie kommen: groß, sehr gerade, wehender roter Schal. Immer ist auch etwas Versunkenes an ihr, mindestens ein Teil tief in Gedanken. Sie schaut am gelben Haus auf der anderen Seite hoch: »Prenzlauer Allee 16«, sagt sie, als sie sich neben mir niederlässt. »Da war unsere Frauen-WG von 1990 bis 1997. Alle sechs Fenster der zweiten Etage waren unsere, bis auf das eine. Da wohnte eine ganz alte Frau, seit 1946, der haben wir die Kohlen hochgetragen.« Wir bestellen Kaffee, und Annett erzählt, dass sie den Mietvertrag am 2. Oktober 1990, einen Tag vor der Wende, unterschrieben hätten: drei Frauen, zwei davon mit Kind. »Das war ein Ergebnis der Frauenbewegung: eine Initiative, in der allein lebende alte Frauen ihre großen Wohnungen gegen kleine tauschen konnten. Die großen wurden dann Wohngemeinschaften zur Verfügung gestellt.« Einen Tag nach Vertragsunterzeichnung gab es die DDR nicht mehr, und damit war auch die Regelung nicht mehr gültig. Aber sie hatten es geschafft: Ganze sieben Jahre wohnten zwei Frauen und zwei Kinder auf der Grundlage dieser Initiative; einem letzten Stückchen DDR, oder besser: einem kleinen, der DDR abgerungenen Stück sozialer Gerechtigkeit, das Annett hinüberretten konnte in die Realität der Wiedervereinigung. »Dann gehörten die Häuser ja wieder jemandem.« In diesem Fall, so erzählt sie weiter, einem ziemlich gierigen Erben, der mit einer Frauen-und-Kinder-WG gar nichts anfangen konnte. »Der wohnt immer noch da«, murmelt sie. »Das erkenne ich an den Gardinen.«

Die Jahre 1989 bis 1991 waren frauenbewegte Jahre. Annett gründete im Dezember 1989 mit anderen einen Unabhängigen Frauenverband. »Wir trauten der Grenzöffnung nicht, sie kam uns wie ein Ausweichmanöver der alten Regierung vor, die glaubte, damit von sich abzulenken. Es gab die beiden Staaten ja noch fast ein Jahr lang, und wir sind mit feministischen Flugblättern unter der Matratze im Kinderwagen zwischen Ost- und Westberlin hin- und hergelaufen.« Ich stelle mir Annett in dieser Zeit vor: »Wir waren im Mütterjahr, wir haben gestillt. Ich war so froh, dass die Revolution gekommen ist, mir fiel die Decke auf den Kopf. Und froh, dass es bald Pampers gab. Und ordentliche Tampons.«

Mit großen Schritten laufen wir die Straßen ab, Mollstraße, Prenzlauer Allee, irgendwo zeigt sie an einer weiteren Gründerhausfassade hoch: »Das hier war meine erste Wohnung mit Friedrich. Kein Bad, Dusche und Waschmaschine in der Küche.« Um sie herum hätten damals nur Alleinerziehende gewohnt. »Man musste nicht mehr heiraten, konnte allein klarkommen.« Sie selbst habe nie das Bedürfnis gehabt zu heiraten. »Die Devise war, lieber allein als in unglücklicher Beziehung.« Die allererste Zeit erinnert Annett als extrem hart. »Mit einem Säugling ganz allein zu sein …« Sie schüttelt den Kopf. »Man muss ganz schön aufpassen, dass man da nie emotional durchdreht. Ich bin oft nachts mit dem schreienden Kind durch die Straßen gelaufen, um einfach nicht allein mit diesem Gebrüll zu sein.« Sie erinnert sich an eine Reise im Oktober 1989 nach Budapest, ohne Friedrich. »Zum Glück hatte ich meine Mutter und meine Schwester, bei denen ich Friedrich lassen konnte, zusammen mit eingefrorener Muttermilch …« Von da aus dann der Wechsel in die Wohngemeinschaft mit Sylke und Meta.

»Ich hatte nie das Gefühl, dass Friedrich je traurig darüber gewesen wäre, dass ich alleinerziehend war«, sagt Annett. Wobei, sei nicht überhaupt »alleinerziehend« ein komisches Wort? »Es bildet nichts ab von dem, worum es wirklich geht. Es reduziert dich aufs Erziehen.« Sich reduzieren lassen aber stößt direkt mit dem zusammen, was mir das Schlüsselwort zu Annett zu sein scheint, Freiheit nämlich. Freiheit vor allem, in einer Weise selbstbestimmt zu arbeiten, dass man das tun kann, was man wirklich tun will und woran man glaubt – und anderes auch sein zu lassen. Eine Freiheit, für die sie bereit war und ist, den schnell mal dauerhaft hohen Preis prekärer Existenz zu zahlen; dieser noch verschärft durch die Sorge für ein Kind.

Ein Credo, in dem ich mich selbst auch erkenne. Eines, dem man das Muttersein untergeordnet hat? Ich denke, ja und

nein. Denn da ist ja auch die Überzeugung, dass leidenschaft-
lich gelebte geistige, künstlerische Arbeit nicht die schlechteste
Straße ist, auf der ein Kind seine eigenen frühen Schritte ins
Leben tun kann. Ich denke an Friedrichs wachen Geist, eine
Intensität und Nachdenklichkeit, die sofort ins Auge springen.
Wenn mir zuallererst nicht Annett, die Mutter, einfällt, sondern, Annett, die leidenschaftliche Denkerin, trotzige Kämpferin für solidarische Gesellschaft, Berlin-Archäologin, dann
heißt dies ja, dass Friedrich mit diesen ihren Identitäten mit-
gelaufen und mitgewachsen ist. »Im Osten war es halt eine
Selbstverständlichkeit, Kinder zu haben. Das war ganz anders
bei den Feministinnen im Westen, die damals oft keine Kinder
hatten.« Mir selbst ist in der Beschäftigung mit Annett und
Friedrichs Weg noch klarer geworden, dass ich den Glauben,
der diese Art von Muttersein stützt, unbedingt teile: dass es für
Kinder gut ist, an der Intensität eines geliebten Berufslebens
teilzuhaben, an der damit verbundenen Begeisterung und inspirierenden Kraft. Dass man Kindern viel zumuten darf und
zutrauen soll und – natürlich wach bleiben muss für die Momente und Zeiten, wo es ihnen zu viel wird. »Von Demos hatte
Friedrich spätestens mit sechs Jahren genug, er war ja quasi da
aufgewachsen«, hatte mir Annett mit einem schnellen Lächeln
gesagt, »aber das war zum Glück nicht von Dauer.« Und Friedrich selbst hatte erzählt, dass 9/11, obwohl er erst zwölf war, für
ihn ein starker Auslöser seiner eigenen Politisierung wurde.

Annett steht für ein Muttersein, so könnte man es vielleicht
zugespitzt sagen, in dem sie eher Werte vorleben will, als das
ganze Leben auf kindliche Bedürfnisse auszurichten. »Im
Nachhinein habe ich das Gefühl, dass alles ganz einfach war.
Ich glaube auch nicht, dass ich ganz viel und schlimm falsch

gemacht habe. Es ist ja gut zu Ende gegangen in dem Sinne, dass ich jetzt nicht mehr gebraucht werde.«

Wir kommen an ein mit Graffiti übersätes Backsteingebäude auf einer kleinen Anhöhe, »Open Space« steht über dem Eingang, eine Galerie in altem Gemäuer. »Friedrichs Kita«, sagt Annett, während wir die Stufen hochlaufen. »Schau hier, die überdachte Terrasse, da haben die Kinder Mittagsschlaf gehalten.« Drinnen kann man das Modell eines Neubaus bewundern. Aus weißem Baustoff geformte Bäumchen, »ach, da ist die Treppe, die wir grad hochgelaufen sind. Das Haus sehe ich im Modell nicht mehr. Wird also abgerissen ...« Wieder ein Stück Vergangenheitslandschaft, das wegbricht.

Wir setzen uns in einen Fischladen, »früher Imbiss von Mutter Hohnke. Alle haben hier gegessen, Brötchen mit Mett, Gulaschsuppe, deftige Sachen, egal ob man Trinkerin, Handwerker, Künstler oder Diplomandin war. Frau Hohnke sagte immer: ›Ich könnte Romane schreiben!‹«

Je länger wir reden, je mehr Annett erzählt, desto klarer wird mir, dass das Land, von dem sie erzählt und aus dem ihre eigenen Prägungen stammen, viel weiter weg ist als Kalifornien; weiter weg als alle Länder, die ich bereist habe. Ein Ort, den man nicht mehr aufsuchen kann, weil er verschwunden ist. Es erscheint mir verrückt, wie viel Geschichte sich in Annett stapelt. Übereinanderliegt. Aufgewachsen in der DDR, hat sie dort die Schule beendet, studiert – war in der Wende als eine der ersten Erasmus-Studentinnen frühe Europäerin, während der Wendejahre kritische Kämpferin gegen das Aufgehen des Ostens im Westen, und ist heute eine Uneinverstandene, eine

Kritikerin des globalen Kapitalismus, in dem keinerlei politische Vision mehr Platz hat. Feministin, nicht zu vergessen: »Im Moment denke ich, dass die Welt nicht besser wird. Für Dinge, die schon längst mal selbstverständlich waren, müssen wir immer wieder neu kämpfen.«

So jung sie als Mutter war, so jung sie nun als Großmutter ist – es kommt mir vor, als müsse jemand wie sie, die all das nicht nur erlitten, sondern erlebt und mitgewirkt hat, auch etwas wie eine »uralte« Ebene in sich haben. Wie nah, wie weit ist sie der jetzt ganz jungen Generation? Annett lächelt in sich rein. »Ich finde es toll, Großmutter zu sein. Mitzukriegen, wie Lilli jetzt anfängt, ihre eigene Sprache zu entwickeln.«

◆

Lilli, zweieinhalb, hängt kopfüber von einer Schaukel. Dann steht sie wieder auf den Füßen, rennt zum Bach, beäugt mich aus der Ferne. Es dauert eine kleine Weile, bis ich unter den vielen blonden Locken blaue und ziemlich gewitzte Augen sehe, die mich stark an die Augen ihrer Oma Annett erinnern. Ein leuchtendes, überraschendes Blau – und da sowohl Lilli als auch ihre Oma sich unter ihren Haaren und unter gesenkten Blicken verstecken können, ist man dann manchmal ganz platt, wenn man plötzlich diese Augen in ihrer ganzen Power sieht.

Ich bin mit Friedrich und seiner Tochter im Volkspark Friedrichshain verabredet. Friedrich ist wieder mit dem Rad gekommen, hinten drauf den Kindersitz. Lilli steht keinen Moment still. Sie ist im Entdeckermodus. Mit Herzchenkleid, Jeans und Gummistiefeln steigt sie in den Bach. Stampf. Platsch. Noch mal, kräftiger, stampf stampf stampf. »Süße, denk dran, dass auch von oben Wasser in Gummistiefel laufen kann«, erinnert Friedrich. »Aber wir haben ja immer Wechselklamotten dabei«, sagt er zu mir gewandt, »alle staunen immer, wie gut wir ausgerüstet sind. Aber man weiß ja nie, wie oft man die Kleider wechseln muss.« Lilli läuft auf die große Friedensglocke zu, die auf dem Spielplatz so niedrig aufgehängt ist, dass die Kinder sie zum Klingen bringen können. »Willst du da noch mal dran?«

Das Kind nicht eingrenzen. Seiner Spiellust folgen. Friedrich ist mit der vollen Aufmerksamkeit bei seiner fröhlichen, unternehmungslustigen Tochter. »Ich denke, sie ist ja auch deshalb ein so offenes Kind, weil wir auf ihre Bedürfnisse eingehen.« Als Student, meint Friedrich, hätte er noch die Zeit und könnte sich viel Freiheit nehmen. Freiheit für ihre kleine Dreierfamilie. Lillis Mutter genießt die Zeit mit dem Kind und plant ein Fernstudium in Psychologie. Die Vorstellung, durch Jobdruck nach der Masterarbeit nicht mehr genug Zeit mit Lilli zu haben, beunruhigt Friedrich. »Für eine tiefe Verbindung ist es so wichtig, dass man Zeit miteinander verbringt.« Lilli steht vor uns, weit geöffnete knallblaue Augen. »Na, süße Schnecke, hast du Hunger?« Friedrich zieht die Dose mit dem klein geschnippelten Gemüse aus dem Rucksack.

Was er mit seiner Mutter erlebt hat, steht für ihn auf einem anderen Blatt. »Annett hat immer unglaublich viel gearbeitet und war oft unglaublich müde«, erzählt er. Friedrich erinnert sich daran, ihr am Schreibtisch Guten Morgen gesagt zu haben, wenn sie noch gar nicht zu Bett gegangen war, sondern durchgemacht hatte. »Sie braucht das, dieses selbstbestimmte Arbeiten und Reisen. Ich kann mir Annett überhaupt nicht in einer Angestelltensituation vorstellen.« Er sehe das Reisen und Recherchieren zusammen schon positiv. Wenn es ihn auch als Jugendlichen mehr und mehr zu nerven begann: »Deine Freunde unternehmen was, haben Spaß, und du selbst bist jedes Wochenende weg.« Er will es für sein Kind entspannter. »Ich selbst habe keine Abneigung gegen die Vorstellung, irgendwo angestellt zu sein. Vermutlich habe ich das Negative an der Freiberuflichkeit zu stark miterlebt.«

Lilli füttert Eichhörnchen. »Und natürlich hat sich mein Fokus geändert. Ich habe jetzt meine eigene kleine Familie.« Mit dieser grenzt er sich auch manchmal ab. Zum Beispiel in der Zeit nach Lillis Geburt, erinnert er sich, »wollten wir für uns sein, unsere Ruhe haben«. Das hätten seine Mutter und Großeltern nicht verstanden, glaubt er. »Meine Oma sagte so salopp, wir haben auch Kinder bekommen, wir kennen das doch. Und sie verstehen es auch nicht, dass wir mit Lilli noch keine langen Zugfahrten machen wollen. Vielleicht sind sie enttäuscht von mir, aber sie sprechen es leider nicht aus.« Manchmal, findet Friedrich, ist ihm »zu viel DDR« in den Meinungen – wenn es um das Thema der frühen Fremdbetreuung geht, etwa.

Mir wird in den Gesprächen mit Annett und Friedrich bewusst, in welch extrem gedrängtem Zeitraum hier nicht nur vier Generationen einer Familie miteinander in Verbindung stehen, sondern auch vier völlig verschiedene gesellschaftspolitische Ausgangslagen. Das sind Zeitenwenden und Wertewechsel zum Schwindligwerden. Annetts Eltern, noch im Krieg geboren, haben ihr Arbeitsleben in der DDR verbracht und waren nach der Wende jene Generation, die, wie Annett sagt, »keinen Fuß auf den Boden kriegen konnte. Sie wurden ruhiggestellt.« Als äußerst aktive Kulturinteressierte repräsentieren sie, wie Annett sagt, heute die Bürgergesellschaft. Annett selbst, Kind der DDR, dort sozialisiert und ausgebildet, war bei der Wende jung genug, sich im neuen System einen Platz zu erarbeiten. Friedrich, Kind der Wende und der experimentierfreudigen Nachwendejahre – und nun Lilli, ein Kind der sich rasant globalisierenden und kapitalisierenden Welt. Das sind krass weite innere Wertestrecken; eine Verdichtung der dramatischen gesellschaftlichen Wechsel, angesichts derer ein gegenseitiges Verstehen manchmal fast scheitern muss.

Es gibt keine andere »kleinste Familie« in diesem Buch, die in dieser Verdichtung den dramatischen Wechsel der Gesellschaft und der Werte bezeugt. Annett hat sich an der DDR gerieben; das Werkzeug ihres Lebens an diesem System gewetzt; jene Verbindung aus Widerständigkeit und hohem Arbeitsethos entwickelt, die sie auszeichnet. Im Fokus der Aufmerksamkeit: die Gesellschaft. Mit rechts den Stift halten, mit links ein Kind großziehen.

Lilli planscht wieder. Sie hat ihre Puppe genommen und führt ein zärtliches Zwitschergespräch mit ihr. Als sie wieder rausstiefelt, sind die Wechselklamotten fällig. Unter einem Baum wird umgezogen. »Schau, ich leg dich auf die Regenjacke. Deine Füße sind ja ganz kalt.« Friedrich reibt die kleinen Füße, haucht in die Socken. Vermutlich, denke ich, hat er doch Ähnlichkeit mit seinem Großvater, der ja laut Erzählungen ein einmaliger Vater ist. Blümchenhose, Herzchenkleid, Kuschel-jacke. Lilli ist wieder fit für die nächste Runde.

Friedrich sagt, er habe viel Respekt vor Alleinerziehenden. »Ich hab überhaupt kein negatives Bild. Ich hoffe einfach immer, dass sie genug Hilfe haben und dass sich die Kinder wohlfühlen. Und ich finde es natürlich nicht gut, wenn sich einer der Eltern aus der Verantwortung zieht. Es ist überhaupt nicht meine Vorstellung vom Leben, dass man als Mann das Geld heranschafft und als Frau die engere Beziehung zum Kind hat.« In Friedrich, diesem alleinerzogenen Sohn einer äußerst tatkräftigen Mutter, erkenne ich die Vitalität seiner Mutter wieder. Ich sehe ihn auf dem Boden der Werte stehen, die sie lebt; Solidarität und Gemeinschaft, Sensibilität für Be-nachteiligte, Engagement für die Gemeinschaft. Aber als Kind seiner Zeit hat er viel Privateres im Fokus als seine Mutter; zunächst mal das individuelle Glück seiner Tochter und ihrer kleinen Familie.

Er ist, so scheint mir, ein guter Vater, hingebungsvoll, weich, fürsorgebereit, verantwortlich. Aber er hat auch das Störrische, Widerspenstige seiner Mutter: die Energie, sich gegen Verein-nahmungen zu stemmen. Sein Hauptfeind im Moment, so scheint es mir, ist die gesellschaftliche Tendenz, Menschen er-barmungslos nach Leistung und Effektivität zu sortieren. »Das beginnt ja schon in der Kita!«, sagt er. Wie wird er, ein Kind der solidarischen Netzwerke, es schaffen, seine Bilder vom Le-ben Wirklichkeit werden zu lassen? Wird er seine Erfahrung mit Netzwerken, seine sozialen Kompetenzen nutzen, um für jene Freiheiten zu kämpfen, an denen ihm liegt? Ich sehe von der anderen Seite des Sportplatzes Friedrichs Partnerin Luca auf Lilli zulaufen und ihre Tochter in die Arme schließen und denke, klar wird er. Viel gute Energie, viel innere Grundlagen.

Und da ist Lilli mit den wilden Locken. Sie kommt angerannt, schmeißt die Arme hoch, will in den Fahrradsitz. »Losgehen, Papa!«

♦

Ich frage Noëmi, was sie zum jetzigen Zeitpunkt ihres Lebens, mit vierzehn, über Familie denkt. Über unsere kleinste Familie. Und über unser Familiennetzwerk der letzten Jahre. »Manchmal habe ich mir ja so eine Kitsch-Familie gewünscht, mit Haus und Tieren. Uns beide hab ich auch gar nicht als Familie angesehen, sondern als ein hammerstarkes, untrennbares Team. Die Liebe hat ausgereicht. Kitsch-Familien, das sind die, in denen beide Eltern Zeit haben, sich auch mal zu langweilen. Das gibt es bei uns nicht. Aber du hast dieses Lächeln für mich, so stolz und fürsorglich. Unser Netzwerk war immer was ganz Wichtiges. Da gibt es die Vertrautheit wie in einer Familie, ich durfte immer rumzicken und nörgeln und mich ausdrücken, wie ich wollte. Ich hab mich immer willkommen und geliebt gefühlt. Das braucht man unbedingt, solange man noch nicht selbst ein Netzwerk aufbauen kann. Und auch, damit man später merkt, zu welchen Menschen man gehört. Menschen, die einen auch lieben, wenn man die Dramaqueen ist. Jetzt habe ich meine Theatergeschwister, mein erstes eigenes Netzwerk.«

♦

Vielleicht hat Annett ja auch so viel, so besessen geschrieben, um mitzukommen in einer Zeitenwende, die ein paar Generationen hätte dauern sollen und nun in eine einzige gequetscht war? Fast mehr Bücher als in dreißig Jahre Erwachsensein passen. Schreibend Zeit dehnen. Den überstürzten Entwicklungen, den Überrumpelungen wenigstens am Ort, den sie beeinflussen kann – dem Buch, dem Artikel –, Luft geben. Den Traum Freiheit schreibend leben. »Mein Antrieb wäre nicht, Kunst zu machen, sondern Welt zu machen. Natürlich mit der größtmöglichen Wucht an Worten.«

Welt machen. Deshalb ist der Zeitraum, in den sie ausgreift, um Geschichte zu fassen, auch weiter als ihr eigenes Leben. Reicht zurück bis zu den Erinnerungen jener alten Frauen, die sie immer und überall interviewt hat. Ein paar von ihnen stecken vermutlich in Gerda Schweickert, der alten Frau in ihrem Roman »Walpurgistag«, die nach 50 Jahren aus ihrer Wohnung in der Danziger Straße ausziehen muss. In der Nacht, bevor die Möbelpacker kommen, kann sie nicht schlafen und studiert die Sterne am Himmel über Berlin, auf jener Sternkarte, die ihr vor langer Zeit ihr Mann geschenkt hat. Das war beim Einzug in die Wohnung vor langer Zeit; und nun, beim Blick in die Weite, sind plötzlich weniger der bevorstehende Verlust, sondern mehr die neu zu gewinnenden Freiheiten in Gerdas Kopf. »Sie liebt diesen Blick in das Viereck der Hoffassaden. Mittendrin schwimmen die Sterne. Wenn sie als Kind mit den anderen neben den Mülltonnen spielte, hatte sie sich so oft gedreht wie eine Eiskunstläuferin bei der Pirouette... Sie bewegt sich um die eigene Achse, so schnell sie kann, und mit ihr dreht sich der Große Wagen. Ein Supercrash am Himmel. Das Wort Crash kennt sie noch nicht lange, aber es ist eins, das sie mag. Vielleicht hat es auch etwas für sich, sich von Dingen zu trennen, deren Zeit einfach abgelaufen ist. Sie versucht, die Sternkarte zu zerreißen. Das Material ist widerspenstig. Sie muss erst die Ebenen voneinander trennen. Denn Papphimmel wirft sie in die blaue Tonne, und die Koordinaten aus Kunststoff in die gelbe. Eine Wolke schiebt sich über die Deichsel des Großen Wagens. Gerda Schweickert spürt die Kälte an den Füßen.«[34]

Schluss

Nun können wir die Tage zählen. Zwei Wochen noch, und dann sollte die Wohnung weitgehend in Kisten verpackt sein. Vorstellbar ist das noch nicht. Bis auf die Bananenkisten, die sich vor der Tür stapeln, sieht alles aus wie immer. Unser beider Alltag läuft auf Hochtouren.

Gestern Morgen um 7:35 saß ich im Zug nach Basel. Ich hatte so viele Termine beim Radio auf diesen Tag versammelt wie möglich und Noëmi noch gesagt, dass ich sicher nicht vor sechs am Abend da sein würde. »Ach, Mama, ausgerechnet! Ich hab doch übermorgen meine GFS!« Ihr Schulvortrag im Fach Ethik, richtig. Ich hatte gewusst, dass sie ihn mit mir noch durchsprechen wollte, aber wir hatten es laufen lassen, uns beide auf einen freien Moment verlassen. Ausgerechnet jetzt also. Und zu allem Überfluss waren auch noch unsere Telefone ausgefallen – nur noch Rauschen in der Leitung, und der Techniker würde erst in ein paar Tagen kommen.

Dann war Nachmittag; ich hatte mein Basler Programm absolviert, nur eine Redaktion sollte ich unbedingt noch besuchen, aber der zuständige Kollege war gerade nicht an seinem Platz. »Ist gleich zurück«, versicherte seine Kollegin, während ich nervös auf die Uhr starrte. Danach stürzte ich zur Straßenbahn, rannte durch die Bahnhofshalle und die Treppen zum Gleis hoch – um den Zug anfahren zu sehen.

Als ich abends um Viertel nach sieben die Tür aufschloss, hockte Noëmi vor dem Sofa. Sofort verzog sie sich ins Zimmer. Nicht gut. Erst als ich gekocht hatte und wir beim Essen waren; erst als ich nachfragte, »wie geht's dir?«, brach es aus ihr heraus: »Du fragst, wie es mir geht? Kommst mehr als eine Stunde zu spät, und ich warte und warte, und dein Drucker funktioniert nicht, und überhaupt nichts klappt? Ich kann dich nicht erreichen, du schickst mir keine Mail … Ich *kann* nicht mehr – und du fragst, wie es mir *geht*?« Sie war wütend, vor allem aber war sie am Boden zerstört. Sie braucht mich fast nie mehr für die Schule, doch gerade an diesem Nachmittag hätte sie mich gebraucht, und ich war nicht nur nicht da gewesen, sondern auch noch zu spät gekommen. Das war ihre Lage. Zu allem Überfluss hatte sie für ihre GFS das Thema »Alleinerziehende« gewählt: »Was denkst du denn? Soll ich jetzt morgen ernsthaft was darüber erzählen, wie toll es ist, eine alleinerziehende Mutter zu haben?«

♦

Ja, wie toll. Und wie schwierig. Dass es immer beides zugleich ist, weiß ich schon lange. Aber nach dem Jahr, in dem ich dies Buch geschrieben habe, weiß ich viel mehr über die Art, wie »schwierig« und »toll« oft miteinander verbunden sind. Ich habe es an allen Familien auf verschiedene Art sehen dürfen. Und während ich die kleinsten Familien kennenlernte, von denen die Kapitel dieses Buches handeln, während ich mich in ihre Geschichten vertiefte, ging das Leben weiter – und ohne dass ich nach ihnen gesucht hätte, liefen noch weitere kleinste Familien gleichsam ins Buch hinein. Zufall!? Familien, die mir wieder Geschichten erzählten, neue Aspekte aufzeigten, und ich konnte nur darüber staunen, wie sich das Thema ganz von selbst in die Breite und Länge dehnte.

Da war die Lesung der deutsch-schweizerischen Schriftstellerin Hanna Johansen, die ich während der Solothurner Literaturtage 2015 moderierte. In ihrem Buch »Der Herbst, in dem ich Klavier spielen lernte« denkt die Autorin – anlässlich ihrer eigenen Entscheidung, mit über siebzig das Klavierspielen anzufangen – darüber nach, wie Lernen vor sich geht und wie gut es ist, damit nie im Leben aufzuhören. Sie erzählt davon, wie während des Klavierspielens der Kopf den tastenden Händen folgt und »Erinnerungen auszukramen beginnt«, die mit früheren Lernerfahrungen zu tun hatten. Und dann läuft das Buch wie von selbst auf seinen Fluchtpunkt zu – die Geschichte ihres alleinigen Aufwachsens mit der Mutter in den Kriegs- und Nachkriegsjahren des Zweiten Weltkriegs. Hanna Johansen beschreibt ihre Mutter als eine Frau von ungewöhnlicher Offenheit, die sich nie mit schnellen Urteilen und oberflächlichen Erklärungen zufriedengab, sondern alles immer hinterfragte und verstehen wollte. Johansens Buch, das sich als eine Art ungeplantes Denkmal für die Mutter als eine »in ihrer Zeit untypische Frau« erweist, ist zugleich eine äußerst berührende Alleinerziehenden-Geschichte aus einer anderen Generation.

1939 in Bremen geboren, hat Hanna Johansen präzise Erinnerungen an Bombennächte, in denen ihre Mutter sie aufs Fahrrad hob und in den Bunker radelte. »Zuerst saß ich in einem Korbsessel am Fahrradlenker, wenn wir in den Bunker fuhren, und eines Tages war ich endlich groß genug und durfte umsteigen auf den Gepäckträgersitz, die Füße nicht mehr im Fußkörbchen, sondern auf eisernen Stützen und meine Arme um den Bauch meiner Mutter geschlungen, damit wir uns beide ganz sicher fühlen konnten. Wie viel Angst sie jedes Mal gehabt hat, nicht rechtzeitig anzukommen und vor verschlossener Tür zu stehen, hat sie mich nicht fühlen lassen, nur dass wir uns beeilen müssen… Die schwere eiserne Tür stand offen, wir gingen hinein in die muffige Luft… Ich saß an meine Mutter gelehnt und wusste, dass wir alles getan hatten, was wir tun können, und an die Angst nicht zu denken brauchten. Sie muss diese Ruhe im Bewusstsein von Gefahr auf mich übertragen haben. Mit großer Klarheit erinnere ich mich an einen Augenblick im Bunker, ein Junge in meinem Alter saß uns mit seiner Mutter gegenüber, ich sah, wie aus dieser Mutter die nackte Angst unbezwinglich herausbrach, und dachte, wie mir diese Mutter in ihrer Verzweiflung und dieser Junge leidtaten und wie froh ich war, dass ich meine Mutter hatte und nicht jene.«[35]

Diese Mutter, selbst die jüngere Schwester von sechs Brüdern, muss irgendeine Sicherheit in sich selbst gehabt haben. Sie trennte sich von Hannas aus dem Krieg heimkehrenden Vater, mit dem sie nie eine Gesprächsebene gefunden hatte, zugunsten einer neuen – viel wackligeren – Liebe. Der Freund war immer nur Gast im Zweierhaushalt aus Mutter und Tochter, ließ sie letztendlich auch im Stich – aber Johansen beschreibt in ihrem Buch, wie die Mutter ganz unabhängig davon den neuen Alltag zu zweit mit ihrer Tochter »so einzurichten wusste, dass nie das Gefühl aufkam, es fehle etwas«. Die Mutter schneiderte ihr die Kleider selbst und bekam es hin, dass die Tochter sie mit Stolz trug: »Sie waren ja interessanter als welche von der Stange.« Das Geld war knapp, die Wohnung eng, die Verbindung stark.

»Ich kann mich an keine Fronten erinnern«, sagt Hanna Johansen im Gespräch, »die waren völlig überflüssig.« Nie sei der Gesprächsfaden zur Mutter abgerissen, deren Interesse und offenes Ohr auch Hannas Freunden immer als etwas Besonderes auffiel. Hanna Johansen erinnert sich, während des Studiums bis nachts um eins mit der Mutter »über Gott und die Welt« geredet zu haben. Die tiefe Harmonie zwischen ihnen hielt lebenslang.

Hanna Johansen selbst heiratete später in die Schweiz, wo sie bis heute lebt. Die Schweiz: »das Land, wo die Leute den Krieg vom Rand her beobachtet haben« und wo sich die junge Deutsche über die Allgegenwart des Militärischen wunderte. Bis heute merkt sie in der Alltagskommunikation immer wieder ein Stück Fremdheit. Aber sie hatte ja von klein auf lernen können, offen und neugierig zu sein und gute Verbindungen zu schließen. »Ich habe es gut mit meinen Nachbarn. Heimat bleibt da, wo man Kind war – aber Zuhause, das ist mein Grundstück hier in der Nähe von Zürich.«

Ihre Mutter war oft zu Besuch. Wieder wegzufahren, habe sie, je älter, je mehr, unglücklich gemacht. »Sie fand niemanden, mit dem sie so gut reden konnte wie mit mir.« Für Hanna, die Tochter, bleiben die Ausrichtung auf Menschen, mit denen sie gut reden kann, und die Faszination lebenslangen Lernens Grundtöne ihres Lebens. Töne, in denen die Mutter nachhallt. »Sehnsucht nach einer ›ganzen‹ Familie hatte ich nicht. Die Dreierkonstellation war gar nicht in mir gespeichert«, sagt sie. »Ich habe nichts vermisst.« Und schiebt hinterher: »Es fehlt sowieso nichts, wenn man liebevoll und aufmerksam begleitet wird.«

♦

Liebevoll und aufmerksam begleiten: Wenn man das nur immer könnte. An diesem Abend hörte ich noch eine ganze Weile Noëmis Schluchzen aus ihrem Zimmer. Ich kochte in der Küche vor mich hin, trösten und beruhigen ging gar nicht. Ich verstand, dass sie Zeit brauchte, um den Frust wegzuweinen. Sie aß kaum etwas, warf sich im Zimmer gleich wieder aufs Bett. Es würde nichts werden mit der GFS, davon war sie überzeugt – dabei hatte sie doch gut geplant; hatte schon letzte Woche ein Interview mit einer älteren Schülerin zum Thema geführt und viele Aspekte gesammelt, doch jetzt war ihr alles weggerutscht und lag wie ein Chaos vor ihr.

Ungefähr eine Stunde war vergangen, als ich, nun in bestimmtem Ton, zu ihr sagte: »Noëmi, jetzt ist gut. Es tut mir wirklich leid, wie das gelaufen ist. Aber jetzt bin ich ja da für dich. Sag mir, was ich machen kann.« Aber Noëmi hatte sich bereits in Verzweiflung verfangen. Erst einmal ging gar nichts. Und es dauerte noch eine Weile, bevor ich einen Blick auf ihren Text werfen und selbst überlegen konnte, wie wir das Druckerproblem lösen. Erst als ich mich einfach an den Computer setzte und ihren Text neu eintippte, drang es langsam zu ihr durch, dass sie nun nicht mehr allein war. Dass sie etwas an mich abgeben konnte. Das Weinen ließ nach. Es war spät, aber plötzlich ging es leicht: Sie hatte ihre Gliederung im Kopf, die musste nur aufs Papier gebracht werden. Sie wusste genau, wie ihre »persönliche Stellungnahme« lauten würde und auch ihre »Schlussfolgerung«. Wir trugen alles zusammen, und bald hatte sich die Atmosphäre bereinigt: Wir arbeiteten an etwas, es ging nach vorn, und mit jedem Abschnitt wurde für sie die Arbeit sichtbarer, die sie gemacht hatte. Während ich tippte, aß sie in der Küche ihren Teller leer, und um halb elf stand sie mit den Blättern vor mir und trug mir ihr Referat vor.

Aufatmen. Als sie dann im Bett lag, nicht ohne sich ausdrücklich bedankt zu haben, und ich aufräumte, ging mir noch einmal das »Ganze« und Grundsätzliche durch den Kopf: Dies war eine klassische Situation, in der ein zweiter Erwachsener nur zu willkommen gewesen wäre. Den Noëmi hätte beanspruchen dürfen und der vielleicht ja sogar Abendessen gemacht hätte. Nach zehn Stunden Arbeit heimzukommen und einen gedeckten Tisch vorzufinden, wäre auch für mich natürlich große Klasse gewesen.

Nur – was, wenn nicht? Was, wenn dieser Erwachsene zwar da wäre, aber aus welchen Gründen auch immer nicht bereit, in die Bresche zu springen? Zu müde, womöglich selbst verärgert über meine Verspätung und vielleicht gar nicht willens, mit dem Kind zu arbeiten? Dann wäre die Situation um vieles schlimmer gewesen. Ich glaube nicht, dass ich sie auch dann zu einem guten Ausgang hätte führen können. Alles wäre schwerer auflösbar gewesen, weil die ganze erwachsene Ebene der Erwartungen und Ansprüche aneinander, der Beziehung und der Rollenverteilung hinzugekommen wäre. So komplex und kompliziert, wie Familie nun mal ist. So unvollkommen, wie wir Menschen nun mal sind.

Und genau das scheint mir der Unterschied, das »Alleinstellungsmerkmal« der kleinsten Familie zu sein: Genau dort, wo sie es schwerer hat, hat sie es auch leichter. Die Kehrseite vom harten und schmerzlichen Alleinsein ist das kraftvolle Alleinsein – die Freiheit, allein, in der Überschaubarkeit einer Zweierbeziehung, handeln zu dürfen.

Und dann bin ich nämlich am Ende eines solchen Tages zwar groggy, aber auch stolz: stolz, dass wir beide es geschafft haben, nicht niedergeschmettert ins Bett zu gehen, sondern mit dem Gefühl, den Abend doch noch aus dem Sumpf gezerrt zu haben. Eine dieser Situationen gemeistert zu haben, die einerseits viel zu viel fordern, in denen man andererseits auch über sich hinauswächst: weil die Dringlichkeit der Situation es erzwingt und die Klarheit der Beziehungskonstellation es ermöglicht.

◆

An einem Tag im Frühjahr 2015, ich war mitten in meiner Recherche – und auf einer Reise – , fiel mir im Bahnhofskiosk eine Titelzeile auf dem Cover der »Brigitte Mom« auf: »Alleinerziehend: Seit Papa weg ist, sind wir arm«. Im Zug las ich.

Eine Mutter von drei Kindern schrieb von der rasanten Lebensveränderung, als sie nach der (von ihr gewollten) Trennung ihren lukrativen Job in der Schweiz verloren hatte – und das tragende System samt Au-pair und Putzfrau plötzlich unbezahlbar geworden war. Beim Artikel stand der Verweis auf ihren Blog »mama-arbeitet.de«. Aber erst als ich ihr Foto sah, merkte ich, dass ich die Bloggerin kannte. Unsere Töchter waren gemeinsam im Kindergarten gewesen. Meine Gedanken gingen zurück: Beide hatten wir damals eine kleine Tochter gehabt. Während ich schon alleinerziehend war, wurde Christines Kleine auch mal von ihrem Papa abgeholt. Bei Laternenumzügen sah man sie zu dritt: eine der vielen »normalen«, vollständigen Familien, von denen ich mich damals – als ich weit und breit fast die einzige Alleinerziehende im Kindergarten-Umfeld war – umgeben sah. Im letzten Kindergartenjahr schob Christine dann einen Kinderwagen – ihre Familie wuchs.

Und jetzt das. Ich las in ihrem spannenden Blog. Nahm Kontakt auf. Auch sie hatte Erinnerungen und schrieb mir: »Erst nachher ging mir auf, dass du vermutlich auch einen schwierigen Weg gegangen bist.« Sie hatte mich aus der Ferne als Journalistin wahrgenommen, oft unterwegs, und mit einem Leben, dessen Andersartigkeit sie gar nicht wirklich ermessen konnte – noch nicht.

Als wir uns nun in einem Café treffen, ist viel Zeit vergangen. Sie ist jetzt mit drei Kindern allein. »Als mal die beiden Älteren zusammen für zwei Tage weg waren und ich nur die Jüngste bei mir hatte, war das wie Urlaub!« Nicht nur die Maßstäbe, das ganze Leben hat sich radikal verändert. »Man ist nie mehr allein – und wenn ich allein bin, dann arbeite ich.« Christine ist abends immer zu Hause – die beiden Jüngeren sind neun und sechs und schlafen nicht gern woanders. Um halb zehn geht sie gleichzeitig mit ihnen ins Bett. Betreuungspersonen am Ort hat sie nicht.

Im Unterschied zu mir, also zum Alleinerziehen mit *einem* Kind, ist sie für eine wesentlich längere Lebenszeit für Dinge blockiert, die sie schon gelebt hat und schätzt – wilde Jahre in Berlin! Kultur! Ausgehen! Reisen! »Wenn meine Jüngste achtzehn ist, bin ich sechzig«, sagt sie. Das kann schwer lasten. »Samstags«, heißt es an einer Stelle in ihrem Blog, »samstags ist man am alleinerziehendsten.«

Auch Christine hat dies Hochkonzentrierte; dieses Gesammeltsein aufs Wesentliche, das ich mittlerweile von so vielen Alleinerziehenden kenne. Gleich, um kurz nach zwölf, muss sie an der Schule des Sohnes sein. Erst nächstes Jahr wechselt er an jene Ganztagsschule, auf der nun auch die Kleine letzte Woche begonnen hat. »Dann bin ich mit dem Hin- und Herrennen zwischen drei Schulen erst mal durch…« Drei Kinder auf drei Schulen, das hatte sich durch den Umzug ergeben.

Ihren Blog begann sie aus dieser Situation heraus. »Ich brauchte das als Ausdrucksmittel, als Draht zur Welt, als Austausch.« Sie war schnell erfolgreich. »Und dann merkte ich, es ist mehr, ich kann etwas geben. Inzwischen ist es das, was mich am Leben hält.« Christine hat eine zupackende, positive Art; kämpferisch, fröhlich, offen. »Der Blog hat mir geholfen, diese Offenheit zu entwickeln. Und davon lebt auch das Verhältnis zu meinen Kindern. Das meine ich nicht als Offenbarungszwang, sondern als Signal, dass man sich gegenseitig zuhören will. Das kann ich leisten, auch wenn wenig Zeit ist.«

Zur Offenheit gehört auch dazu, die Dinge nicht zu beschönigen. Sie erzählt von der Zeit, als sie begann, den Erzieherinnen auf deren freundliche Nachfrage, wie der Urlaub gewesen sei, die Antwort »grauenhaft« zu geben, klipp und klar. Und dass sie die Tage heruntergezählt habe, bis der Kindergarten wieder aufmachte. »Irgendwann ging mir die Kraft aus, mich zu verbiegen.« Die eigenen Gefühle verteidigen und mit ihnen leben. »In dieser Hinsicht bin ich sehr gewachsen in der Situation« – und davon, so erlebt es Christine Finke, profitieren auch ihre Kinder. Noch die Fünfzehnjährige kommt zu ihr, wenn sie merkt, es ist eine Traurigkeit im Anzug, und sie überlegen dann zusammen, wer gut zum Reden sein könnte.

Der Vater, der anfangs in der Nähe wohnte, ist mittlerweile ans andere Ende von Deutschland gezogen. Er hält keinen kontinuierlichen Kontakt, es gibt keine verlässlichen Ferienregelungen. Christine gehört zu jenen zehn Prozent der alleinerziehenden Frauen, die drei und mehr Kinder haben. Ich sehe den Unterschied zu meiner Situation des »Eins plus Eins« deutlich. Selbst wenn es ein noch so wohlmeinendes soziales Umfeld gibt – wer nimmt schon übers Wochenende oder während einer Dienstreise, drei Kinder bei sich auf? »Da sind einfach zu viele Variablen dabei«, sagt Christine lapidar. Die Wahrscheinlichkeit, dass eines von dreien krank wird und dann die anderen ansteckt, ist groß. Und so ist es schlichtweg immer sie und nur sie, die zuständig ist. Und die ihre eigenen Pläne immer nur so weit entwickeln kann, wie sie auch sofort »rückgewickelt« werden können – wie kürzlich, als sie als Stadträtin alles minutiös vorbereitet hatte, um bei einer Findungs-Kommission dabei sein zu können, und eine Stunde vorher die Schule der Jüngsten anrief, sie solle sie doch bitte holen kommen, das Kind habe Ohrenschmerzen.

Es braucht schon viel Reife, viel Humor, viel Kraft, um da aus vollem Herzen den Satz schreiben zu können, der auf ihrem Blog gleich ins Auge fällt: »Nie, wirklich niemals wäre ich so cool geworden, wäre ich nicht Mutter.«

◆

»Irgendwo hier muss sie doch sein«, sagte Noëmi immer aufgeregt, wenn wir durch den Coldwater Canyon fuhren. Aber wie sollte »irgendwo« bei einem riesigen Canyon in der riesigen Stadt Los Angeles weiterhelfen? Und dann war es plötzlich ganz leicht, ein Interview mit Cornelia Funke zu verabreden. Und als ich den Weg gefunden hatte – lange, von nickenden Palmen gesäumte Straßen, Stau, knallblauer Himmel, die endlose Leichtigkeit von L.A. –, begegnete mir der unkomplizierteste und freundlichste Mensch, den man sich vorstellen kann. Beim ersten Besuch saßen wir in ihrem exotisch wild blühenden Garten und sprachen über ihre Träume vom Fliegen und darüber, wie sie zwei Jahre nach dem Tod ihres Mannes die Figur des Jacob Reckless erfunden – oder auch gefunden – hatte. Jacob Reckless, am Anfang seiner Abenteuer elf Jahre alt und wie sein Name schon sagt: der Waghalsige, Tollkühne, Furchtlose. »Auch rücksichtslos, und zwar in einem wunderbaren Sinne«, sagt Cornelia Funke, die in ihrer Nachdenklichkeit auch etwas strahlend Übermütiges hat. »Ich liebte es,

Jacob zu schreiben und in einer Figur ausleben zu können, was ich in meinem Leben nie wirklich gemacht oder gekonnt hatte; alle Verantwortlichkeiten abschütteln, alle Abhängigkeiten hinter mir lassen. Das zu schreiben war befreiend.« Jacob Reckless, ihre Figur, die sie seither von Buch zu Buch weiterentwickelt, ist geboren im komplizierten Spannungsfeld zwischen Tod und Verlust, neu entstehender Freiheit – und in der Nähe zu ihrem ohne Vater groß werdenden Sohn.

»Man muss seinen Kindern durch den Spiegel nachgehen«, sagt Cornelia Funke, und diesen Satz bezieht sie sowohl auf die Spiegelwelt-Wirklichkeit, als auch auf die Wirklichkeit als alleinerziehende Mutter. Ihr Mann Rolf starb 2006. Ben war damals elf. Er habe viele extreme Dinge probiert, deutet sie an, und dass sie Angst um ihn gehabt habe. Die Radikalität des Todes hat – so verstand ich Cornelia Funke – eine radikale Entschlossenheit in ihr selbst befördert: eine Bejahung eines »wilden«, nicht durch bürgerliche Zwänge beherrschbaren Teils in sich selbst. Jenes Teils, mit dem sie die Welt um eine weitere Dimension erweiterte, die Welt hinter dem Spiegel, wohin man die Kinder gehen lassen muss, aber wo man sie auch nicht allein lassen darf.

Wild wie Los Angeles, wo immer hinter der nächsten Straßenecke eine exotische Schlucht liegen kann. Und wo alles von so strahlendem Licht ausgeleuchtet wird, dass man, kaum weg von L.A., meint, woanders werde es gar nicht richtig hell. »Anfangs wurde Jacob Reckless von vielen gar nicht gemocht«, erzählt Cornelia Funke. Zu zerrissen. Zu distanziert. Ungeduldig. »Alle wollten, dass ich weiter an der Tintenwelt schrieb«, sagt sie. Aber für sie gab es keinen Weg mehr hinter ihre neue Welt zurück. Für Cornelia Funke selbst war »Reckless« das, was sie nun schreiben musste.

Sie war nach dem Tod ihres Mannes mit dem elfjährigen Sohn und der sechzehnjährigen Tochter allein. Aber erlebte eine Unterstützung, die sie noch tiefer mit der neuen Heimat Amerika verband. »Und trotzdem, man will nicht auf die Art lernen, wie ich damals lernen musste. Indem man jemanden verliert. Aber man tut es. Das Gold findet man nur in der Dunkelheit – ich hoffe, ich zitiere C. G. Jung richtig.«

»Ich habe so viele Freundinnen, die alleinerziehend sind«, sagt sie. »Sehr selbstständige Frauen. Welche Rolle will ein Mann spielen, wenn eine Frau keinen Beschützer braucht?« Sie kenne sehr viele wunderbare Eltern-Kind-Verhältnisse in Alleinerziehenden-Familien, erzählt die berühmte Cornelia Funke. »Das Klaustrophobische, Enge, finde ich eher in der traditionellen Familie. Alleinerziehende leben ja oft eigentlich in viel größeren Familien – wenn sie andere an sich heranlassen. Sie leben das um viele soziale Beziehungen erweiterte Leben.«

◆

Ich könnte weiter und weiter erzählen davon, was kleinste Familien finden und erfinden, wenn sie sich allein vorfinden. Wie sie unter vielfachem Druck zu Expertinnen und Experten in Sachen kreativer Alltagsgestaltung werden. Sie kennen die harte Kante des Lebens, haben sie oft sogar gewählt, und wissen, dass sie im Angesicht von Problemen hartnäckig sein müssen bei der Suche nach Antworten, die das Leben der kleinsten Familie besser machen. Ich staune, immer wieder, über die Entschlossenheit, hartes Leben umzuschmieden zu Lebensentwürfen von eigensinniger Schönheit.

Ich sehe mich an meinem Schreibtisch sitzen, draußen ist es dunkel, und vom Wohnblock gegenüber leuchtet die Weihnachtsdekoration herüber. Der erste Umzugswagen ist gepackt. Noëmi fläzt auf der Matratze in ihrem Zimmer, weil ihr Jugendbett schon weggegeben ist. Die Küche sieht aus wie nach einer Hausdurchsuchung. Ihr Schulvortrag zum Thema Alleinerziehende ist gut gelaufen. Ich hatte ihren Text nochmal überflogen und war an einem Satz hängen geblieben: »Viele Alleinerziehende sagen, dass sie ihr Glück erst einmal suchen mussten. Aber dann haben sie es gefunden.«

Seit diesem Abend sind zwei Monate vergangen, in denen mir nichts ferner erschien als dieser Satz. In vielen Momenten habe ich alles infrage gestellt: meine Fähigkeit, das Leben zwischen einem Beruf, der mein Bestes fordert, und einem Kind, das mit gutem Recht dasselbe tut, zu bewältigen. Und nun habe ich uns mit dem Umzug in die Großstadt noch in ein weiteres Abenteuer gestürzt. Teils waren meine Nerven so dünn, dass ich Noëmi aus dem Nichts heraus angebrüllt habe. Auch sie hat sich danebenbenommen; ein heftiger Streit zwischen uns ist so eskaliert, dass es vier Tage brauchte, um ihn aufzuräumen.

Jetzt sitze ich in unserer neuen Berliner Küche, mit jener hohen Decke und solchen Dielenböden, wie ich sie mir immer gewünscht habe. Ich bin vor ein paar Stunden mit dem Nachtzug aus Basel angekommen, wo ich gestern an einer Radiosendung mitgewirkt habe. Noëmi ist in der Schule, sie und ich haben uns um zehn Minuten verpasst.

Arbeit türmt sich zum Schwindligwerden, aber ich lasse das Handy ausgeschaltet und ignoriere meine im Zug geschriebene Liste. Sonne knallt auf den runden Esstisch, ich habe das Fenster geöffnet und setze mich mitten hinein. Straßengeräusche dringen hoch.

Vielleicht gibt es keine anderen Freiräume als jene, die man erfindet; Momente der Freiheit, die man sich nimmt, statt darauf zu warten, dass das Leben erholsam und ruhiger wird. Momente, in denen ich das wieder sehen kann, was gelingt und was man so alles geschenkt bekommt. Die schön aufgeräumte Küche zum Beispiel, das haben Noëmi und Inga gemacht, eine junge Freundin aus Kalifornien, die in Berlin lebt und gestern bei Noëmi übernachtet hat. Zart beginnt sich nun auch hier ein Netzwerk zu knüpfen. Und das während Noëmis Kindheit geknüpfte Netz hat schon Fäden bis nach Berlin gespannt.

Es war am Sonntagabend vor zwei Wochen, als ich den LKW, von Dschonnie gesteuert und mit Moni und unserem Freund Roland auf dem Beifahrersitz, in die Straße in Berlin-Tempelhof einbiegen sah. Noëmi und ich waren mit dem Zug vorgefahren, nun hielt ich unten den Parkplatz frei, und als das Auto, vollgeladen mit unserem Konstanzer Leben und gesteuert von meinen Freunden, um die Ecke bog, schossen mir die Tränen in die Augen. Seither waren zwei andere Freunde da, die drei Tage fast pausenlos montiert und geräumt haben. Ich hatte ständig mehr Hilfe, als ich glaubte annehmen zu können, aber in Wahrheit hätte ich ohne diese Hilfe keine Chance gehabt.

Und so haben mich diese zurückliegenden Monate, die krassen und die tollen Momente, wieder ein bisschen klüger und ein bisschen bescheidener gemacht. Alleinerziehendenglück hängt ganz entscheidend auch mit jenen zusammen, in deren Mitte man lebt. Es steht und fällt mit Solidarität; mit der eigenen Bereitschaft, Hilfe anzunehmen, Netzwerke zu knüpfen und Teil eines größeren Gewebes zu sein. Alleinerziehenden-Glück ist etwas, das leicht entgleiten kann – sobald ich es behaupte, flutscht es mir aus den Händen wie ein Stück Seife. Es ist ein Glück in der Unruhe; ein Bewegungsglück, das ich bei den kleinsten Familien dieses Buches in vielen Varianten kennenlernen konnte. Es ist ein bewegtes und bewegungsintensives Leben, dies Alleinerziehendenleben – eines, das ich ganz entschieden nicht missen möchte.

Danksagung

Von Herzen danke ich Elisabeth Ruge, die mir über die ganze Wegstrecke dieses Buches zur Seite stand – immer großzügig mit Zeit und Inspiration, Ermutigung und Gelassenheit. Dank an Andreas Haane für sein hingebungsvolles Interesse am Text und für die geschenkte Zeit. Dank an Martina Klüver für ihre engagierte Arbeit mit diesem Buch und ein respektvolles Miteinander.

Ich danke Gerd Ganser und Gabi Lorenz für ihre Wärme und ihre Kompetenz; für menschliche und fachliche Begleitung, die nicht besser hätte sein können.

Dank an Sanna, Evelin, Nadja, Urs und Annemone für Eure liebevolle Unterstützung und Euer Mitgehen durch Noëmis Kleinkind-Jahre.

Julie Cederbaum, Daniel Siegel und Sharon Morrill danke ich, dass sie meine Recherchen in Kalifornien unterstützt und ermöglicht haben. Dank an Antje Funcke für fachlichen Rat, an Lars Wortelmann für tolle Fotos und gute Ideen und an Kirstin und Peter, die mir mit technischem Know-how und viel Herzlichkeit geholfen haben.

Mein größter Dank geht an die wunderbaren Familien, jede von Euch einzigartig: Annett mit Friedrich und Lilli, Caroline mit Selina und Roman, Alva mit Letizia, Johanna mit Nina, Martina mit János, Patrick mit Joshua, Erika mit Lucinda, Marion mit Sam – sowie an Cornelia, Hanna und Christine, die Ihr Eure Erfahrungen als Alleinerziehende oder Alleinerzogene mit mir geteilt habt.

Schließlich: Danke, Noëmi! Ohne dich und deinen frischen offenen Geist; ohne deine Bereitschaft, dich immer wieder neuen Fragen und Orten zu stellen, und ohne dein liebevolles Herz könnte es dieses Buch nicht geben.

Anmerkungen

1 Vgl. Anne Lenz, »Alleinerziehende unter Druck«, 2014, Studie hg. von der Bertelsmann-Stiftung (Zahlen im März 2016 aktualisiert).

2 Vgl. Statistisches Bundesamt (2015): Bevölkerung und Erwerbstätigkeit. Haushalt und Familien. Fachserie 1, Reihe 3. Ergebnisse des Mikrozensus 2014.

3 Bücher wie Christina Bylows »Lebensform Alleinerziehend: Ein Plädoyer für eine starke Lebensform« (2011) und Mathias Ochs/Rainer Orban, »Familie geht auch anders. Wie Alleinerziehende, Scheidungskinder und Patchworkfamilien glücklich werden« (2008) stehen für eine zeitgemäßere Sicht. In seinem kürzlich erschienenen »Mama, Papa, Kind?« (2015) schreibt Jochen König: »Es ist höchste Zeit, die Realität anzuerkennen. Wenn wir über Familien sprechen, dürfen wir uns nicht mehr nur an einem Bild orientieren.« Denn das althergebrachte Bild passt nicht mehr zur Realität – und das gilt keineswegs nur für Deutschland. »Das traditionelle Rollenmodell mit Alleinernährer und Hausfrau stellt in der Schweiz heute eher die Ausnahme als die Regel dar«, beschreibt Christina Caprez in ihrem Portrait-Buch »Familienbande« (2012) den zahlenmäßigen Wandel in der Schweiz seit den frühen 1990er Jahren. Die laufende Zunahme von Alleinerziehenden-Familien stehe für einen grundlegenden Wandel von Familienleben, schreibt Jennifer Utrata in ihrem Buch »Women without Men« (2015) über Frauen in Russland.

4 Zuletzt in Stiftung Warentest, 25.1.2016, »Reina Becker kämpft für eine gerechtere Familienbesteuerung«.

5 Aktuell dazu: »Für Alleinerziehende gelten einige Gesetze, die veraltet sind. Das Steuerrecht benachteiligt sie krass im Vergleich zu kinderlosen Ehepaaren, die vom Ehegattensplitting profitieren... Ein anderes

Ärgernis ist das Unterhaltsrecht, das Alleinerziehende unterstützt, wenn der Expartner nicht für die Kinder zahlt. Der sogenannte Unterhaltsvorschuss endet nach sechs Jahren, also genau dann, wenn die Kinder teuer werden.« (aus Elisabeth Niejahr: Voll normal statt asozial, DIE ZEIT, 24.4.2015)

6 Christina Bylow, S. 59

7 In: Brigitte Mom, 1/2015

8 Jesper Juul, Pubertät, S. 29

9 Alice Munro, Japan erreichen, in: Liebes Leben, S. 26

10 Lauren Sandler, One and Only, S. 33

11 Hanna Johansen, Der Herbst in dem ich Klavier spielen lernte, S. 305

12 Ulla Engelhardt, Jung verwitwet, S. 12

13 Ebd., S. 89

14 Ebd., S. 93

15 Ebd., S. 124

16 T. K.: Willst du die Wahrheit über früher wissen? In: ZEITmagazin Nr. 26/2015 vom 13. Juli 2015

17 Elisabeth Badinter, Der Konflikt, S. 125, zit. nach Bylow, S. 57

18 vgl. Richard Warshak, Divorce Poison, S. 34 ff. (Übersetzung der Autorin) So definiert Warshak das »Parental Alienation Syndrome« – stellt aber auch klar, dass dieser Begriff zu Recht umstritten ist. Wie leicht kann in den hoch emotional und immer parteilich geführten Kämpfen dieser Begriff auch missbraucht und falsch angewandt werden.

19 Inzwischen auf Deutsch als: *Aufruhr im Kopf*, 2014, vgl. S. 16 ff.

20 Vgl. Grossmann/Grossmann, Bindung, S. 12 ff.

21 Jane Juffer, S. 52 ff.

22 Jane Juffer, Single Mother, S. 3

23 Ebd., S. 54

24 Antje Rávic Strubel: Gebrauchsanweisung für Schweden, S. 8

25 Ebd., S. 10

26 Margareta Strömstedt, Astrid Lindgren. Ein Lebensbild, S. 187

27 Ebd., Astrid Lindgren im Gespräch, S. 187

28 Ebd., S. 201

29 Vgl. www.familienhandbuch.de, 2011

30 Vgl. Judith Schoenen, in: Huffington Post, 23.2.2015

31 Vgl. Bange/Wiedermann, Familienpolitik in Finnland, 2007

32 Annett Gröschner, Heimatkunde Berlin, S. 12

33 Ebd. S. 13

34 Annett Gröschner, Walpurgistag, S. 36

35 Hanna Johansen, Der Herbst, in dem ich Klavier spielen lernte, S. 164 f.

Quellenangaben

Sachbücher und Fachliteratur:
LebensUmwege: Alleinerziehende. Zehn Portraits. Verlag Bertelsmann Stiftung 2013
Badinter, Elisabeth: *Der Konflikt. Die Frau und die Mutter.* C.H. Beck 2010
Bylow, Christina: *Familienstand: Alleinerziehend. Plädoyer für eine starke Lebensform.* Gütersloher Verlagshaus 2011
Caprez, Christina: *Familienbande. 15 Portraits.* Limmatverlag 2012
Edin, Kathryn: *Promises I Can Keep. Why Poor Women Put Motherhood Before Marriage.* University of California Press 2005
Ellison, Sheila: *The Courage to Be a Single Mother. Becoming Whole Again After Divorce.* Harper Collins San Francisco 2000
Engelhardt, Ulla: *Jung verwitwet. Weiterleben, wenn der Partner früh stirbt.* Krüger 2012
Finke, Christine: *Allein, alleiner, alleinerziehend. Wie die Gesellschaft uns verrät und unsere Kinder im Stich lässt.* Lübbe 2016
König, Jochen: *Mama, Papa, Kind? Von Singles, Co-Eltern und anderen Familien.* Herder 2015
Gardner, Richard A.: *Das elterliche Entfremdungssyndrom. Anregungen für gerichtliche Sorge und Umgangsregelungen; eine empirische Untersuchung.* VWB 2002
Grieser, Jürgen: *Triangulierung.* Psychosozial Verlag 2015
Grossmann/Grossmann: *Bindungen – Das Gefüge psychischer Sicherheit.* Klett-Cotta, 2004
Juffer, Jane: *Single Mother. The Emergence of the Domestic Intellectual.* NY University Press 2006

347

Juul, Jesper: *Pubertät. Wenn Erziehen nicht mehr geht. Gelassen durch stürmische Zeiten.* Kösel 2010

Ochs, M./Orban, R.: *Familie geht auch anders. Wie Alleinerziehende, Scheidungskinder und Patchworkfamilien glücklich werden.* Carl Auer 2008

Sandler, Lauren: *One and Only. The Freedom of Having an Only Child, and the Joy of Being One.* Simon and Schuster 2013

Schoenen, Judith: *Das Image der Frau.* Budrich 2007

Siegel, Daniel: *Achtsame Kommunikation mit Kindern. 12 revolutionäre Strategien aus der Hirnforschung für die gesunde Entwicklung Ihres Kindes.* Arbor 2013

Ders.: *Aufruhr im Kopf. Was während der Pubertät im Gehirn unserer Kinder passiert.* MVG Verlag 2015

Steiner, Anya: *Mutter Spender Kind. Wenn Singlefrauen Familien gründen.* Ch. Links Verlag 2015

Utrata, Jennifer: *Women without Men. Single Mothers and Family Change in the New Russia.* Cornell Press 2015

Warshak, Richard: *Divorce Poison. Protecting the Parent-Child Bond From a Vindictive Ex.* Regan Books 2001

Literarische Texte:

Funke, Cornelia: *Reckless. Steinernes Fleisch.* Cecilie Dressler 2010

Gröschner, Annett: *Heimatkunde Berlin.* Cadeau 2010

Dies.: *Walpurgistag,* btb 2013

Johansen, Hanna: *Der Herbst, in dem ich Klavierspielen lernte.* Dörlemann 2014

Lessing, Doris: Interview mit DL 2004, s. Bernadette Conrad, *Nomaden im Herzen.* Libelle 2006

Lindgren, Astrid: *Bilder ihres Lebens.* Friedrich Oetinger 2007

Munro, Alice: *Liebes Leben. Erzählungen.* S. Fischer 2013

Ravic Strubel, Antje: *Gebrauchsanweisung für Schweden.* Piper 2008/2013

Strömstedt, Margareta: *Astrid Lindgren. Ein Lebensbild.* Friedrich Oetinger 2001

Studien und Forschungsberichte:
Alleinerziehende unter Druck. Studie der Bertelsmann-Stiftung 2014
Alleinerziehende, Tipps und Informationen. Hg. von VAMV 2014
Bange/Wiedermann, Familienpolitik in Finnland. In: Familienhandbuch
   des Staatsinstituts für Frühpädagogik IFP, 2007

♦

Das vorangestellte Zitat von Grace Paley wurde folgender Ausgabe ent-
nommen:
Peter Marchant, Mary Elsie Robertson: »A Conversation with Grace Paley« (1982), Erstabdruck in: Massachusetts Review 26.4 (1985), zitiert nach:
Conversations with Grace Paley, ed. by Gerhard Bach, Blaine H. Hall, Jack-
son: University Press of Mississippi, 1997, S. 117–125. In: Grace Paley, *Die
kleinen Widrigkeiten des Lebens*. Storys. Aus dem Englischen von Sigrid
Ruschmeier, S. 220. © der deutschen Ausgabe: Schöffling & Co. Verlags-
buchhandlung GmbH, Frankfurt am Main 2013.
Abdruck mit freundlicher Genehmigung des Verlags.

Ich danke der Stadt Konstanz für ihre Unterstützung

Verlagsgruppe Random House FSC® N001967

1. Auflage
Deutsche Erstausgabe Mai 2016
Copyright © 2016 by btb Verlag
in der Verlagsgruppe Random House GmbH,
Neumarkter Str. 28, 81673 München
Umschlaggestaltung: semper smile, München
unter Verwendung eines Motivs von © Carla Nagel, Design
Innenteilfoto: © Lars Wortelmann (Bernadette und Noëmi Conrad);
Philipp von Recklinghausen (Annett und Friedrich Gröschner);
Sarah Popiuk (Martina und János Krahl)
alle anderen © privat.
Satz: Uhl + Massopust, Aalen
Druck und Einband: CPI books GmbH, Leck
Alle Rechte vorbehalten.
Printed in Germany
ISBN 978-3-442-75635-3

www.btb-verlag.de
www.facebook.com/btbverlag
Besuchen Sie auch unseren LiteraturBlog www.transatlantik.de!

Katty Kay & Claire Shipman

Confidence Code
Was Frauen selbstbewusst macht

320 Seiten, btb 75654
Deutsch von Liselotte Prugger

Der New-York-Times-Bestseller endlich auf Deutsch

Den Schlüssel zum Erfolg liefert nicht allein die Kompetenz –
wer in der Arbeitswelt und im Privatleben bestehen will, für
den ist Selbstvertrauen unabdingbar. Die beiden renommierten
Journalistinnen Claire Shipman und Katty Kay zeigen anhand
verblüffender Forschungsergebnisse, wie jede Frau ihr
Selbstgefühl stärken kann.

»Kay und Shipman zeigen, welch wichtige Rolle das
Selbstvertrauen dabei spielt, dass Frauen erfolgreich sind. Sie
liefern praktische Tipps und die Vision einer positiven Zukunft.«
Sheryl Sandberg

»Kay und Shipman nehmen uns mit auf ein faszinierendes
Abenteuer. Wir reisen in Rattenhirne, DNA Tests, Christine
Lagardes Terminkalender, sogar in ihre Handtasche. Und
erfahren dabei, wie wir langfristig Erfolg haben können.«
New York Times Book Review

btb